U0909929

高校思想政治工作研究文库

教育部思想政治工作司 组编

红色文化涵育高校社会主义核心价值观研究

刘建伟◎著

人民出版社

序　一

从事高校教学科研工作近三十年来，始终都有一个非常深刻的体会，相比较艰难的科研探索创新以及复杂的内部治理，其实做“人”的工作才是最难的。而要做好“人”的工作，最难的也往往不是各种具体的量化指标的提升，而恰恰是那些无法直接精确考量的、作用于无形之处的工作，或者换句话说，就是如何能不被排斥地在学生的思想深处高效地做好引导、塑造工作，“为学生一生成长奠定科学的思想基础”。在人才培养的过程中，这是最难立竿见影却影响深远的重要工作，也是决定教育是否真正发挥好促进人的全面发展的影响和激励作用的关键前提。

由此可知，对于高校而言，要办好中国特色社会主义高校、创建一流大学、培养一流人才，做好思想政治教育这一思想深处、作用于无形之处的工作，应该是最不容忽视且必须高度重视的重点和难点工作之一。特别是在我国高等教育发展的当前，虽然对于“培养什么人”“怎样培养人”“为谁培养人”这一根本问题已经有了非常明确的共识，但是不可否认，对于这一思想深处、无形之处的工作成效并不能盲目乐观。而如果这些工作做不好，导致我们的学生信仰迷茫、理想信念模糊、价值观扭曲、艰苦奋斗精神缺乏等等，那么即使他们都具有强大的创新精神和实践能力，也绝不能称之为成功的教育。即使他们不被一概而论称之为“精致的利己主义者”，但是至少在如何培养“社会主义事业的合格建设者和可靠接班人”方面就无法取得理想的成效，而“为谁培养人”也得不到真正落实，更加遑论立足中国大地、办出中国特色教育，以及坚持立德树人的根本任务了。

同样，要坚持把立德树人作为中心环节、加强思想政治教育，也绝不能脱离大学发展与人才培养的具体环境、环节等有形的具体工作，而成为独立于教育教学、科学研究体系之外的独立单元，成为教师育人育才的额外负担，成为“空对空”的理论“说教”。无论是学校也好还是教师也罢，无论是思政课教师也好还是其他专业课教师也罢，都必须高度重视、正确认识、深刻理解思想政治教育与人才培养、与坚持社会主义办学方向、与全面贯彻党的教育方针的关系，都必须深刻理解作为一名合格老师的真正的内涵和要求，真正将思想政治教育有机贯穿教育教学全过程，全面融入人才培养全过程，让思想政治教育通过搭载各种各样生动具体的事物从而润物细无声地转化为学生的思想水平、政治觉悟、道德品质、理想信念；也让教育教学活动真正成为除了知识传承创新之外，像德国哲学家雅斯贝尔斯所说的那样——真正的教育——“一棵树摇动另一棵树，一朵云推动另一朵云，一个灵魂唤醒另一个灵魂”。

事实上，如何将思想政治教育贯穿融入教育教学和人才培养全过程，这也是西安电子科技大学（以下简称“西电”）在党的十八大以来着力推动全员育人、全过程育人、全方位育人中始终紧扣且重点探索的命题之一。自2013年以来，西电先后成立马克思主义学院、调整人文学院，加强了人文社会学科建设，狠抓思想政治理论课这一大学生社会主义核心价值观教育的主阵地和主渠道建设，大力推动开展西电红色校史文化与社会主义核心价值观育人模式研究等等，这既是作为加强学校思想政治工作的重要内容，更是立足党和国家事业发展的要求、立足扎实办好中国特色社会主义高校的使命职责、立足立德树人的根本任务、立足促进学生全面发展的根本目标，大力推动思想政治教育改革创新，不断提升学校人才培养能力的重要探索。特别是针对当前思想政治教育普遍存在的“空”“远”以及全面融入不够等问题，针对如何选择好融入载体、融合的切入点与结合点，让“有形”的教育教学活动都能够成为落实“无形”的载体、手段和平台，让唯物主义的理想信念、社会主义核心价值观等等，切实通过唯物主义的手段、载体和方式，改变其从理论到理论而与现实生活脱节的状态，让理想信念、政治理论变得更加言之有物，更能够打动人、吸引人、影响人等等，开展了一系列重要的探索。其中，“西电红色校史文化与社会主义核心价值观育人模式研究”项目的开展，既为学校推动学术研究与教学改革相结合、课堂教学和实践教学相结合、教学改革和人才培养相结合、经验做法和模式探索相结合提供了因地自新的宝贵经验，也为推动思想政治工作与教育教学相融合提供了知行合一的创新实践。

大家都知道，西电自 1931 年成立起便与中国革命史和中国共产党通信史紧密相连。所以，学校近九十年的办学历程，本身就是一部波澜壮阔的传承红色精神、肩负国家使命、办人民满意大学的奋斗史，也同时是一部全体西电人自觉将个人理想追求融入党和国家以及民族事业发展，艰苦奋斗、自强不息、求真务实、爱国为民的奋斗史。这些宝贵的红色文化资源，对于西电的学生而言，如果能够将其进行良好的转化，无疑将是最好的教育资源。因为面对这些身边的熟悉的事物，不仅更加容易消除学生们对于历史的隔阂感，而且也更容易产生代入感，使他们能够设身处地将自身摆进党和国家发展的历史洪流中，更加生动具体地感受、体悟和理解自身的使命、责任与担当。正是基于以上考虑，学校在 2013 年率先启动综合改革之初，即明确提出将学校历史和发展现实相结合、革命传统和时代精神相结合、党和国家的殷切希望与大学生的成长需求相结合，推动社会主义核心价值观落实到教育教学和管理服务各环节，探索建立“五位一体”育人模式等要求。随后，马克思主义学院和人文学院老师提出开展“西电红色校史文化与社会主义核心价值观育人模式研究”，我也当即决定将此项目作为校长基金设立之后的第一个项目予以大力支持。

令人欣喜的是，从 2014 年 11 月项目启动以来，在马克思主义学院和人文学院的共同努力下，项目研究成效已经初步显现。除了教改成果获奖并被广泛报道外，学生们对于此项改革也给予了普遍认可。更加令人振奋的是，在2016年12月8日全国高校思想政治工作会议胜利召开，全国上下深入学习、全面贯彻落实会议精神的当前，因为这一项目的开展，西电已经开始落实会议精神并积累了宝贵的经验。

在目前我校出版的相关作品中，有关于红色文化涵育社会主义核心价值观的学理性研究，有将红色校史文化融入具体课程的案例性研究；有学生参与社会实践进行的调查性研究；有离退休的老一辈学者、中青年骨干教师、本科生和研究生共同对西电红色校史的挖掘，对西电校史融入西电精神、时代精神和民族精神的思考，还有对西电校史融入学校社会主义核心价值观教育的论述。虽然较之形成规律性认识还有距离，但是作为思想政治教育一次自觉主动的生动实践，其早已超越了理论课程改革的范畴，具有了更高更加深刻的意义。真诚希望以此为新的起点，在今后的工作中，进一步全面贯彻落实全国高校思想政治工作会议精神，不断解放思想、开拓创新，继续创造出更多具有创造力和影响力的成果，为当前大学生思想政治教育实效性困境和难题的解决作出示范，为切实提升学校人才培养能力、开创中国特色社会主义高校建设新局面作出新的更大贡献。

从理论到实践，从思想到行动，从一代人到另一代人，立德树人从来都是一项宏大的社会工程，教育事业从来都是一项崇高的灵魂工程，没有一蹴而就，也并非一朝一夕。尊重生命的规律，尊重教育的规律，尊重社会发展的规律，尊重人的成长的规律，用心走好了这条最难的路，也就走好了从心灵到心灵、从思想到思想最近的路。

在这条神圣的路上，我愿时刻与大家同行、共勉！

中国科学院院士　中国科协副主席　郑晓静
西安电子科技大学校长

序　二

核心价值观是一个民族赖以维系的精神纽带，是一个国家共同的思想道德基础，它承载着一个民族的精神追求，体现着一个社会评判是非曲直的价值标准。社会主义核心价值观是中国共产党人以马克思主义为指导，在继承中华优秀传统文化，借鉴人类文明优秀成果，并紧密结合时代特征、中国国情、人民愿望基础上所形成的社会主流价值观念，它反映了社会主义制度的本质属性，寄托着人民群众对美好生活的向往。社会主义核心价值观具有引导和评价、激励和整合、规范和约束等功能，能够把不同阶层、领域的人群凝聚起来，在尊重差异中扩大社会认同，在包容多样中形成思想共识，合力建设中国特色社会主义。

社会主义核心价值观并不是自然而然养成的。习近平总书记强调，要使社会主义核心价值观成为全体人民的共同价值追求、我们生而为中国人的独特精神支柱、百姓日用而不觉的行为准则，必须号召全社会行动起来，综合运用教育引导、舆论宣传、文化熏陶、实践养成、制度保障等多项举措，精准发力。在这里，习近平总书记特别强调了教育在社会主义核心价值观弘扬和践行中的基础作用。青年是整个社会力量中最积极、最有生气的力量，是国家的希望和民族的未来，他们的价值取向是整个社会价值取向的“晴雨表”“风向标”。对处于人生“拔节孕穗期”的青年进行社会主义核心价值观教育，帮助他们扣好人生“第一粒扣子”，对于整个国家的价值塑造、文化软实力提升尤为重要。

青年的核心价值观教育是一项系统社会工程，需要社会、高校、家庭等多个层面在教育载体、教育方式、教育方法等多方面进行创新创造。社会主义核心价值观提出之后，中共教育部党组、共青团中央印发《关于在各级各类学校推动培育和践行社会主义核心价值观长效机制建设的意见》，指出："结合学校地缘优势和历史、文化、革命传统，开展形式多样的教育实践活动"，"激发师生自主创作能力，打造一批以爱国将领、革命英雄、科学先驱、道德模范、敬业典型、志愿服务标兵等为原型的歌舞剧、话剧，组织推动校内、校外巡演"。这为创新青年学生社会主义核心价值观教育载体、方式和方法提供了思路。如何将红色文化融入青年学生的社会主义核心价值观教育成为学术界和理论教育工作者应该思考的时代课题。

西电刘建伟教授所著的《红色文化涵育高校社会主义核心价值观研究》是探索红色文化融入高校社会主义核心价值观教育的力作。作为从军五十年的老兵，在军队院校从事政治理论课教学四十余载老教授的我，拜读该书后感受颇多，最突出的感受有三点：

其一，视角新颖，富有创见。红色文化是中国共产党领导广大人民群众以马克思列宁主义为指导，在争取民族独立、人民解放和实现国家富强、人民富裕的历史进程中，兼容并蓄古今中外优秀文化成果而创造的优秀文化形态。红色文化是社会主义核心价值观的重要理论源泉，也是践行和培育社会主义核心价值观的天然载体，红色文化蕴含的伟大革命精神、优良革命传统、坚定革命信仰等与社会主义核心价值观具有契合性，红色文化蕴含的爱国、和谐、公正、平等等价值理念与社会主义核心价值观具有一致性。习近平总书记强调："把红色资源利用好、把红色传统发扬好、把红色基因传承好"，而要利用好、发扬好和传承好红色文化，最根本的是要激活红色基因，赋予红色文化以新的时代内涵。把握红色文化与社会主义核心价值观的内在契合性和一致性，探索红色文化涵育社会主义核心价值观的理路，无疑是赋予红色文化以生机、提高社会主义核心价值观教育实效性的重要举措。从目前能够搜索到的纸本文献来看，国内鲜有著作根植于红色文化的育人功能探讨高校社会主义核心价值观教育途径和方式的，本书无疑具有开创性。

其二，内容丰富，体系完整。本书针对目前开展红色文化融入高校社会主义核心价值观教育研究的学者，或红色文化融入高校社会主义核心价值观教育实践活动的组织者，注重对“如何做”的思考而缺乏对“为什么做”“现在做到什么程度”的审视的现状，沿着“原理性阐释—现状性描述—成因性分析—对策性建议”的思路，将“为什么做”“现在做到什么程度”“如何做”三者有机统一起来，系统阐述红色文化融入高校社会主义核心价值观的基本原理、现实状况和推进机制，逻辑严谨而体系完整，内容丰富而别有新意。尤其值得一提的是，作者从历史逻辑、理论逻辑和现实逻辑三个维度阐释了红色文化涵育社会主义核心价值观的学理遵循，说清楚了红色文化涵育社会主义核心价值观“何以可能”这一前提性命题，弥补了学术界在红色文化涵育社会主义核心价值观研究方面的不足。

其三，方法科学，论证有力。毛泽东说：“不解决桥和船的问题，过河就是一句空话。”所谓的“桥”和“船”，实际上就是方法的问题。学术研究能否以理服人，在很大程度上取决于研究方法是否科学。本书在研究方法上的重要特点是：原理性研究和应用性研究相结合，赋予应用性研究以质感，增强了政策建议的学术含量；总体研究和个案研究相结合，以西安电子科技大学为例论述红色文化涵育高校社会主义核心价值观的具体做法，反过来说明红色文化涵育高校社会主义核心价值观的一般性规律，增强了论证的说服力。

另外，本书的创新之处还有两点。一是梳理了党的主要领导人对红色文化与价值塑造问题的论述，特别是梳理了习近平总书记关于红色文化传承和核心价值观培育的重要论述，明确回答了我们党重视红色文化育人的传统是怎么来的，有哪些明确主张，从历史维度上展现了中国共产党人传承红色基因、熔铸社会核心价值理念的历程及蕴含的精神品格，为读者展开了中国共产党传承红色文化、塑造社会核心价值的画卷。二是凝练了红色文化涵育高校社会主义核心价值观的基本原则，特别是具有操作性的顶层设计和整体部署相结合、分众规划和精准教育相结合、理念倡导和生活践行相结合、保持原貌和发展创新相结合等原则，具有现实针对性。中共中央办公厅印发的《关于培育和践行社会主义核心价值观的意见》强调指出：“坚持联系实际，区分层次和对象，加强分类指导，找准与人们思想的共鸣点、与群众利益的交汇点，做到贴近性、对象化、接地气。”这些原则有利于避免红色文化涵育高校社会主义核心价值观的碎片化、简单化和随意化。

总之，本书是一部富有新意和创见的学术著作，能够入选教育部高校思想政治工作研究文库实至名归。当前中国处于近代以来最好的发展时期，世界处于百年未有之大变局，两者同步交织、相互激荡，机遇和挑战并存。受发达资本主义国家生产关系的调整及其容纳性、世界社会主义运动的低迷及其曲折性、中国当前社会基本矛盾的存在及其解决的长期性、互联网技术的推动及其负面性以及大学生价值观教育的不足及其功利性等综合因素影响，加上西方国家鼓吹的“历史终结论”“马克思主义过时论”“共产主义渺茫论”等论调的不时干扰，部分青年学生中出现了价值模糊、理想平庸、信念动摇和信仰危机的现象。面对世界范围思想文化交流交融交锋形势下价值观较量的新态势，以及改革开放和发展社会主义市场经济条件下思想意识多元多样多变的新特点，如何廓清青年学生的认识、坚定青年学生的理想信念，将他们分散的社会意识整合统一到实现中华民族伟大复兴的中国梦上来成为教育工作者面临的现实问题。高等学校肩负着培养中国特色社会主义事业建设者和接班人的重大任务，是培育和践行社会主义核心价值观的前沿阵地，相信本书的出版，对于他们围绕“培养什么人、怎样培养人、为谁培养人”这一根本问题，深入开展社会主义核心价值观教育工作、培养担当民族复兴大任的时代新人大有借鉴。

当然，红色文化传承是个宏大命题，社会主义核心价值观教育也是个宏大命题，两个宏大命题联结在一起聚焦在高校立德树人方面，无论是从理论研究角度还是从现实操作角度，都还有很多工作要做。我与刘建伟教授是在一次军队思想政治理论课教学竞赛上做评委而相识，他关于思想政治理论课教学的见解和新时代如何传承红色基因的思考给我留下了深刻印象。作为前辈和长者，希望他趁年轻继续努力，贡献更多的学术精品。

是为序。

解放军边防学院安全与文化研究中心主任、教授
陆军边海防学院特聘教授　国家国防教育专家
李业平　少将

目　录

绪　论

一、问题提出

2012年11月，党的十八大报告提出“倡导富强、民主、文明、和谐，倡导自由、平等、公正、法治，倡导爱国、敬业、诚信、友善，积极培育和践行社会主义核心价值观”①，首次明确概括了社会主义核心价值观的科学内容；2013年12月，中共中央办公厅印发了《关于培育和践行社会主义核心价值观的意见》，提出了培育和践行社会主义核心价值观的指导思想、基本原则和具体举措；2014年2月，习近平在中央政治局第十三次集体学习时强调：“要切实把社会主义核心价值观贯穿于社会生活方方面面……要从娃娃抓起、从学校抓起，做到进教材、进课堂、进头脑。”② 2014年10月，中共教育部党组、共青团中央联合发布《关于在各级各类学校推动培育和践行社会主义核心价值观长效机制建设的意见》，提出各级各类学校培育和践行社会主义核心价值观重点应在“融入”上下功夫；2015年1月，中共中央办公厅、国务院办公厅印发《关于进一步加强和改进新形势下高校宣

---

① 胡锦涛：《坚定不移沿着中国特色社会主义道路前进　为全面建成小康社会而奋斗——在中国共产党第十八次全国代表大会上的报告》，人民出版社2012年版，第31—32页。

② 《习近平在中共中央政治局第十三次集体学习时强调　把培育和弘扬社会主义核心价值观作为凝魂聚气强基固本的基础工程》，《人民日报》2014年2月26日。

传思想工作的意见》，提出："大力加强社会主义核心价值观教育，把培育和弘扬社会主义核心价值观作为凝魂聚气、强基固本的基础工程""将社会主义核心价值观融入高等教育全过程"，进一步强调了高校在培育和践行社会主义核心价值观中的责任和使命。

社会主义核心价值观是社会主义核心价值体系最深层的精神内核，是全体中国人凝魂聚气、团结前进的最持久最深沉的力量。它是中华民族赖以维系的精神纽带，是当代中国人共同的思想道德基础。中国改革开放40多年的实践反复验证，社会主义核心价值观是广大人民群众根本利益和需要的集中表达，是中国特色社会主义的道德底线，是指引中国特色社会主义道路沿着正确方向前进的内在支撑。当前，培育和践行社会主义核心价值观，有利于整合社会意识、形成集体共识，有利于推进国家治理能力现代化，有利于维护社会系统正常运转、社会秩序稳定。

社会主义核心价值观的培育和践行，既要靠国家和社会的积极倡导，也要靠社会成员的自觉践行。然而，对于社会个体而言，作为认定事物、辨定是非的一种思维或取向的核心价值观并非先天自发形成的，也不是后天自然形成的。社会个体社会主义核心价值观的养成需要社会教育、社会引导。

青年是可塑性最强的时期，也是价值观形成和确立的重要时期，"抓好这一时期的价值观养成十分重要"①。在青年群体中具有特殊地位的大学生是国家和民族的希望，是未来建设中国特色社会主义的中坚力量，在他们身上寄托着决胜全面建成小康社会、实现中华民族伟大复兴的历史重任，他们的价值取向是整个社会价值取向的"晴雨表""风向标"，决定了未来整个社会的价值状况。他们能否具有价值自信、认同并自觉践行社会主义核心价值观，对于我们能否坚持社会主义道路，并凝魂聚气、奋发进取、攻坚克难，顺利实现"两个一百年"奋斗目标和中华民族伟大复兴的中国梦至关重要。然而，现实是：面对世界范围思想文化交流交融交锋形势下价值观较

---

① 《习近平谈治国理政》第一卷，外文出版社2018年版，第172页。

量的新态势和改革开放与发展社会主义市场经济条件下思想意识多元多样多变的新特点，受我国经济体制深刻变革、社会结构深刻变动、利益格局深刻调整、思想观念深刻变化等多重因素的影响，部分大学生价值观选择具有盲目性，价值观形成具有动摇性；部分大学生艰苦奋斗精神不足、心理素质脆弱；部分大学生团队协作意识差、个人主义思想严重。正如有学者指出的："我们在'如何'一类问题方面相当成功……但与此同时，我们对'为什么'这种具有价值含义的问题，越来越变得糊涂起来，越来越多的人意识到谁也不明白什么是值得做的。我们的发展速度越来越快，但我们却迷失了方向。"①

这样，一方面大学生承担着做社会主义核心价值观的坚定信仰者、积极传播者、模范践行者的重要使命；另一方面大学生中却存在着价值观模糊、价值选择易变、价值判断错误等现象。现实状况和使命担当要求必须强化青年学生的社会主义核心价值观教育，这是帮助他们掌握树立正确世界观、人生观、价值观的"总钥匙"。可以说，抓住了大学生的价值观教育，也就抓住了未来社会的发展方向。

高校是社会主义核心价值观教育的主战场、主阵地，"要坚持不懈培育和弘扬社会主义核心价值观，引导广大师生做社会主义核心价值观的坚定信仰者、积极传播者、模范践行者"②。当前，党和国家的相关文件为高校开展社会主义核心价值观教育提供了基本依据，为大学生践行社会主义核心价值观提供了基本遵循。但是，应然并不等于实然，如何创新载体、拓展渠道、丰富形式，提高社会主义核心价值观教育的针对性和实效性，真正让学生做到思想更自觉、行动见成效，仍然是高校面对的重大现实课题。

红色文化是中国共产党留给人民群众的宝贵财富。它继承了中华优秀传

---

① ［波］维克多·奥辛廷斯基：《未来启示录——苏美思想家谈未来》，徐元译，上海译文出版社 1988 年版，第 193 页。

② 《习近平在全国高校思想政治工作会议上强调　把思想政治工作贯穿教育教学全过程　开创我国高等教育事业发展新局面》，《人民日报》2016 年 12 月 9 日。

统文化和民族精神，又结合时代要求不断创新发展，是社会主义先进文化的代表，体现了崇高的革命精神和永恒的价值标准。胡锦涛曾经指出：“我们要重温我们党领导人民军队和全国各族人民为民族独立、人民解放而浴血奋战的伟大历程，弘扬崇高革命精神和优良革命传统，激励全党全军全国各族人民在中国特色社会主义伟大道路上继续奋勇前进。”① 新时期，习近平总书记强调：“一个民族、一个国家的核心价值观必须同这个民族、这个国家的历史文化相契合”②，要“把红色资源利用好、把红色传统发扬好、把红色基因传承好”③。红色文化是社会主义核心价值观的重要理论源泉，也是践行和培育社会主义核心价值观的天然载体，红色文化蕴含的伟大革命精神、优良革命传统、坚定革命信仰等与社会主义核心价值观具有契合性，红色文化蕴含的爱国、和谐、公平、平等等价值理念与社会主义核心价值观具有一致性，对于培育和践行社会主义核心价值观具有重要意义。在高等学校，面对大学生思想政治教育的新常态，挖掘红色文化资源并创造性转化为大学生社会主义核心价值观教育资源，对于丰富大学生社会主义核心价值观教育载体，扩展大学生社会主义核心价值观教育渠道，拓展高校社会主义核心价值观教育广度和深度，具有十分重要的意义。

《中共教育部党组 共青团中央关于在各级各类学校推动培育和践行社会主义核心价值观长效机制建设的意见》要求：“结合学校地缘优势和历史、文化、革命传统，开展形式多样的教育实践活动”，“激发师生自主创作能力，打造一批以爱国将领、革命英雄、科学先驱、道德模范、敬业典型、志愿服务标兵等为原型的歌舞剧、话剧，组织推动校内、校外巡演。”④

---

① 《胡锦涛在中共中央政治局第四十二次集体学习时强调 弘扬崇高革命精神和优良革命传统 沿着中国特色社会主义道路奋勇前进》，《人民日报》2007 年 7 月 28 日。

② 习近平：《青年要自觉践行社会主义核心价值观——在北京大学师生座谈会上的讲话》，《人民日报》2014 年 5 月 5 日。

③ 《习近平在视察南京军区机关时强调 贯彻全军政治工作会议精神 扎实推进依法治军从严治军》，《人民日报》2014 年 12 月 16 日。

④ 《中共教育部党组 共青团中央关于在各级各类学校推动培育和践行社会主义核心价值观长效机制建设的意见》（教党〔2014〕40 号）。

《关于加强和改进新形势下高校思想政治工作的意见》要求："加强革命文化和社会主义先进文化教育，深化中国共产党史、中华人民共和国史、改革开放史和社会主义发展史学习教育，利用我国改革发展的伟大成就、重大历史事件纪念活动、爱国主义教育基地、国家公祭仪式等组织开展主题教育，弘扬以爱国主义为核心的民族精神和以改革创新为核心的时代精神。"《关于加强和改进新形势下高校共青团思想政治工作的意见》要求："利用我国改革发展的伟大成就、重大历史事件纪念活动、爱国主义教育基地、国家公祭仪式等，运用大学生喜闻乐见的形式载体，设计开展革命文化、社会主义先进文化主题教育活动，加强党史国史、近现代史、改革开放史、社会主义发展史宣传教育，引导大学生继承革命传统、传承红色基因，弘扬以爱国主义为核心的民族精神和以改革创新为核心的时代精神。"这都强调了开展革命传统教育、发挥红色文化育人功能在培育和践行社会主义核心价值观中的重要作用。

然而，通过问卷对陕西师范大学、西北大学、西安外国语大学、西安电子科技大学四所高校的1200名大学生展开的实际调查发现，有很大一部分大学生缺乏对红色文化全面、深入、丰富的了解和认知，缺乏对红色遗址、红色故事和红色精神情感认同，缺乏对践行红色精神应有的担当。这样，一方面红色文化对于践行和培育社会主义核心价值观具有重要意义和价值；另一方面大学生却对红色文化缺乏基本的了解和认知，现实的矛盾和差距要求我们认真研究红色文化涵育社会主义核心价值观的规律，强化高校红色文化资政育人功能并有机融入社会主义核心价值观教育。

针对当前的境况，要研究的是：红色文化的内涵、特征和功能是什么；红色文化与社会主义核心价值观的内在契合性和一致性在哪里；高校利用红色文化开展社会主义核心价值观教育的现状是什么；高校将红色文化融入社会主义核心价值观教育应该坚持的基本原则是什么；结合新时期党和国家对于培育和践行社会主义核心价值观的基本要求，如何更好地推进红色文化涵养高校社会主义核心价值观的教育。

二、研究述评

关于红色文化与社会主义核心价值观的研究始于中共十六届六中全会“社会主义核心价值体系”被提出之后，但是红色文化及其价值的研究却远远早于此，它是伴随着中国革命、建设和改革的进程而延续至今的。

在新民主主义革命时期，从理论方面看，毛泽东提出的新民主主义文化理论包含了红色文化的内容，为红色文化及其价值的研究奠定了理论基础；从国内学术研究方面看，当时学者对新民主主义文化理论的研究及对红色文艺作品的解读、英雄人物的宣传等，都属于红色文化及其价值研究的范畴；从国外学术研究方面看，埃德加·斯诺写的《西行漫记》、斯坦因写的《红色中国的挑战》、爱泼斯坦写的《中国未完成的革命》等都可以算作是国外较早关注红色文化及其价值的作品，尽管它们并不算是严格意义上的学术研究。

新中国成立后，红色文化资源的挖掘、红色精神的研究和红色文化活动的社会化达到了高潮。随着一系列政治口号的提出，红色文化资源不断被挖掘并赋予新的内涵。红色文化活动繁荣了红色文化研究，但是受政治气候的影响较大，很多学者的观点、论断并不具有学理性，仅仅是政治运动或领袖语录的注解而已，红色文化价值被符号化了。

改革开放特别是20世纪90年代之后，红色文化及其价值的研究逐渐回到正常的学术轨道上来，陆续出现了一批著作，如中国延安精神研究会编写的《延安精神》（1991）、江西省井冈山精神研究会编写的《井冈山精神研究》（1993）、刘英华主编的《沂蒙文化发展研究》（1994）等，江西省井冈山精神研究会还编辑出版了会刊，对深入研究井冈山精神起了重要作用。另外，也有学者从革命传统角度阐释红色文化的时代价值，如冯虞章的《发扬革命传统与建设社会主义精神文明》（1996）、周伯之的《弘扬革命传统 激发爱国热情》（1991）等学术论文都有所涉及。但是比较而言，这一时期的研究侧重于对红色文化资源的挖掘、阐释方面，对红色文化功能、价值的解读尚不全面，主要关注政治价值、历史价值、教育价值，对经济价值的关注不够。另外，红色文化的话语表达缺乏时代性。

近年来，自红色文化的概念被提出以后，关于红色文化的内涵、特征、功能和发展历程的研究随之展开，有学者甚至提出专门建立红色文化学，并对其研究对象、研究内容、研究方法进行了阐释（罗浩波，2012）。随着红色文化研究的兴起，学者对红色文化价值的研究逐渐延伸，从教育学、哲学、社会学、经济学、文化学、艺术学等多学科角度展开，如红色文化教育研究（汪立夏，2010；王爱华等，2011；高布权，2014）；红色旅游经济研究（尹晓颖等，2005；曹新向等，2005；徐仁立，2011）；红色文学、影视经典研究（刘玉凯，2005；焦垣生，2008）等。

概括而言，价值研究一直是红色文化研究的主线，所有围绕红色文化的研究本质上都是关于红色文化价值的研究，但是过去关于红色文化价值的研究主要体现在理想信念教育、道德品格教育、爱国主义教育等方面，尚未将之与社会主义核心价值联系起来考虑红色文化之于社会主义核心价值的地位和作用。

中共十六届六中全会“社会主义核心价值体系”提出之后，关于红色文化与社会主义核心价值体系的研究逐渐引起学界的注意。代表性著作有韩延明的《红色文化与社会主义核心价值体系建设研究》（2013）、舒毅彪的《以红色资源推进社会主义核心价值体系大众化研究》（2014），代表性论文有李康平、李正兴的《红色资源开发与社会主义核心价值体系教育》（2008）、饶勇的《红色资源应用于社会主义核心价值体系大众化研究》（2012）等。社会主义核心价值体系和社会主义核心价值观具有内在一致性，关于红色文化与社会主义核心价值体系的研究为红色文化与社会主义核心价值观的研究提供了参考，但是二者又具有差异性，前者的研究不能取代或者等同于后者的研究。

随着党的十八大“社会主义核心价值观”正式提出以来，关于社会主义核心价值观的相关研究迅速展开，并取得了积极成果。研究主要集中在两个方面：其一，社会主义核心价值观的历史脉络、核心要素、精神实质；其二，培育和践行社会主义核心价值观的载体和路径。红色文化与社会主义核心价值观具有天然的内在联系，如何发挥红色文化在培育和践行社会主义核心价值观中的作用应该成为学术界关注的问题。然而，通过对中国知网、中国优秀硕士学位论文全文数据库、中国博士学位论文全文数据库等网络数据库进行搜索，并阅读相关纸本文献，发现将红色文化与社会主义核心价值观教育联系在一起研究的较少，已有的研究主要集中在以下方面。

（一）红色文化融入大学生社会主义核心价值观教育的可能性和必要性

红色文化是在新民主主义革命和社会主义建设时期，由中国共产党领导人民创造的，以马克思主义为指导，同时创造性融合中外文化思想所产生的一种先进文化形态，而社会主义核心价值观是我们党凝聚全党全社会价值共识作出的重要论断，是社会主义核心价值体系最深层的精神内核和凝练表达，是现代化和中国梦实现的根本精神动力，二者的内在联系是什么呢？目前，学术界基本上有三种观点：其一，过程同步说。认为中国共产党为中华民族崛起和振兴而奋斗的红色之路，“就是一条社会主义核心价值观得到培育、发扬和创新之路，也是社会主义核心价值体系教育内容不断充实、丰富和发展之路”①。其二，内容共性说。认为红色文化在实践中形成了以人为本、人民民主、公平正义、社会和谐等核心价值理念，而这与社会主义核心价值观的基本内容“在本质上是一致的”②。其三，目标一致说。认为红色文化蕴含浓郁的民族精神、爱国主义精神、自强不息精神和开拓创新精神，

① 肖灵：《红色文化与大学生核心价值观教育》，《江苏高教》2013 年第 1 期。

② 李祖平、安小文：《红色文化自觉与社会主义核心价值观全覆盖——基于文化软实力视域》，《成都理工大学学报（社会科学版）》2015 年第 1 期。

“这与社会主义核心价值观是完全契合的，两者的目标一致”①。这三种观点从不同的层面揭示了红色文化与社会主义核心价值观的内在关系，为红色文化融入大学生社会主义核心价值观教育提供了可能性。

红色文化融入大学生社会主义核心价值观教育不仅具有可能性，而且还有必要性。概括起来，主要有三种代表性观点：

其一，价值导向论。当前，一方面随着全球化、市场化、信息化的发展，中西方文化交流、融合、碰撞的广度和深度空前，不同程度地消解了大学生对主流价值观的崇奉，导致大学生价值选择趋向多样化；另一方面，中国正处于社会转型期，各种社会矛盾重叠、集中出现，其解决的速度、效能与大学生的预期有一定差距，这也导致部分大学生在个别社会事件的影响下对政府治理的正当性和司法的公正性等产生怀疑，进而动摇或者改变自己的价值观。在各种因素的影响下，新时期大学生的价值观培养面临前所未有的挑战和困难。有学者认为红色文化为大学生价值观教育提供了重要渠道，因为它符合我国价值观的主流取向，所呈现出的“忠于党、忠于革命的信念”，所表现出的中国共产党人的人生价值观和利益观具有“可延续性”，“为大学生提供了正确的价值导向，为开展大学生核心价值观教育提供了正确的导向”②。

其二，教育资源论。红色文化内容丰富，包括人、物、事、魂四个方面，以物质化形态和非物质化形态呈现。很多学者认为，红色历史资源可以转化为社会主义核心价值观教育资源，丰富社会主义核心价值观教育的形式。有学者指出：红色文化中折射出的革命先辈们的崇高共产主义理想、坚定革命信念和高尚爱国情感等价值追求，为大学生社会主义核心价值观的培育提供了深厚的“教育内涵”；红色文化中所包含的革命历史事件、革命英雄人物、革命道路、革命精神、革命遗址等，为大学生社会主义核心价值观

① 江颉：《红色资源融入大学生社会主义核心价值观教育探析》，《广西教育（职业与高等教育版）》2014 年第 1 期。

② 肖灵：《红色文化与大学生核心价值观教育》，《江苏高教》2013 年第 1 期。

的培育提供了鲜活的“教育素材”①。

其三，精神动力论。红色文化是超越时空的先进文化，蕴含着厚重而丰富的革命传统，具有现实性、直观性、形象性、感染性等特点。有学者指出，“在价值观念、道德追求方面，形成了大公无私、严于律己、公而忘私、无私奉献、舍身忘己、献身革命、先人后己、艰苦奋斗、自力更生等价值观念”②，是大学生正确世界观、人生观、价值观养成的源泉，是大学生不断追求进步的精神动力。

总体而言，目前学术界研究中华优秀传统文化与社会主义核心价值观教育的多，研究红色文化与社会主义核心价值观教育的少。本质上，优秀传统文化、红色文化与社会主义核心价值观是一脉相承的，优秀传统文化是社会主义核心价值观的土壤，而红色文化则是社会主义核心价值观的根系，红色文化与社会主义核心价值观具有天然的内在联系，其所蕴含的红色精神与社会主义核心价值观具有一致性、契合性和互补性。将红色文化蕴含的丰富历史资源结合时代特征、当代国情和学生需求创造性转化为大学生践行社会主义核心价值观的教育资源，对于增强大学生社会主义核心价值观教育的亲和力和感染力，提高大学生社会主义核心价值观教育的针对性和实效性具有重要意义。

（二）红色文化融入大学生社会主义核心价值观教育的方法

红色文化是涵育社会主义核心价值观的天然载体，然而要真正将红色文化融入大学生社会主义核心价值观教育并产生应有之效能，则必须在输送介质和工具手段上做努力，其中方法的灵活运用是关键。邓小平就曾指出：“我们政治工作的根本的任务、根本的内容没有变，我们的优良传统也还是

① 潘松文：《红色文化之于大学生社会主义核心价值观培育的价值及运用》，《学校党建与思想教育》2014 年第 21 期。

② 韩延明主编：《红色文化与社会主义核心价值体系建设研究》，人民出版社 2013 年版，第 10 页。

那一些。但是，时间不同了，条件不同了，对象不同了，因此解决问题的方法也不同。”① 红色文化要融入大学生社会主义核心价值观教育，既要赋予传统方法以新的表现形式，又要根据新情况不断创新教育方法，并且对各种方法实施后的效果进行检验和反馈，进而确定系列科学而有效的方法。目前，学者论述的相关方法有如下几种：

一是理论灌输法。理论灌输法是马克思主义理论教育的基础方法，也是我们党长期开展思想政治教育工作所坚持的基本方法。红色文化要融入大学生社会主义核心价值观教育，前提是让大学生了解红色遗址、红色故事、红色精神以及社会主义核心价值观的相关知识，而这就需要做知识和理论的讲解和阐释，就需要用理论灌输的方法。当然，方法的运用方式要革新，要避免传统的“一言堂”“满堂灌”的纯粹知识单向输出形式，而是“对其加以调解和控制，以增强灌输的实效性和吸引力”②。具体而言，包括灌输法与其他方法的“嫁接”与“新生”、传统灌输法与现代信息技术的圆融结合等。

二是实践体验法。实践是认识的来源与目的，既是人的思想形成发展的源泉，也是检验认识正确与否的唯一标准。将红色文化转化为大学生的情感认同、价值认同并升华为行为认同，则必须发挥社会实践的作用，让大学生在亲身体验中感知红色精神的道义力量和时代价值。综合相关学者的观点，实践体验法应用于红色文化融入社会主义核心价值观教育方面主要体现在：通过亲身参观红色遗址、红色精神展览馆、革命纪念馆等，了解红色文化的发展脉络、演变历程及精神体现，感受红色文化蕴含的力量，将感性认识逐渐上升为理性认识并嵌入自己已有的价值生成结构。这种方法的优点是有助于将大学生对红色文化的认知上升为对红色文化的情感认同进而上升为对红色精神的自觉实践，但是存在的问题是社会实践活动的组织难度大、成本大、风险大，而且很难保证全员参与。

---

① 《邓小平文选》第二卷，人民出版社 1994 年版，第 119 页。

② 安小文、李祖平：《试论红色文化融入社会主义核心价值观建设的方法与价值》，《佳木斯大学社会科学学报》2014 年第 3 期。

三是榜样示范法。不同时代的榜样人物及其故事“具有感染、激励、号召、启迪和警示功能”①，对处于价值观形成期的大学生具有示范和引领作用。红色文化的重要载体是红色故事，而红色故事的灵魂是英雄人物，英雄人物的事迹超越时空具有永恒魅力，是天然的价值观教育资源。将红色榜样人物融入大学生社会主义核心价值观教育，就是遵循大学生的成长规律、价值接受规律和思想政治教育规律，将英雄人物及其故事通过通俗易懂的方式阐释，并运用恰当的技术手段表现出来，进而实现与社会主义核心价值观教育的同频共振，做到入脑、入心。当然，榜样人物的选取不是没有标准的“大杂烩”，而是要坚持多样性、针对性和正面性的原则，并注意将榜样人物的价值示范生活化、大众化，让大学生觉得榜样人物不是高高在上，而是触手可及、人人可做，从而真正接受英雄人物所渲染的精神并自觉追慕、践行。

四是价值澄清法。价值澄清法与传统的灌输法不同，它不是教师或者管理者将正确的价值简单复制、输出给学生，而是从学生存在的错误认识、混乱思想出发，通过教师引导和师生互动，帮助学生认清楚各种社会思潮的表征、本质，进而从混乱的价值观中解脱出来，自觉认同社会主流价值观。在以红色文化为载体进行社会主义核心价值观教育的过程中，运用价值澄清法就是将各种混乱的认识、错误的观点和容易引起争议的问题通过理论阐释、课堂讨论和演讲论辩的方式，帮助大学生在各种社会思潮中牢固确立正确的认知、形成稳定的理性认识。这是一种非常重要的方法，它有利于“引导学生对主流价值观的认同、构建平等协作的师生关系、培养和提高学生的价值判断和价值选择的能力”②。

五是媒介传播法。网络和新媒体的海量性、及时性、互动性、多样性等

① 廖宇婧：《论依托红色资源开展大学生理想信念教育》，《江汉大学学报（社会科学版）》2012 年第 1 期。

② 安小文、李祖平：《试论红色文化融入社会主义核心价值观建设的方法与价值》，《佳木斯大学社会科学学报》2014 年第 3 期。

特点决定了其在价值传播中的优越性，并成为红色文化涵育社会主义核心价值观的新渠道、新方法。目前，相关的研究主要集中在两个方面：其一，建立主题教育网站并开展师生互动。建立专门的校园红色网站，“通过开展红色网络论坛、红色影视欣赏、红色在线歌曲、红色网上祭英烈、建设红色网上纪念馆等高雅、健康的主题活动”①，深入挖掘红色资源并结合时代要求和学生需求以形象化、立体化的方式呈现出来，增强内容的吸引力和延伸性，提高表现形式的灵活性和多样化。有学者还提出，为了保证学生能够自觉浏览网站、加强学习，要求他们定期登录网站并留言互动，并“利用操行分这把尺子”② 来进行约束。这种方式的优点是将可量化的学业要求纳入红色文化教育之中，通过构建可操作、可评价的约束机制引导和督促学生了解和学习红色文化，缺点是强制性的方式往往容易引起学生的逆反心理，在学生的隐性抵抗中趋于形式化。其二，利用新媒体开展嵌入式教育活动。QQ、微博、微信、移动校园 App 等新型媒体已经成为大学生日常交流的主要工具，将红色文化融入新媒体是大学生价值观教育的新常态。有学者梳理了一些学校的做法，如开通红色旋律互动 QQ 群、红色旋律主讲教师微博、红色旋律主讲教师 E-mail、红色旋律投稿 E-mail、红色旋律微信、红色旋律飞信等。③

学者提出的方法众多，亦具有建设性和可操作性，但是目前还存在两个方面的不足：其一，建议性方法的提出缺乏实施效果的检验和评价，方法的适应性缺乏科学性分析，离具体操作尚有一定距离。比如，榜样示范法是一个好的方法，但是对榜样人物的示范性作用如何时代化则缺乏原理性阐释；其二，经验性方法的论述缺乏一般性规律的提升，对于具体经验的可推广性缺乏深入的剖析，尚停留在一般性论述层面。另外，各种方法如何有机配合

---

① 陈俊：《红色文化引领大学生核心价值观教育的实效性分析》，《山东青年政治学院学报》2014 年第 4 期。

② 王爱华主编：《红色文化与思想教育》，西南交通大学出版社 2012 年版，第 85 页。

③ 参见段宏、刘建民：《论新媒体视阈下河北红色文化的高校德育功能》，《新闻知识》2013 年第 8 期。

形成协同效应，亦乏有论述。

（三）红色文化融入教学活动发挥价值引领功能

1. 红色文化融入课堂教学

课堂是一个具有仪式性、权威性的理论灌输场所，是大学生熟悉并乐于学习知识、接受教育的地方。深入挖掘红色历史资源并转化为社会主义核心价值观教育资源融入课堂教学是大学生思想政治教育的应有之义，也是培育和践行社会主义核心价值观的客观要求。很多学者对此做了探索，归纳起来主要在两个方面：

（1）红色文化融入思想政治理论课。如何从红色历史文化中寻找合法性根源并汲取力量，融入思想政治理论课教学帮助学生树立正确的价值观，是很多学者探讨的重要课题。经过研究，他们认为，首先，教师要具有传承红色文化的“事业心和使命感”，认真梳理教材中关于社会主义核心价值观的内容，并将之与红色文化的传播有机结合起来。其次，要把握红色文化、社会主义核心价值观教育和思想政治理论课程三者之间的契合点，创造性地将红色文化融入课堂教学之中。“尤其在‘中国近现代史纲要’与‘毛泽东思想和中国特色社会主义理论体系概论’这两门课程中，教师应当通过红色文化的形成、发展过程来阐释培育社会主义核心价值观的必要性、紧迫性和重要性。”① 有学者还详细论述了红色文化资源与具体课程的结合点，如“思想道德修养与法律基础”中爱国主义和红色文化的结合，“中国近现代史纲要”中红色文化资源与中国革命过程的结合，“马克思主义基本原理概论”中红色文化资源与群众路线的结合，“毛泽东思想和中国特色社会主义理论体系概论”中红色文化资源与党的理论路线的结合，等等。最后，要充分发挥高校知识资源优势，抓好“红色教材”编写工作。

---

① 于安龙、刘文佳：《论红色文化与大学生社会主义核心价值观教育》，《教育评论》2014 年第 8 期。

（2）开设红色文化特色选修课。红色资源遍布全国各地，成为各大高校竞相利用的教育资源。如临沂大学在全校大一本专科学生中开设了“红色文化与沂蒙精神”课程，把红色文化当作高校思想政治理论课教学的有机组成部分，形成了自己的特色。

目前，红色文化融入课程教学方面论述较为欠缺的是专业课方面。可能部分学者潜意识里认为价值观教育是思想政治理论课、党课等课程的专属领域，与专业课没有多大关系，这是一种误解。实际上，专业课中的价值观教育因为能够和职业选择、职业规划以及职业素养结合起来，具有利益相关性和隐蔽性，更容易为大学生所接受。比如，很多文史方面的专业课如果能够灵活地将专业课知识的讲授与红色经典的传承结合起来，在专业技能的培养中注重专业品格的塑造，在职业规划的引导中注重职业素养的提升，让诚信友爱、公平正义、爱国进步等价值成为大学生专业学习和职业选择中自觉的追求，那么这种教育方式对大学生的思想冲击力更大。

2. 红色文化融入社会实践教学

目前，学者论述的社会实践教学方面的做法主要是两类：一类可以称之为体验式模式，即“组织大学生参观革命遗址、讲革命故事、唱红色歌曲、看红色经典、重走革命道路等红色主题教育活动”①，建立一批爱国主义教育实践基地，让大学生的情感在实践体验中得到升华。亦有学者将此模式概括为“一听、二看、三练、四讲、五做”模式②。一类可以称之为服务式模式，即大学生根据所学专业开展针对性的志愿者服务活动，在奉献中体会爱国、正义、团结、友善等价值，如师范院校大学生可参与“老区支教”工程、医学院大学生可参与“老区支医”工程、农业院校大学生可参与“老区支农”工程等，依此了解社会、磨炼意志、提升品质。

总体而言，红色文化融入教学活动发挥价值引领功能的研究还停留在一

① 杨洋、赵宏岩：《红色文化在大学生思想政治教育中的有效运用》，《产业与科技论坛》2014 年第 19 期。

② 王爱华主编：《红色文化与思想教育》，西南交通大学出版社 2012 年版，第 63 页。

般性论述上，尚缺乏深层次的分析。比如红色文化融入思想政治理论课发挥价值引领作用的独特优势在哪里，与当代大学生的接受心理、思想政治理论课的教学重点难点结合点在哪里，采取怎样的形式更能发挥应有的作用，在这些方面学者论述得较少。另外，红色文化引入社会实践教学，如何避免运动式的形式，使之制度化、常态化，如何更好地与社会主义核心价值观的不同层面要求结合起来，也缺乏相应的深刻论述。

（四）红色文化融入校园文化建设发挥文化育人功能

“人创造环境，同样环境也创造人。”一所大学输出的文化是大学生灵魂深处不可或缺的一部分，是影响他们价值养成的无形力量。将红色文化融入大学生社会主义核心价值观教育必须重视校园文化建设的作用。目前，学者的研究主要体现在两个方面：

一方面，将红色文化融入校园物质文化建设中。校园物质文化环境又称为校园硬环境，是校园文化的外在表现形式，它包括学校建筑及其造型、布局，教学科研生活场所的装饰、布置，校园生态环境的设计，以及校旗、校徽、校服等。这些看得见、摸得着的物质元素蕴含着丰富的文化内涵和自然美感，大学生长期置身其中而不觉。将红色文化元素融入校园物质文化之中，发挥对大学生的价值熏陶作用，可以通过“结合当地人文历史、学校校史校情，在校内适当的地方，建立红色文化广场、红色文化纪念馆、陈列馆，树立相关红色文化标语、标识、宣传栏，建造红色文化雕塑、‘英雄墙’等”①，借以增强对大学生的视觉震撼和心灵震撼。当然，红色元素融入校园物质文化建设，并非是将校园文化建设成单一红色色调，更非是将红色色调毫无依据地胡乱装饰，而是应该坚持三个基本原则：其一，契合性，即与学校的校史、本地区的历史文化和学校的发展理念相一致；其二，协调

① 顾正虎、龚成：《红色文化在大学生核心价值观教育中的传承与创新》，《徐州师范大学学报（教育科学版）》2011 年第 3 期。

性，即人文景观和自然景观、教育功能和欣赏功能相结合；其三，典型性，即校园雕塑和建筑的设计要具有代表性，能够集中体现学校的办学传统、治理理念和价值追求。

另一方面，将红色文化融入校园精神文化建设中。校园精神文化环境又称为校园软环境，它是校园文化的核心和灵魂，反映了一所学校的历史传承、精神面貌和个性品质。红色文化融入校园精神文化也即是找到二者之间的最佳结合点，通过开展形式多样的主题教育活动将红色文化资源转化为教育资源，影响大学生的理论认知、政治认同和价值认同。具体的表现形式是多样的，既可以是策划以红色文化为主题的辩论赛、征文赛、摄影展、知识抢答赛、红歌百人大合唱等赛事，开展主题班会、团组织生活会以及红色文化艺术节等校园文化活动，也可以是“邀请有关历史学家、革命老战士进校园，开展专题讲座”①。通过与学生的平等交流和对话或者学生自我教育的方式，增强大学生对红色文化蕴含的历史价值、时代价值的思考。目前，学者对红色文化融入校园精神文化建设发挥价值塑造功能的研究主要在组织活动或者讲座方面，对如何总结经验形成长效机制关注不够。另外，校园文化建设包括相互联系、相互影响的物质文化、精神文化、制度文化和行为文化四个层面，如何确立四个层面在红色文化融入大学生社会主义核心价值观教育中的各自功能及相互衔接机制，也缺乏系统性的论述。

（五）结论

目前，学者对红色文化融入大学生思想政治教育的研究较多，对融入社会主义核心价值观教育的研究较少，红色文化融入大学生社会主义核心价值观教育的相关研究尚处于起步阶段，成果零散而不系统、不深入。红色文化

---

① 聂勇：《化皖西红色文化资源为优秀思想政治教育资源》，《鸡西大学学报》2010 年第 6 期。

是中国特色社会主义文化的优秀基因和理论来源，是社会主义核心价值观教育独具优势的载体，深化红色文化融入大学生社会主义核心价值观教育的研究具有重要意义。未来需要强化研究的是：

（1）红色文化融入大学生社会主义核心价值观教育的学理阐释。《关于培育和践行社会主义核心价值观的意见》要求："深入研究社会主义核心价值观的理论和实际问题，深刻解读社会主义核心价值观的丰富内涵和实践要求，为实践发展提供学理支撑。"目前，学术界已有的研究侧重于红色文化融入大学生社会主义核心价值观教育的具体对策方面，也就是"如何做"，对于其逻辑前提"为什么要做"则缺乏学理性考察。未来研究应该注意的是：运用马克思主义学说中的经济基础与上层建筑、社会存在与社会意识原理、价值观理论，剖析红色文化与社会主义核心价值观在理论渊源、实践基础等方面的一致性，揭示红色文化涵育社会主义核心价值观的文本和实践依据；分析红色文化所蕴含的精神追求、精神特质与社会主义核心价值观在国家、社会和个人层面的契合性、互补性，揭示红色文化涵育社会主义核心价值观的历史和逻辑基础；综合运用马克思主义学说、价值哲学、社会心理学的原理，构建指导红色文化涵育社会主义核心价值观实践的理论遵循。

（2）红色文化融入大学生社会主义核心价值观教育的方法及效果评价。学术界提出了红色文化融入社会主义核心价值观的诸多方法，但是仅仅停留在一般性阐释方面，对于这些方法及其实施的针对性以及有效性则缺少考量。下一步在研究中需要增强红色文化融入大学生社会主义核心价值观教育方法提出的"问题意识"和方法实施的"效果意识"，构建科学而规范的效果评价体系。方法的评价包括评价的主体构成、评价的标准、评价的指标体系及效果检验等内容。在评价主体中，要以大学生的自我提升感知为主；在评价原则中，要紧紧围绕价值影响进行；在评价指标中，要善于把红色文化融入大学生综合素质体系和学业质量标准并细化。尤其重要的是，要重视网络平台的作用，"运用网络传播规律，弘扬主旋律，激发正能量，大力培育和践行社会主义核心价值观”①。探索线上与线下相结合，线上常规教育和主题教育、一般教育和特色教育相结合的渠道，构建集红色资源挖掘、红色经典阐释、红色文化传播、红色精神宣讲、红色文化学习互动于一体的主题教育网站，开展网上“红色课堂”“红色经典欣赏”“红色故事大家讲”“时代红色故事”等活动并进行效果评价，进而总结一般性经验并推广，是学术界应该深入阐述的问题。

（3）红色文化合理融入课程教学和校园文化发挥价值引领功能分析。红色文化融入课程教学和校园文化建设并非是生搬硬套或者硬性嫁接，而是基于科学性和可操作性基础上的有机融合，这就需要深化红色文化融入课程教学的案例分析，分析红色文化融入具体课程的契合性，找到红色文化能够发挥其优势的结合点。比如，红色文化与党课教育相结合，就是要梳理红色文化资源中有趣味性、有感染力的事例按照理想信仰教育的要求进行再加工、再创造，并有机嵌入课堂教学之中，进而“通过清晰可辨、并不遥远的历史上的真人真事，使人们明了社会主义道路不是虚幻的、社会主义核心价值观不是遥不可及的”②，增强大学生的制度自信、理论自信、价值自信和文化自信。另外，还要深化红色文化融入校园文化建设的规律研究，探索红色文化、学校校史与校园文化之间自然而不突兀的衔接方式。

（4）红色文化融入大学生社会主义核心价值观教育的长效机制构建。红色文化融入大学生社会主义核心价值观教育是一项长期性、系统性、创新性的工作，健全的机制是其获得实效、永葆生机和活力的根本保障。避免“运动式”“政绩式”的工作方式，确保红色文化融入大学生社会主义核心价值观教育的规范化和常态化，必须深入思考如何遵循马克思主义大众化规律、价值传播规律和青年认知规律，结合时代特征、现实矛盾和大众心理，

① 《习近平主持召开中央网络安全和信息化领导小组第一次会议强调　总体布局统筹各方创新发展　努力把我国建设成为网络强国》，《人民日报》2014 年 2 月 28 日。

② 何其鑫、向国华、余雪源：《红色文化资源在培育社会主义核心价值观中的应用》，《江西社会科学》2013 年第 10 期。

创新利用红色文化将社会主义核心价值观人格化、形象化、具象化的形式、方法，探索运用法治思维、法治方式推动红色文化价值引领功能制度化、规范化的方式、途径，形成将红色精神落细、落小、落实，更好地融入大学生学习生活和精神世界的长效机制。这一机制的核心应该是完备而有效的制度体系、健全而高效的组织体系，以及充裕而持续的经费支持体系。

三、研究思路

本书以高校社会主义核心价值观教育为切入点，探讨红色文化融入高校社会主义核心价值观教育的机理、原则、方法和途径。总体而言，按照“原理性阐释—现状性描述—成因性分析—对策性建议”的基本逻辑，遵循“总—分”的分析结构，阐释红色文化融入高校社会主义核心价值观教育的理路、路径和对策。

第一，梳理红色文化形成过程，科学界定红色文化的内涵，归纳红色文化的特征，阐释红色文化的功能，分析红色文化涵育社会主义核心价值观的学理基础。这是本书的基础性工作，也是本书着力要解决的问题。

第二，剖析红色文化融入高校社会主义核心价值观教育的需求和供给状况，论述红色文化融入高校社会主义核心价值观教育的必要性和紧迫性。通过问卷调查和分析，了解学生对红色文化的认知情况；通过查阅文献和座谈，了解高校社会主义核心价值观教育的现状。在此基础上，分析存在的问题及不足。

第三，梳理相关文献并实际调研，了解全国高校利用红色文化开展社会主义核心价值观教育的现状，归纳目前高校将红色文化融入社会主义核心价值观教育的特点，揭示高校将红色文化融入社会主义核心价值观教育方面存在的问题。

第四，根据红色文化融入高校社会主义核心价值观教育方面存在的不足，确立高校将红色文化融入社会主义核心价值观教育的基本原则，并提出推进高校将红色文化更好地融入社会主义核心价值观教育的对策建议。

第五，案例分析。西安电子科技大学是我党我军创建的第一所工程技术院校，是中央首批全国重点大学，延绵着中国高校最长的红色根系，毛泽东欣誉为“科学的千里眼、顺风耳”，并亲笔题词“全心全意为人民服务”。附录部分对西安电子科技大学将红色校史文化融入学校社会主义核心价值观教育的做法进行了描述，并总结了基本经验。

四、研究意义

“办好中国的世界一流大学，必须有中国特色。没有特色，跟在他人后面亦步亦趋，依样画葫芦，是不可能办成功的。”① 核心价值观的教育也是如此，如果完全搬用西方核心价值观教育的方式，无疑说明社会主义核心价值观教育是失败的。本书力图揭示红色文化在培育社会主义核心价值观中的独特价值及学理遵循，探索将红色文化融入高校社会主义核心价值观教育的长效机制，以期为高校更好地培育和践行社会主义核心价值观提供一种思路、方法和路径。具体而言，研究意义在于：

第一，有利于深入挖掘红色文化的丰富内涵、精神特质和道义力量，重新认识红色文化的价值涵养和价值引领功能。“培育社会主义核心价值观是在新的时代背景下弘扬红色文化的突破口，一方面很好地融入了红色文化的核心价值因素，使红色文化得以传承；另一方面又充分彰显了时代特征，以契合时代特色的核心价值理念来提升人民群众的思想道德境界。”② 通过对红色文化与社会主义核心价值观内在关系的分析，揭示红色文化与社会主义核心价值观的一致性和契合性，然后以社会主义核心价值观为基本参照重新

---

① 习近平：《青年要自觉践行社会主义核心价值观——在北京大学师生座谈会上的讲话》，《人民日报》2014年5月5日。

② 邱小云、周艳红：《弘扬红色文化　涵养社会主义核心价值观》，《思想教育研究》2017年第6期。

审视红色文化的时代价值，更加全面、深刻地理解红色文化的丰富内涵、红色精神的特质，特别是红色文化在价值涵养、价值引领方面的独特优势。

第二，可以通过对红色文化涵育社会主义核心价值观的学理阐释，为社会主义核心价值观的培育提供新视角、新思路。本质上，中国特色的红色文化与社会主义核心价值观的形成过程具有重叠性，红色文化的演进历程也即是社会主义核心价值观的培育过程。通过对红色文化和红色精神历史脉络的考察，可以更加清楚社会主义核心价值观的培育过程及精神实质。运用马克思主义学说的相关原理分析红色文化与社会主义核心价值观在理论源泉、实践基础和精神特质方面的一致性，阐释红色文化涵育社会主义核心价值观的学理遵循和理论依据，可以挖掘红色文化的潜在价值，实现红色文化和社会主义核心价值观的现实观照，为社会主义核心价值观教育提供一种新视角、新思路。

第三，可以清楚红色文化融入高校社会主义核心价值观教育的现状，总结经验教训。近年来，很多高校在大学生思想政治教育方面打“红色牌”，借以丰富高校思想政治教育的形式，改进高校育人的效果。通过查阅高校利用红色文化开展高校社会主义核心价值观教育的情况，并到部分高校进行实际考察，可以总结出目前高校将红色文化融入社会主义核心价值观教育的具体做法、方法，分析其存在的问题，为进一步提高红色文化融入高校社会主义核心价值观教育的规范性和实效性奠定基础。

第四，可以通过构建红色文化涵育高校社会主义核心价值观的长效机制，提高高校社会主义核心价值观践行的自觉性。遵循马克思主义大众化规律、价值传播规律和认知规律，结合时代特征、现实矛盾和大众心理，提出红色文化融入高校社会主义核心价值观的实践路径。创新利用红色文化将社会主义核心价值观人格化、形象化、具象化的形式、方法，探索运用制度思维、制度方式推动红色文化价值引领功能规范化的方式、途径，形成将红色精神落细、落小、落实，更好地融入人们生产生活和精神世界的长效机制，为新常态下提高社会主义核心价值观教育的针对性和实效性提供理论指导。

第五，可以总结特殊群体红色文化涵育社会主义核心价值观的案例，为其他群体更好地开展社会主义核心价值观教育提供借鉴。社会主义核心价值观教育既具有一般性，又具有特殊性，不同社会群体社会主义核心价值观教育的要求和重点也必然不同。高校作为教育体系的塔尖和社会精英群体或潜精英群体聚集的场所，其价值观教育的内容、形式和效果必然会对其他社会群体的社会主义核心价值观教育产生带动和辐射作用。通过探索红色文化融入高校社会主义核心价值观教育的途径、方式等，可以为其他社会群体利用红色文化开展社会主义核心价值观教育，推动社会主义核心价值观在全社会的落地、发芽、开花、结果提供参考。

第一章

红色文化的形成、概念、特征和功能

第一节　红色文化的形成

列宁说："无产阶级文化并不是从天上掉下来的，也不是那些自命为无产阶级文化专家的人杜撰出来的。如果硬说是这样，那完全是一派胡言。无产阶级文化应当是人类在资本主义社会、地主社会和官僚社会压迫下创造出来的全部知识合乎规律的发展。"① 红色文化就是中国共产党领导人民在推翻"三座大山"的革命斗争中产生的先进文化。

一、红色文化形成的历史背景

1840 年的鸦片战争打开了中国尘封已久的大门，帝国主义的入侵使中国的社会性质发生了根本性变化，完整的封建社会沦为半殖民地半封建社会，中国人民被迫走上了救亡图存的道路。从学习西方的先进军事技术开始，"师夷长技以制夷"，然而这一举措未能改变中国贫穷落后、挨饿挨打

---

① 《列宁选集》第 4 卷，人民出版社 2012 年版，第 285 页。

的现状。到了 19 世纪 60 年代，洋务派提出“自强”“求富”的口号，大办军事和民用工业，发展文化教育事业，刺激了中国民族资产阶级的发展。但是“中学为体，西学为用”的思想未能触动封建社会的根本制度，甲午战争的惨败证明中国没有能走向富强，相反割地、赔款等造成中国半殖民地半封建的程度进一步加深。面对民族危机，19 世纪末的先进知识分子掀起了改革封建专制制度的变法运动，提出实行君主立宪制，走西方的路，结果遭到守旧派的强烈反对与抵制，最终使这一场思想启蒙运动以失败告终。在清王朝日益腐败无能、帝国主义侵略逐步加剧、民族资产阶级逐渐强大的情况下，孙中山振臂一呼，号召“驱逐鞑虏，恢复中华”，领导了以推翻封建专制统治、建立民主共和制为目标的辛亥革命，推翻了两千多年的封建专制制度，建立了中华民国。由于列强的干预和军阀当政，革命虽然推动了政治格局和社会风气的改变，最终却未能成功，也未能完成近代革命的历史任务。1915 年，陈独秀、胡适等人高举“科学”和“民主”两大旗帜，在整个社会掀起了一股清新的风气，极大地动摇了封建思想的统治地位，为马克思主义的传播奠定了基础。1921 年，中国共产党诞生并成为新民主主义革命的领导者。新的革命需要新的理论、新的文化、新的思想，而新的理论、文化和思想也推动了革命的进展。可以说，中国共产党的诞生为红色文化的形成奠定了领导基础、理论基础、认识基础。

中国共产党在领导人民求得民族独立和人民解放、实现国家繁荣富强和人民共同富裕的过程中，将马克思主义的基本原理与中国实际相结合，实现了马克思主义的中国化，并在实现马克思主义中国化的进程中创造性改造了传统文化、吸收了外来文化，构建了具有中国特色的民族的、科学的、大众的文化，为红色文化的最终形成创造了条件。

二、红色文化形成的理论渊源

“人们自己创造自己的历史，但是他们并不是随心所欲地创造，并不是在他们自己选定的条件下创造，而是在直接碰到的、既定的、从过去承继下来的条件下创造。”① 文化的传承亦是如此。红色文化作为文化的一种形态，正是在继承优秀传统文化，融合马克思主义先进文化、地域特色文化等多种文化元素基础上形成的先进文化。

马克思主义先进文化是红色文化形成的最直接、最根本的文化来源。当无数次探索救国道路失败、中国人民艰难寻求新出路时，恰逢俄国十月革命爆发，给我们送来了马克思主义，无数仁人志士学习马克思主义，并积极宣传马克思主义先进理论。随后中国共产党诞生，中国革命有了引路人。中国共产党创造性地把马克思主义先进理论与中国革命相结合，并以马克思主义及其中国化理论成果为指导，领导人民进行了艰苦卓绝的革命，取得了巨大胜利和卓越成就。也就在革命过程中形成了属于中国特色的文化——红色文化。马克思主义先进文化促成了红色文化的形成，并成为红色文化的指导思想。

中华优秀传统文化是红色文化形成的又一重要源泉。任何一个国家的文化建设与发展都无法也不能离开已有的母体文化，红色文化同样如此。中华民族历经几千年的历史沉淀，创造了源远流长、博大精深的优秀传统文化。这些优秀传统文化早已注入中华民族灵魂深处，成为凝聚中华儿女、推动中华民族生生不息的精神动力。它奠定了红色文化形成的历史文化基础。红色文化扎根于民族传统文化中，汲取其精华，传承其精髓。正是因为有愚公移山的坚忍不拔、“人固有一死，或重于泰山，或轻于鸿毛”的舍生取义、“人生自古谁无死，留取丹心照汗青”的爱国主义、“天下兴亡，匹夫有责”的家国情怀等，才铸就了新民主主义革命时期、社会主义革命和建设时期，中国共产党人不怕牺牲、顽强奋斗、坚贞不屈、毫不利己专门利人的崇高品质和大无畏精神。红色文化是对传统文化精神内涵的丰富，是对其精神实质的升华。

---

① 《马克思恩格斯选集》第1卷，人民出版社2012年版，第669页。

中国特色地域文化是红色文化形成的独特要素。红色文化是特定历史的产物，它诞生于战火纷飞的革命年代，是新民主主义革命和社会主义革命时期中国共产党带领广大人民群众在中华大地上奋争的过程中形成和发展起来的。中国很多地方都有共产党留下的足迹，各个地方独特的自然生态环境和社会文化气息为红色文化的形成添加了别样的风景。也正因为如此，才有了延安红色文化、井冈山红色文化、大别山红色文化、西柏坡红色文化等，这些独特的红色文化融入了地方特色元素，在精神实质上具有一致性，但又有互不相同的独特内涵。

三、红色文化形成的实践基础

任何一种思想文化都来源于社会实践，并且它集中反映社会实践。党领导的新民主主义和社会主义革命，是红色文化形成的实践基础。

中国共产党成立后不久，就根据马克思主义基本原理和中国社会的实际状况，在二大上提出了反帝反封建的民主革命纲领，初步解决了革命对象和革命步骤问题。中国共产党投入实际革命，发动工人运动和农民运动，推进了马克思主义的大众化。1924 年，在孙中山的极大努力下，国共第一次合作成功，开启了北伐战争，掀起了全国革命的浪潮。

1927 年大革命失败，国共合作正式破裂。大革命失败以后，中国共产党深刻总结了失败经验，再次发动革命，拉开国共十年内战的帷幕。在此期间，历经大小不同的近百次武装起义，创建并发展了人民军队、提出了“政权是由枪杆子中取得的”论断，建立了苏维埃红色政权，形成了具有首创意义的苏维埃精神。在此基础上，中国共产党领导人民军队又开辟了井冈山等革命根据地，并进行了人数最多、范围最广的土地革命，使广大农民翻身做主人。在党的领导下，广大人民创造了宝贵的井冈山革命精神。

国民党对各革命根据地的建立表现出极大的恐慌，他们开始全面围剿红军。在前四次围剿被成功粉碎后，由于党的错误致使第五次反“围剿”失败，红军最终踏上了二万五千里长征。经历两年多的艰难跋涉，冲破艰难险阻，创造了宏大的长征精神。1931 年，“九一八”事变后，日本正式发动侵华战争，中国进入抗日战争时期。1937 年，“七七”事变爆发，中国共产党带领八路军、新四军开始了艰苦卓绝的抗战，全国抗日局面形成。中国共产党指挥人民军队机智勇敢地应对敌人进攻，积极开辟敌后抗日根据地，并取得了平型关大捷、百团大战等胜利。中国共产党在敌后战场上进行了一系列的生产、生活、文化教育运动，调动了一切抗日力量，有效地配合了国民党正面战场，并推动了毛泽东思想以及延安精神、太行精神、抗战精神等的形成。抗战胜利后，国共矛盾再次升级，中国共产党争取和平建国的努力成为泡影，全面内战爆发。1948 年，党中央进驻西柏坡，部署决战计划。中国共产党依赖强大的群众基础、卓越的军事指挥能力和英勇奋战的气概，最终赢得了内战的胜利，新民主主义革命完成。

在革命实践中，马克思主义与中国具体实际相结合，武装了中国革命的领导阶级，找到了具有中国特色的话语表达方式，增强了生命力和影响力。也正是在这一争取民族独立、反抗剥削统治、赢得人民解放、追求民主自由的革命实践中，红色历史不断书写，红色文化孕育形成，红色精神光芒闪耀。

第二节　红色文化的概念

一、概念界定

目前学术界关于红色文化的概念尚未达成一致意见，归纳起来，代表性的定义主要有以下几种：

第一种，从红色文化的性质角度定义。如张爱芹、王以第认为：“红色文化是在新民主主义革命时期，在中国共产党的领导下，由中国共产党人、一切先进分子和人民群众共同创造的、具有中国特色的先进文化。"① 他们强调红色文化是一种先进文化。

第二种，从红色文化的功用角度定义。如王家荣等从资源学的角度指出："红色资源是指中国共产党领导我国人民在新民主主义革命和社会主义建设时期创造的，并可以为我们今天所开发利用，能够满足人们需要的各种精神及其物质载体的总和。"② 他们将红色文化视为一种文化资源，具有使用价值。

第三种，从红色文化产生的时限角度定义。如游海华认为："红色文化是 1840 年来的一种文化现象；而中国特色社会主义红色文化则孕育于五四以来、经历社会主义改造和建设时期，成熟于改革开放以来中国特色社会主义时期。"③

第四种，从红色文化的来源角度定义。如江峰、汪颖子指出："作为一种特殊文化形态的中国红色文化，实际上就是由马克思主义先进文化、中国传统文化和中国特定的地域文化等诸多文化元素交互作用，共时存在、历时发展，从而融合生成的一种特色文化。"④

第五种，从红色文化的范畴角度定义。如罗浩波认为，广义的红色文化是世界人类进步文明的总和，狭义的则专指中国社会发展的文明成果。

综上所见，各专家学者对红色文化概念的定义，既有共性又有分歧，但是从中我们可以看出，红色文化与中国共产党、中国革命是密切相关的，而且它是一种具有中国特色的先进文化。中国共产党领导的新民主主义革命，

---

① 张爱芹、王以第：《红色文化与道德建设研究》，中国海洋大学出版社 2008 年版，第 9 页。

② 王家荣、杨宇光、朱小理：《转化："红色资源"从育人困境中突围的关键》，《南昌大学学报（人文社会科学版）》2010 年第 1 期。

③ 转引自渠长根主编：《马克思主义中国化、大众化语境下的红色文化研究》，中国工商出版社 2013 年版，第 4 页。

④ 江峰、汪颖子：《中国红色文化生成的系统要素透析——以大别山红色文化为例》，《北京师范大学学报（社会科学版）》2010 年第 6 期。

明确将红色与革命紧密结合，创建了红色政权、红区、红军等。在借鉴相关专家学者概念界定方式基础上，我们将红色文化界定为：在新民主主义时期（1919—1956 年），中国共产党领导广大人民群众以马克思列宁主义为指导，在争取民族独立、人民解放和实现国家富强、人民富裕的历史进程中，兼容并蓄古今中外优秀文化成果而创造的先进文化。时间节点定在新民主主义时期，这基本符合官方的界定。2005 年教育部印发的《学习贯彻落实中发〔2004〕16 号文件和全国加强和改进大学生思想政治教育工作会议精神的宣讲提纲》提出："要深入开展中华民族优良传统和中国革命传统教育，使大学生了解中国共产党在领导中国人民建立和建设新中国的奋斗中表现出来的革命气概，懂得中国共产党是民族精神的继承者和创造者，要把中华民族优良传统教育同中国革命传统教育有机结合起来，既大力弘扬民族优良传统，又大力弘扬井冈山精神、长征精神、延安精神、大庆精神、'两弹一星'精神、雷锋精神、抗洪精神等革命传统和时代精神，努力使中华民族优良传统、中国革命传统和改革开放的时代精神深入人心。"从"弘扬井冈山精神、长征精神、延安精神、大庆精神、'两弹一星'精神、雷锋精神、抗洪精神等革命传统和时代精神"这句话的意思来判断，井冈山精神、长征精神、延安精神主要体现的是革命传统，而大庆精神、"两弹一星"精神、雷锋精神、抗洪精神则主要体现的是时代精神。

另外，红色除了象征吉庆、欢乐和吉祥之外，还有象征革命或政治觉悟高等含义。所以，又有观点认为红色文化是指流行于 20 世纪 60 年代的大学校园里的"左"的政治文化，充满教条主义和形式主义内涵。这是受到极左思潮的影响，"红色"教育沦为工具，致使人们产生普遍误解，以至于现在谈到红色文化、唱红歌，都会敏感地误以为是极左时代的文化。这是对红色文化的误读。红色文化是积极正义的文化，是集崇高性、革命性、先进性、科学性、大众性于一体的文化体系，具有多重价值和意义。它不仅是社会主义先进文化的组成部分，而且也是世界社会主义和共产主义运动进程中创造的文明成果的重要组成部分。

红色文化是特定历史的产物，内容丰富、表现形式多样。根据文化结构的划分方式，可以将红色文化分为物质性文化、精神性文化和制度性文化三种。

红色物质文化是指以物化形态呈现的红色文化，比如革命老区、革命领袖故居、革命纪念馆、革命人物的遗物等。其中，最主要的是红色遗址。它包括：中国共产党自新民主主义革命以来带领人民争取解放和民主的奋斗历程中，经历过的重要会议、事件、战役或其他重要活动的遗迹遗址等；杰出人物的故居；革命烈士陵园；纪念馆、博物馆等。这些遗迹遗址是革命者忠贞的爱国热情和坚定的革命信念的原始写照，承载着中国共产党人的革命精神、崇高理想和道德追求，是进行革命传统教育、爱国主义教育的重要资源。革命纪念馆又包括国家、省级和地方不同层次的纪念馆。

红色精神文化是指新民主主义时期，广大人民群众在中国共产党领导下为争取民族独立和国家富强所创造的以观念形态表现的价值、道德、思维等。它凝聚着中国共产党人的理想、追求、信念、信仰，是红色文化的灵魂。在长期的革命斗争中，中国共产党不断结合现实情势、历史任务和人民愿望，创造性发展了民族精神，锻造了五四精神、红船精神、铁军和南昌起义精神、井冈山精神、苏区精神、长征精神、延安精神、红岩精神、西柏坡精神、全民族伟大抗战精神、抗美援朝精神等革命精神。它们一脉相承，构成了中国共产党人红色基因和精神谱系。其中，红船精神是中国红色革命精神的萌芽，井冈山精神是重大发展，延安精神是成熟形态，新中国成立以后的大庆精神、“两弹一星”精神、红旗渠精神、雷锋精神、焦裕禄精神等，则是红色精神的时代化发展。

表 1-1 红色文化的具体样态

具体形态	内　容
红船精神	开天辟地、敢为人先的首创精神，坚定理想、百折不挠的奋斗精神，立党为公、忠诚为民的奉献精神
井冈山精神	坚定信念、艰苦奋斗，实事求是、敢闯新路，依靠群众、勇于胜利
苏区精神	坚定信念、求真务实、一心为民、清正廉洁、艰苦奋斗、争创一流、无私奉献
长征精神	把全国人民和中华民族的根本利益看得高于一切，坚定革命的理想和信念，坚信正义事业必然胜利的精神；为了救国救民，不怕任何艰难险阻，不惜付出一切牺牲的精神；坚持独立自主、实事求是，一切从实际出发的精神；顾全大局、严守纪律、紧密团结的精神；紧紧依靠人民群众，同人民群众生死相依、患难与共、艰苦奋斗的精神
抗战精神	不畏强暴、不甘屈辱的自强精神，万众一心、和衷共济的团结精神，舍生忘死、前仆后继的牺牲精神，百折不挠、奋斗到底的坚韧精神
延安精神	坚定正确的政治方向，解放思想、实事求是的思想路线，全心全意为人民服务的根本宗旨，自力更生、艰苦奋斗的创业精神
西柏坡精神	敢于斗争、敢于胜利的开拓进取精神，坚持依靠群众、坚持团结统一的民主精神，戒骄戒躁的谦虚精神，艰苦奋斗的创业精神
地道战精神	坚韧不拔、百折不挠、勇往直前的拼搏精神；机智灵活、勇于挑战、敢为天下先的创新精神；干群一致、协同奋战、合力攻坚的团结精神；大公无私、甘于奉献、不怕牺牲的忘我精神
红岩精神	爱国、奋斗、团结、奉献
南泥湾精神	自力更生、艰苦创业，同心同德、团结奋斗
太行精神	不怕牺牲，不畏艰难；百折不挠，艰苦奋斗；万众一心，敢于胜利；英勇奋斗，无私奉献
沂蒙精神	爱党爱军、开拓奋进、艰苦创业、无私奉献
东北抗联精神	忠贞报国、勇赴国难的爱国主义精神，勇敢顽强、前赴后继的英勇战斗精神，坚贞不屈、勇于献身的不畏牺牲精神，不畏艰苦、百折不挠的艰苦奋斗精神，休戚与共、团结御侮的国际主义精神

注：红色精神的具体形态可以分为两类：一类是主导性红色精神，一类是延伸性红色精神。所谓“主导性”红色精神主要是指具有开创性、全局性、深远性影响的红色精神，如井冈山精神、长征精神、延安精神等；所谓“延伸性”红色精神主要是“主导性”红色精神在某个区域的具体体现。二者是一般和特殊的关系。比如南泥湾精神即是延安精神的重要组成部分和集中体现。

红色制度文化是指新民主主义时期，广大人民群众在中国共产党领导下在争取民族独立和国家富强过程中所创造的理论、路线、纲领、政策等，如土地政策。这是红色文化之所以能够传承并发扬光大的重要因素。这些理论、路线、纲领、政策既是红色文化的重要内容，也是红色文化弘扬和传承的重要保障。它是今天党史国史研究的重要资源，具有资政育人的重要功能。

二、相关概念区分

其一，革命文化与红色文化。革命文化与红色文化概念所指具有某种程度的混杂和纠结，因为“从符号学角度而言，‘红色’具有强烈的政治意指作用，是革命的象征符号。‘红色’指向的是‘革命’这一含义，与自由、解放、翻身、新生、救国、独立等意涵相互关联，因此红色就成为革命的表征。”① 实际上，革命文化和红色文化皆非最早产生于中国，也非中国独有，在此讨论的革命文化和红色文化是特指的，具有中国特色、中国语境的。而革命文化和红色文化从宽泛意义上来说，所指也具有很大的包容性。比如革命文化，既应包括其他阶级领导的革命文化，也包括无产阶级领导的革命文化。我们在这里阐述二者的关系，主要从狭义上来说。即：革命文化就是中国共产党领导的，以革命为思想内核和价值取向，以倡导、研究、阐释、传播、实施、奉行革命理念为主要内容的文化形态。

具体而言，红色文化与革命文化在内涵上基本是一致的，都是在马克思主义中国化进程中，由中国共产党领导的人民大众创造的，在民族文化基础上创造性融合各种先进文化而形成的文化形态。它们的主题都是战争与革命，与自由、解放、翻身、新生、救国、独立等相联系，集中呈现为革命理论、理想信念、革命精神、革命伦理、革命文化作品等。可以说，革命文化是红色文化的历史根基，红色文化是革命文化的时代呈现。“从革命文化到

① 魏本权：《从革命文化到红色文化：一项概念史的研究与分析》，《井冈山大学学报(社会科学版)》2012 年第 1 期。

红色文化概念的转换是在新的时代语境下重新认识革命、重新认识革命文化的背景下实现的，体现的是与时代语境之间的良性互动。”① 但是从语义学上来说，二者并非如此简单的界定关系。

首先，从时间上来说，革命文化和红色文化反映的时间段不同。革命文化应特指中国人民在反帝反封建反官僚资本主义过程中创造的文化，从时间上来说，应该是起于1919年，止于1949年。当前很多学者将革命文化等同于新民主主义革命文化，不是没有道理的。而红色文化应该是从马克思主义在中国的传播，中国共产党早期领导人开始筹备党的活动、宣传党的主张等开始的，生成于五四前后，截止于1956年，它既涵盖新民主主义革命文化，也涵盖社会主义革命文化。

其次，从内容上来说，革命文化和红色文化涵盖的内容并不完全相同。革命文化的主题是战争与革命，主要围绕阶级斗争展开。瞿秋白在党内最早引入“革命文化”这个概念时，特意在前面加了一个“新”字，并把科学性、阶级性和革命性视为这个“新革命文化”的重要标识。② 红色文化尽管也是围绕阶级斗争叙述的，但是包括的内容相对更宽泛一些，不仅有阶级冲突，也有阶级合作，不仅有阶级关系，还有民族关系，不仅有国内关系，而且有国际关系，它除了现实的革命外，还有面向未来的畅想、规划等。一部红色文化发展史，就是一部中国共产党人的革命斗争史、艰苦创业史、科技发展史和文化传承史。它包括教育、科技、文艺等各个方面。从一定意义上来说，革命文化更强调阶级性、批判性、革命性，也在某种程度上更具有破坏性，而红色文化“更富有包容性和概括力”。

最后，从性质上来说，革命文化可以有先进和落后之分，而红色文化则没有先进和落后之分。革命文化是面对特定的历史任务、在特定的社会实践

---

① 魏本权：《从革命文化到红色文化：一项概念史的研究与分析》，《井冈山大学学报（社会科学版）》2012年第1期。

② 参见唐少杰：《从文化革命到革命文化——20世纪革命一瞥》，《求是学刊》2007年第6期。

环境中形成的文化，具有特定时代、特定环境的烙印，是党的政策和策略影响下的产物。在新民主主义革命时期，革命文化就等同于“新民主主义文化”，毛泽东就说：革命文化，对于人民大众，是革命的有力武器；革命文化，在革命前，是革命的思想准备；在革命中，是革命总路线中的一条必要和重要的战线。“革命，就是对一个社会居主导地位的价值观念和神话，及其政治制度、社会结构、领导体系、政治活动和政策，进行一场急速的、根本性的、暴烈的国内变革。”① 而为了应对革命，则必须有策略，这些策略很可能是适应当时的历史任务和现实要求的。那些经过实践长期检验被证明是正确的理论、路线、方针和做法是先进的，而经过实践检验需要被扬弃的，则是落后的。而红色文化则是中国共产党在马克思主义中国化进程中创造的先进文化形态，是优秀的东西。

其二，红色文化与先进文化。文化按照其性质，可以做先进、落后、腐朽反动之分。所谓社会主义先进文化，是以马克思主义为指导，以社会主义核心价值观为灵魂，面向现代化、面向世界、面向未来的文化，是民族的、科学的、大众的文化。先进文化是马克思主义普遍原理与中国文化相结合而产生的新的文化，是对传统文化和红色文化精要的升华。红色文化与先进文化有着共同的理论基础——马克思主义，有着共同的文化溯源——优秀传统文化，有着共同的核心价值理念——公平、正义等，有着共同的服务对象——人民群众，有着共同的文化政策和策略制定者——中国共产党。历史不能割断，红色文化是中国共产党领导的革命和建设时期的优秀历史文化，是社会主义先进文化的源泉，为社会主义先进文化的形成奠定了根基。

胡锦涛指出：“推动社会主义文化大发展大繁荣，必须大力弘扬中华优秀文化传统，大力弘扬五四运动以来形成的革命文化传统，大力弘扬改革开

---

① ［美］塞缪尔·P. 亨廷顿：《变化社会中的政治秩序》，王冠华、刘为等译，生活·读书·新知三联书店 1989 年版，第 241 页。

放以来文化领域形成的一系列新思想新观念新风尚，立足中国特色社会主义伟大实践，发展社会主义先进文化”①。具体而言，一是红色文化资源为繁荣先进文化提供了精神滋养，丰富了社会主义先进文化建设的载体和形式，提升了社会主义先进文化建设的内涵和高度；二是红色文化资源为创新中国先进文化提供了精神动力，为创建中国先进文化的独特话语体系提供了素材。

其三，传统文化与红色文化。中华民族在几千年历史中创造和延续的中华优秀传统文化，是中华民族的根和魂。这是我国的独特优势，是有别于其他民族的独特标识，是社会主义先进文化不可隔断的根脉。优秀传统文化是红色文化的源泉和基因，中华民族的优秀传统文化与几千年传承下来的民族精神是红色文化的天然成分、养料和重要构成。红色文化是在继承优秀传统文化基础上，以马克思主义为指导，创造性融合外域文化、优秀传统文化和地域文化基础上形成的，其根基是传统文化。红色文化的主要内容，在传统文化中均有根可循，有理可依，是我们中华文化一以贯之的应有之义。比如红船精神，概括为三句话：开天辟地、敢为人先的首创精神，坚定理想、百折不挠的奋斗精神，立党为公、忠诚为民的奉献精神。这三句话的表述，都是中国话语，体现为中国文化特征，而其具体内容如敢为人先、百折不挠、忠诚为民等，都能从中华优秀传统文化中找到相同的故事和依据，而之所以红色文化不同于优秀传统文化，根本在于，它以马克思主义为指导，根源于传统文化却不拘泥于传统文化。

另外，从红色文化本身的演绎历程可以看。红色在中国传统文化中具有特别意蕴，它是吉祥之色，也是光荣之色，更是阳刚之色。古代深宫大院悬挂的红灯笼，既有喜庆之意，亦有庄严之感；古代添丁门前要悬挂红色的布条，产妇坐月子要吃红鸡蛋、红糖，红色寓意吉祥，象征希望；举子高中红

---

① 胡锦涛：《坚定不移走中国特色社会主义文化发展道路　努力建设社会主义文化强国》，《求是》2012 年第 1 期。

榜，皇帝朱批奏折，则红色寓意着权威。而红色文化中的红军、红区、红都、红船、红旗、红星、红墙等称谓，也大都是从传统文化中走来，赋予了新的时代内涵，更有《红岩》《红霞》《红嫂》《红梅赞》《红旗谱》《红灯记》《红旗飘飘》《红色摇篮》《红色风暴》《红色娘子军》《红星照我去战斗》等大量红色文艺作品，表达了崇高、理想、奋斗的意蕴。它们从传统中走来，又赋予了传统新的内涵，其蕴含的红色精神、红色品格是中华民族自强不息、厚德载物的民族精神，“国家兴亡，匹夫有责”的爱国情怀、“富贵不能淫，威武不能屈，贫贱不能移”的高尚气节的创造性发展。

其四，红色精神和时代精神。红色精神是红色文化中以观念形态表现的价值、道德、思维、精神风貌等的总称，而时代精神是社会主义建设时期特别是改革开放以来中国共产党领导人民所创造的以观念形态表现的价值、道德、思维、精神风貌等的总称，它的内涵为解放思想，实事求是；勇于探索，敢于创新；艰苦奋斗，迎难而进；自强不息，奋发有为；励精图治，无私奉献。代表性的时代精神有：

表 1-2　红色精神的时代化呈现

名　称	内　容
北大荒精神	艰苦奋斗，勇于开拓，顾全大局，无私奉献
大庆精神	为国争光、为民族争气的爱国主义精神，独立自主、自力更生的艰苦创业精神，讲求科学、“三老四严”的科学求实精神，胸怀全局、为国分忧的奉献精神
大寨精神	政治挂帅、思想领先的原则，自力更生、艰苦奋斗的精神，爱国家、爱集体的共产主义风格
红旗渠精神	自力更生、艰苦创业、团结协作、无私奉献
雷锋精神	坚定的共产主义理想信念，热爱党、热爱社会主义事业的政治热忱，自强不息、艰苦奋斗的革命意志，团结友爱、助人为乐的道德修养，见义勇为、奋不顾身的英雄气概，追求进步、刻苦钻研的学习态度，言行一致、尽职尽责的实干精神
“两弹一星”精神	热爱祖国、无私奉献、自力更生、艰苦奋斗、大力协同、勇于登攀

续表

名　称	内　容
“九八”抗洪精神	万众一心、众志成城，不怕困难、顽强拼搏，坚韧不拔、敢于胜利
抗击“非典”精神	万众一心、众志成城，团结互助、和衷共济，迎难而上、敢于胜利
抗震救灾精神	万众一心、众志成城，不畏艰险、百折不挠，以人为本、尊重科学
载人航天精神	特别能吃苦，特别能战斗，特别能攻关，特别能奉献
特区精神	敢闯、敢冒、敢试、敢为天下先的改革精神；奋发有为、只争朝夕的创业精神；自立、自强、自信的拼搏精神；团结友爱、扶贫济困的互助精神；诚实守信、廉洁奉公的奉献精神；爱岗敬业、健康文明的人文精神；公正严明、规范有序的法治精神；崇尚知识、完善自我的学习精神；公开透明的民主精神；面向世界的开放精神

红色精神和时代精神是有区别的，二者的内涵不一样，具体内容也有差别，呈现的样态也有差异。同时，二者是密切联系的。时代精神是红色精神的时代化，是红色精神融入现代化建设所呈现出的新风貌，二者在精神品格方面是高度一致的，在社会功能等方面是相通的。我们从时代精神的具体内容也可以看出，其具体样态与红色精神具有高度相似性。比如南泥湾精神是自力更生、艰苦创业，同心同德、团结奋斗；而抗击“非典”精神是万众一心、众志成城，团结互助、和衷共济，迎难而上、敢于胜利。二者都体现了在艰难困苦中迎难而上、不屈不挠的奋斗精神和同心同德、万众一心的集体主义风貌。

第三节　红色文化的特征

一、先进性

先进性首先来自于科学性，没有科学性也就没有先进性。红色文化之所以是科学的文化，在于它以马克思主义为指导，以中华优秀传统文化为根基，由中国共产党人、一切先进分子和人民群众共同创造，并顺应时代潮流、人民愿望和历史发展趋势。红色文化所宣扬的价值观，符合人民群众的现实需要和期盼，符合人类社会发展的历史规律，为人民大众提供了新的世界观、新的道德和新的精神。红色文化所蕴含的红色精神和红色品格，超越时空具有永恒的魅力，反映了优秀的中国人不屈不挠的精神追求和品格，为全社会提供指导思想、理想信念，是社会各阶层积极向上的强大精神支柱。

先进性还在于其实践指导价值。一种文化是不是先进的文化，是不是能够被人民群众认可、能够流传的文化，根本在于这种文化能够反作用于社会，影响人民群众的生产和生活，对整个社会产生正能量，为整个社会营造良好氛围。红色文化代表了先进生产力的发展要求和先进文化的前进方向，代表了最广大人民的根本利益，反映了人民大众的意志和愿望，并融入人民群众的日常信仰，转化为改变社会风俗、习惯、观念的力量，发挥着不断提高广大人民群众科学文化素质和思想道德素养的作用与功能。从“民族的科学的大众的新民主主义文化”到“建设高度的社会主义精神文明”“建设社会主义核心价值体系”，再到“培育和践行社会主义核心价值观”，红色文化从来都在场。

二、人民性

文化的本质是“人化”和“化人”，文化的繁荣与人的自由全面发展是具有一致性的。一方面，红色文化是以人民为核心的文化，它是为了国家的统一、人民的幸福，无产阶级领导人民大众在反帝反封建的过程中，在解救劳苦大众出水火的过程中，在让人民群众过上好日子的过程中形成的。来源于生活、根植于实践，是红色文化生生不息的根本源泉和不竭动力，人民立场是红色文化的基本立场。1934 年 1 月，毛泽东在江西瑞金召开的第二次全国工农兵代表大会的结论部分专门提到：“我们应该深刻地注意群众生活的问题，从土地、劳动问题，到柴米油盐问题。假如我们对这些问题注意了，解决了，满足了群众的需要，我们就真正成了群众生活的组织者，群众就会真正围绕在我们的周围，热烈地拥护我们。”① 1942 年 5 月，在延安文艺座谈会上，毛泽东强调文艺要为人民大众服务、首先是为工农兵服务，这也就是说明了红色文化的基本点。另一方面，人民群众是历史的推动者，不但创造物质财富，也创造精神财富。人民群众是红色文化的重要生产者，他们的智慧和创造性劳动丰富了红色文化的内容、形式，正是在党的理论、路线和政策与人民群众的生产、生活相结合的过程中，红色文化不断形成、发展和成熟。可以说，人民群众的生活实践是红色文化形成的源头活水，人民群众的智慧和创造是红色文化形成的根本性条件。陈毅在总结淮海战役时说，淮海战役的胜利是人民群众用小推车推出来的。人民群众为中国革命胜利作出了巨大的奉献和牺牲，人民群众是真正的英雄，是红色文化集中服务的对象，也是红色经典反映的永恒主题。

总之，红色文化既是主流文化，也是大众文化。红色文化服务于人民群众，人民群众创造了红色文化，始终面向人民群众，依靠人民群众并服务于人民群众，促进人的自由全面发展，是红色文化的出发点和落脚点，而人民群众既是红色文化的创造者，也是红色文化的传承者、享受者。

三、革命性

红色文化是在革命进程中不断萌芽、生成、发展和成熟的。它承载了中国共产党领导人民进行阶级革命、建设社会主义新中国的艰难历史征程，具有强烈的斗争性。贯穿于红色文化的革命理想主义、革命英雄主义、革命乐观主义、革命集体主义精神，是红色文化独有的标识。今天，当国歌响起的

---

① 《毛泽东年谱（一八九三——一九四九）》上卷，中央文献出版社 2013 年版，第 421 页。

时候，我们依然有着为国家慷慨赴死的豪情，依然有着为民族主动请缨的豪气，就在于红色经典蕴含的革命精神、革命品格和革命气概，它具有永恒的魅力，不仅过去需要，而且现在和将来依然需要。尽管弘扬和发展红色文化，需要推进红色文化表达方式和表达话语的转换，但是红色文化蕴含的革命精神、革命品格和革命气概则不会变，一直存在且历久弥新。

另外，这种革命性还表现在这种文化自身的创新性方面。创新是一个民族进步的灵魂，是一个国家兴旺发达的不竭动力，是文化的生命力所在。红色文化并不是中国独有，也不是中国首创，但是红色文化融入中国之后，与中国的民族文化、地域文化和时代文化相结合，创造性地转化为一种被人民群众所接受的大众文化、先进文化。不仅如此，红色文化自身不是固化的，它是包容和与时俱进的，从红色精神、井冈山精神、苏区精神、长征精神、西柏坡精神的演进也可以看出。这种创新保证了红色文化永远是革命的、年轻的。

四、多样性

多样性表现为不同层面。其一，红色文化的表现样态是多样的，有物质文化、精神文化和制度文化等，以不同的形式呈现。其二，红色文化还有多样的具体形态。红色文化有着共同的文化本质却又呈现出不同时期、不同地域的风格。比如，井冈山时期的红色文化、长征时期的红色文化、延安时期的红色文化、沂蒙的红色文化、琼崖的红色文化、东北抗联的红色文化等等。它们的精神实质是相同的，只不过因为面对的具体革命问题、历史任务及在完成历史任务、解决具体问题过程中所表现的精神面貌不同，最终使得不同时期、不同地域的红色文化呈现出“一本万殊”的姿态。需要注意的是，虽然有井冈山、延安、西柏坡等红色文化之分，但是这种区分不仅是地域意义上的，更重要的是革命需要、革命策略意义上和时间意义上的，并非延安时期的红色文化主要表现为延安这个地方的文化，这是两回事。其三，红色文化的表现形式是多样的，包括歌曲的、话剧的、报纸的、版画的、戏曲的，等等。

五、开放性

红色文化是外来文化与本土文化交流对话的产物，是中西方文化交流与碰撞的结果，是马克思主义与中华优秀传统文化耦合所形成的。它是一个与外部不断进行信息流交换的开放系统，是民族性和开放性的高度融合。它具有不断吸收多种文化成分的开放性气度，能通过汲取古今中外各种文化的精华而提升文化品质。试想，如果红色文化是一种僵化的教条式的文化，怎么能够影响中国革命？历史已经证明，那种将外来的文化完全复制到民族国家并企图改变民族国家人民生产生活的做法，是完全错误的。红色文化的可贵之处就在于，它实现了马克思主义指导下的中华优秀传统文化、特色地域文化和外来先进文化的有机融合，并结合时代精神、历史使命和现实要求做了创造性转化和发展。这是红色文化的生命力之所在。

第四节　红色文化的功能

一、资政功能

红色文化属于无产阶级的文化，它体现着中国共产党为人民服务的宗旨，蕴含了中国共产党人的政治哲学、历史意识、政治追求和道德取向，彰显并表达着中国共产党人的世界观与价值观。某种程度说，红色文化首先是红色政治文化，反映了党的主流意识形态。

其一，党史国史印证功能。历史学家钱穆有一句名言："在现实中发现问题，到历史中寻求答案。"红色文化作为革命战争年代我们党领导人民群众创造的先进文化，在今天祖国各地都有符号存留，农村墙壁上的标语、博物馆存有的藏品、当年革命活动留下的遗址、革命者的故居，都是历史的见证。可以说，红色文化“是中国共产党成长发展的历史文化记载，也是其理论自觉和理论自信的光辉记录”①，它使我们铭记中国共产党的革命史、奋斗史，牢记民族荣辱感和历史使命感，不忘初心。雨果说：历史是什么：是过去传到将来的回声，是将来对过去的反映。胡锦涛指出：“只有铭记历史，特别是铭记我们党领导人民创造的中国革命史，才能深刻了解过去、全面把握现在、正确创造未来。我们必须坚持不懈地学习中国革命史，进一步从历史和现实的比较中加深对我国国情和中国特色社会主义道路的理解和认识。”② 习近平总书记强调：“一个民族、一个国家，必须知道自己是谁，是从哪里来的，要到哪里去，想明白了、想对了，就要坚定不移朝着目标前进。”③ 我们了解红色历史并从中汲取智慧，有利于加强党的先进性建设，保持党的政治本色，提升党的执政能力与领导水平；有助于帮助社会各群体了解国史、党史，深刻领会历史和人民是怎样选择了马克思主义、选择了中国共产党、选择了社会主义。

其二，理想信念导向功能。马克思主义、共产主义理想是中国共产党人的“命脉和灵魂”，是经受住任何考验的“精神支柱”。理想信念是红色文化的精魂，失去了理想信念，红色文化就失去了光泽。习近平总书记在纪念红军长征胜利80周年大会上的讲话中指出：“长征是一次理想信念的伟大远征。崇高的理想，坚定的信念，永远是中国共产党人的政治灵魂。”“长征路上的苦难、曲折、死亡，检验了中国共产党人的理想信念，向世人证明了中国共产党人的理想信念是坚不可摧的。”④ 红色文化蕴含的理想信念力

---

① 陈范华、常智敏：《“中国梦”视域下高校统战工作创新机制研究》，《学校党建与思想教育》2014年第3期。

② 《胡锦涛在中共中央政治局第三十三次集体学习时强调 坚持不懈地学习中国革命史 发扬光大党的光荣革命传统》，《人民日报》2006年7月26日。

③ 《习近平谈治国理政》第一卷，外文出版社2018年版，第171页。

④ 习近平：《在纪念红军长征胜利80周年大会上的讲话》，《人民日报》2016年10月22日。

量具有导向功能，能够指引中国共产党人不忘初心、砥砺前行；能够增强社会各群体对马克思主义的信仰、对社会主义的信念、对改革开放和现代化建设的信心、对党和政府的信任。

其三，政治认同整合功能。“有效的社会整合不再可能通过任何强制性的方式来实现，而只能通过多种形式的隐性方式的渗透来完成。”① 而红色文化作为中国共产党执政文化的重要构成部分，以其精神基因和精神标识指引着中国社会发展进步的基本方向，以其“隐性方式”潜移默化地影响着整个社会的价值理念。它能够指引人们团结在中国特色社会主义伟大旗帜下，汇聚共识、求同存异、包容创新，形成共同的意志品格。红色文化如同黏合剂和方向盘，整合社会各种杂芜的思想，指引社会发展的基本方向。通过发挥红色文化的精神纽带作用，将分散的社会观点、思想和意志统一到党的理论、路线、方针和政策上来，最终在整个社会形成积极向上的力量和和睦和谐的凝聚力。

其四，意识形态捍卫功能。红色文化内含着党的政治意识形态，是共产党人根本宗旨和核心价值观的科学表达，是新时期中国共产党执政意识形态和社会主义意识形态的重要源头和构成部分。随着全球化进程的不断深化，整个世界越来越联系密切，成为互通有无、共荣共美的“地球村”。客观上，世界范围内文化的交流、碰撞冲击着中国的主流意识形态，国内经济市场化、信息网络化的发展瓦解着中国的主流意识形态。主观上，自社会主义制度诞生以来，西方敌对势力对社会主义国家实施西化、分化的图谋从来就没有停止过，只不过其策略、手段在不断变化而已。错综复杂的国际、国内环境使中国意识形态安全在国家安全中的重要性日益凸显。面对西方国家民主输出、文化霸权、网络信息舆论多元传播、宗教渗透等威胁，如何从国家安全高度确保和巩固马克思主义在中国意识形态领域的主导地位，增强抵御渗透能力，切实维护中国的意识形态安全，捍卫国家的长治久安，是国家安

---

① 李春会：《传播视域下的马克思主义大众化》，人民出版社 2013 年版，第 199 页。

全的百年大计。“诸意识形态是从表面的混乱和迅速的变化中脱离出来而形成的，他们在复杂凌乱的信息和事件中梳理出有意义的和可以被理解的关系，使人们得以免除无所适从的状况，为未来的行动做出规划。”① 红色文化作为先进文化能够引导人民群众划清是非界限、澄清模糊认识，抵制各种错误和腐朽思想，捍卫主流意识形态的主体地位；作为主流意识形态，红色文化能够丰富当前意识形态建设的话语体系和表现形式，增强意识形态建设的合法性和实效性。

二、激励功能

伟大的事业需要并孕育崇高的精神，崇高的精神支撑和推动伟大的事业。法国思想家亚历西斯·德·托克维尔说：“政治社会的建立并非基于法律，而是基于情感、信念、思想以及组成社会的那些人的心灵和思想的习性。”② 邓小平也说：“在长期革命战争中，我们在正确的政治方向指导下，从分析实际情况出发，发扬革命和拼命精神，严守纪律和自我牺牲精神，大公无私和先人后己精神，压倒一切敌人、压倒一切困难的精神，坚持革命乐观主义、排除万难去争取胜利的精神，取得了伟大的胜利。搞社会主义建设，实现四个现代化，同样要在党中央的正确领导下，大大发扬这些精神。”③ 红色文化作为国家软实力，是中国社会进步、变革创新、文明发展的内在灵魂、精神支柱和不竭动力，激励我们沿着中国特色社会主义道路不断前进。具体而言，体现在两个层面：

其一，国家层面。“一个社会要是没有这样的信仰，就不会欣欣向荣；甚至可以说，一个没有共同信仰的社会，就根本无法存在，因为没有共同的

---

① ［美］雷迅马：《作为意识形态的现代化：社会科学与美国对第三世界政策》，牛可译，中央编译局出版社 2003 年版，第 22 页。

② 转引自［美］安东尼·奥罗姆：《政治社会学导论》，张华青等译，上海人民出版社 2006 年版，第 88 页。

③ 《邓小平文选》第二卷，人民出版社 1994 年版，第 367—368 页。

思想，就不会有共同的行动，这时虽然有人存在，但构不成社会。因此，为了使社会成立，尤其是为了使社会欣欣向荣，就必须用某种主要的思想把全体公民的精神经常集中起来，并保持其整体性。”① 红色文化凝结着社会主义、共产主义的理想信念，展现了中国人民积极进取、艰苦奋斗、勇于创造的精神境界，体现了中华民族对富强、民主、文明、和谐价值的不懈追求，寄托了中国人民对自由、平等、公正、法治社会的美好期待，集中反映了中华儿女深沉的精神气质和优秀品格。

革命战争年代以坚定信念、艰苦奋斗，实事求是、敢闯新路，依靠群众、勇于胜利为主要内容的井冈山精神；以坚定的革命理想信念为灵魂的长征精神；以坚定正确的政治方向，解放思想、实事求是的思想路线，全心全意为人民服务的根本宗旨，自力更生、艰苦奋斗的创业精神为主要内容的延安精神等，依然是这个时代的精神源泉和不竭动力。这种精神融入日常生活中转化为一种社会意识形态，激励着人民不畏艰难、勇往直前、不断创新。

比如，艰苦奋斗、勇往直前，是一种作风、一种精神，是红色文化呈现的重要品格，今天依然有着非凡价值。华为技术有限公司主要创始人、总裁任正非回答新华社记者提问时说：“华为坚定不移 28 年只对准通信领域这个‘城墙口’冲锋。我们成长起来后，坚持只做一件事，在一个方面做大。华为只有几十人的时候就对着一个‘城墙口’进攻，几百人、几万人的时候也是对着这个‘城墙口’进攻，现在十几万人还是对着这个‘城墙口’冲锋。”② 正是这种不断“冲锋”的精神，使得华为公司创造了举世瞩目的成就。《时代周刊》评论他：“任正非是一个为了观念而战斗的硬汉。应该说，在他的观念里，有红色文化的元素。”今天，中华大地掀起“大众创业”“草根创业”的新浪潮，形成“万众创新”“人人创新”的新势态，又何尝不需要艰苦奋斗红色精神的激励呢。

---

① ［法］托克维尔：《论美国的民主》，商务印书馆 1987 年版，第 524 页。

② 《“28 年只对准一个城墙口冲锋”——与任正非面对面》，新华网，2016 年 5 月 9 日，http：//www. xinhuanet. com//politics/2016-05/09/c_ 1118830653. htm。

其二，个人层面。康德说：“很多人知道什么是真理，但他未必知道这为什么是真理；即使他知道这为什么是真理，他也不一定会按这一真理去做；促使他去做的是内在的强大的情感动力”。情感需要调控、激发、体验和陶冶。红色文化具有精神培育和人格塑造功能，能够培养大众的国家意识、公平意识和奋斗意识，提高大众的精神追求、文化品位与价值认同。比如雷锋精神的传承。

辽宁鞍钢公路管理员郭明义被称为“雷锋传人”“活雷锋”。他于 1977 年 1 月参军，1980 年 6 月在部队加入中国共产党，曾被部队评为“学雷锋标兵”。退伍时，郭明义带了一件纪念品——1973 年版的《雷锋的故事》，珍藏至今。他经常说：“雷锋道路就是我的人生选择，雷锋的境界就是我的人生追求。” 1982 年 1 月，复员到鞍钢集团矿业公司齐大山铁矿工作。先后在矿用大型生产汽车驾驶员、车间团支部书记、矿党委宣传部干事、车间统计员兼人事员、矿扩建工程办公室英文翻译等岗位工作。1996 年至今，任齐大山铁矿生产技术室采场公路管理员。在雷锋精神的感召下，他始终坚定理想信念，忠诚于党和人民，自觉践行党的根本宗旨，爱岗敬业、无私奉献、助人为乐、促进和谐，在平凡的岗位上做出了不平凡的业绩。先后获部队“学雷锋标兵”、鞍钢劳动模范、鞍山市特等劳动模范、全国无偿献血奉献奖金奖、中央企业优秀共产党员、全国“五一劳动奖章”等荣誉称号，是鞍山市无偿献血形象代言人。他曾被评为 2010 年度十大“感动中国”人物。2012 年 11 月，工人阶级出身的郭明义成功当选中国共产党第十八届中央委员会候补委员。

三、教育功能

其一，崇高思想品德的教化功能。人类作为自然界的高等动物，通过设立道德准则、行为规范以及法律法规约束自身的行为，形成有利于人类自身生存、繁衍、发展的井然社会秩序。道德和法律是约束人类行为的两大

“利器”，犹如车之两轮、鸟之两翼不可分离。道德通过教育和舆论，促使人们在社会生活中遵守规则、形成习惯。先进文化是道德进步的一种牵引动力。红色文化承载、传导的文化因素符合德育的目的、任务、原则和内容，是一种现实的道德规范和行为准则，红色文化资源具有智力开发、美感教育和人格培养功能，是教育人民特别是青少年一代的鲜活教材，是新时期进行德育的独特载体。运用红色文化蕴含的革命事迹和英雄人物教化青年，可以激发他们爱国、爱党、爱人民的情感，引导他们去思考人生、完善人格和奉献社会。

“一定要向革命先烈们学习，学习他们大无畏的革命精神，学习他们对党和国家事业的无限忠诚。”“无论在何时，青年都是党最坚实的后备力量。传承革命精神，永远铭记历史，时刻锐意进取、开拓创新是我们永远的责任。”“遥想抗战当年，无数英雄用行动抗争，浴血奋战，用生命书写不屈。他们没有华丽的辞藻，没有冗杂的章程，有的只是言传身教的片段，有的只是以身作则的典型。逝者长眠，淳朴浑厚的家风精神却永久流传。有理想、有抱负，是我们当代青年应有的追求；勿忘记、常追思，是我们当代青年应有的态度。家风润万家，学礼不可止。我们不应忘记历史，我们更不应忘记家风。”这三段话分别是清华大学学生到中巴红色革命老区、浙江工商大学学生到浙江嘉兴“红船精神”发源地、东北大学学生到井冈山革命老区考察后的感悟。由此可见，红色文化对于当代学生德性修养的影响。

其二，爱国主义情感的陶冶功能。作为民族精神核心的爱国主义是国家前行路上的旗帜，也是人民情愫深处的寄托。红色文化具有强大的爱国主义情感陶冶功能，其中惊天泣地的壮烈场面、阶级友爱的温情故事和军民鱼水深情的珍贵友情，无不渗透着人性的至高情感，无不折射出爱国主义的理性光辉。中共一大代表陈潭秋之子陈鹄在湖北省红色文化传承与弘扬座谈会上的发言感人至深。他说：“我年过 84 周岁，大约 20 年前，CT 检查结论是脑萎缩明显，现在记忆力严重衰退，我现在还能完完整整唱的歌，除了国歌以外，只有两首：一首是《世上只有妈妈好》，这是一首幼儿歌曲，非常简单，我怀念母亲80个年头了，因此我现在还会唱《世上只有妈妈好》；另外一首是《松花江上》，是在抗日战争之前听街坊邻居中一些青年学生经常哼唱而学会的。”① 《义勇军进行曲》和《松花江上》都是抗日的歌曲，一位记忆力衰退的老人依然记得，可见这些红色经典对人的影响有多大，对人的国家情怀塑造的影响力有多大。

四、助力功能

按照历史唯物主义的观点，经济是文化的前提和基础，经济决定文化，文化反作用于经济。不同的文化对经济的影响也不同，对社会发展的作用也不同。红色文化作为先进文化的组成部分，能够助力经济发展。具体而言，包括两个层面：

其一，红色文化是市场经济发展的精神资源与文化财富。诚信、公平、艰苦奋斗等红色品格是社会主义市场经济有序健康发展的文化基础，能够在一定程度上弥补与克服市场经济的不足与缺陷，进而为社会治理提供丰厚的物质基础与经济秩序。红色文化产业和红色旅游，是助推经济发展的重要动力与引擎。自《2004—2010年全国红色旅游发展规划纲要》颁布以来，红色旅游市场活跃，已成为中国旅游经济新的增长点。根据国家发展改革委的数据，2016年中国红色旅游景区全年接待游客达10.27亿人次，占国内旅游总人数的四分之一；在纪念馆、博物馆免费开放的前提下，红色旅游综合收入达到2611.74亿元。2016年，延安市举办了红色文化旅游节。活动以“我要去延安”“延安红·红延安”为主题，推出了红色圣地游、黄帝文化游、黄土风情体验游、宜川观瀑游、黄龙踏青游以及培训研学游、少年励志游、老年怀旧游、知青体验游、森林探险游、体验赛事游、秋季采摘游、冬

① 丁凤英、王正强、张执均主编：《传承红色文化 弘扬核心价值——“红色文化传承与弘扬”学术研讨会论文集》，武汉出版社2013年版，第30页。

季冰雪游、驴友自驾游、延安人游延安等系列活动。革命摇篮变身热门红色旅游地，推动了文化产业的发展。

其二，红色文化本身是可以产业化的宝贵经济资源。以红色文化为依托，发展红色文化产业，创造红色文化产品，是文化发展、文化软实力提升的重要内容。红色文化产业除了红色旅游之外，还包括以红色为主题的音像、图书出版发行，歌舞、戏剧的编排制作推广等。目前，这已经成为快速增长的文化产业的重要组成部分。

红色文化资源富集区陕西红色文化资源化迅速。比如延安精心策划了大型红色历史舞台剧《延安保育院》、实景演出剧《延安保卫战》、大型时尚歌舞剧《延安印象》等一批常态化的文艺演出节目，成为游客感悟延安红色文化、丰富旅游体验的重要载体。以梁家河为依托的文安驿古镇文化园区，以古驿站为核心，将古镇驿站文化、道情文化、窑居文化、知青文化等陕北风情文化、本土特色文化容纳其中，集优质精品住宿、本地特色餐饮小吃、主题文化展示和人文体验、艺术家写生基地于一体，形成了一条具有创新性的延安红色旅游新线路。“黄土民俗文化特色古镇”“陕北窑居古村落保护示范基地”“知青文化体验地”三大特色贯穿始终，丰富了红色旅游的内涵和形态。

另外，全国首个红色文化创意旅游综合体——延安枣园红色文化广场亦有特色。由东方红大剧院、“长征之路”4D 影院、陕北民俗大舞台、文化艺术广场、“延安·1938”文化街区五个核心文化体验项目构成的枣园红色文化广场，成为集红色旅游、互动体验、文化演艺、休闲度假、时尚消费于一体的红色文化体验区和文化休闲新地标，将游客带回旧延安时代，让游客在此触摸历史厚度，体会红色热度，感受文化温度。这大大推动了当地红色文化产业的发展。

第二章

红色文化涵育高校社会主义核心价值观的可能性和必要性

第一节　红色文化涵育高校社会主义核心价值观的可能性

一、目标一致

传承和弘扬红色文化和培育、践行社会主义核心价值观，目标具有一致性：

其一，都是为了维护中国共产党的意识形态。意识形态工作是党的一项极其重要的工作，加强党对意识形态工作的领导，维护意识形态安全，是中国共产党自成立那天起便承担的重要任务。习近平总书记在全国宣传思想工作会议上指出："能否做好意识形态工作，事关党的前途命运，事关国家长治久安，事关民族凝聚力和向心力。"① 任何一种意识形态都包括认知—解

---

① 中共中央宣传部编：《习近平总书记系列重要讲话读本》，人民出版社、学习出版社2014年版，第105页。

释、价值—信仰、目标—策略三个层面，其中，价值—信仰层面是最核心、最根本，也是最稳固的。主流意识形态要掌握话语权，核心是价值信仰、理想目标能获得民众认同。而党的意识形态工作就是坚持以人民为中心，把握正确政治方向、价值取向、舆论导向，巩固马克思主义在意识形态领域的指导地位。红色文化是党的意识形态的集中体现，它以人民的幸福为目标，坚持马克思主义信仰、共产主义远大理想，追求“革命理想高于天”的崇高境界。中国共产党继承和发展红色文化，就是要维护无产阶级的意识形态，铸造中华民族共同的理想信念和价值基础。而核心价值观是一个民族、一个国家最持久、最深层的力量，在当代，马克思主义是否有话语权、党的执政话语体系是否有合法性，关键取决于我们党能够建构出具有生命力、凝聚力和感召力的核心价值观，而社会主义核心价值观就承担了这个功能。它“体现了社会主义意识形态的本质要求，体现了社会主义制度在思想和精神层面的质的规定性，凝结着社会主义先进文化的精髓，是中国特色社会主义道路、理论体系和制度的价值表达，是实现中华民族伟大复兴的中国梦的价值引领”①。它反映了社会主义意识形态的本质要求，凝结了社会主义先进文化的精髓，是从价值层面对中国特色社会主义道路、理论体系和制度的集中表达。

其二，都是为了加强和巩固党的执政地位。红色文化和社会主义核心价值观都属于广义上的意识形态范畴，都是巩固中国共产党执政的重要力量源泉。红色文化是在革命战争年代形成的，是激发中国共产党人和中国人民奋发向上的精神动力，是中华民族永恒的精神财富。中国共产党领导人民创造了红色文化，并在建设和改革年代传承并发展了红色文化，而红色文化又成为中国共产党治国理政的重要理论源泉、精神源泉和力量源泉。社会主义核心价值观体现了社会主义文化的先进性和党的执政理念，反映了中国共产党人的奋斗目标、历史责任、执政方式和精神追求。具体为：“富强、民主、

① 刘云山：《着力培育和践行社会主义核心价值观》，《求是》2014 年第 2 期。

文明、和谐”集中体现了中国共产党的奋斗目标和历史责任；“自由、平等、公正、法治”集中体现了中国共产党的执政理念、执政方式；“爱国、敬业、诚信、友善”集中体现了中国共产党的基本价值追求与行为准则。①

其三，都是为了提升中国文化软实力和文化自信。文化软实力集中体现了一个国家基于文化而具有的凝聚力、向心力和生命力，以及由此产生的影响力和辐射力。古往今来，任何一个国家的发展进程，既是经济总量、技术能力、军事力量等硬实力提高的过程，也是价值观念、思想文化等软实力提升的过程。“从世界历史的发展看，价值观的竞争，不只是思想观念之争，而且是谁引领历史发展趋势，谁掌握文化前进方向的话语权，谁占领文化软实力和道德制高点的争夺。”② 习近平总书记指出：“提高国家文化软实力，不仅关系我国在世界文化格局中的定位，而且关系我国国际地位和国际影响力，关系‘两个一百年’奋斗目标和中华民族伟大复兴中国梦的实现。”③文化自信，既要有对自己的优秀文化的历史形态的自信，也要有对自己的优秀文化的当代形态的自信，更要有对自己的优秀文化的未来发展以及在世界文化体系中的地位、作用、贡献的自信。④ 而文化的力量，归根到底来自于凝结其中的核心价值观的影响力和感召力；文化软实力的竞争，本质上是不同文化所代表的核心价值观的竞争。社会主义核心价值观支配着国家文化软实力的生命力，决定着文化软实力的性质和发展道路，是文化软实力之“钙”。“有了核心价值观，我们的文化软实力才有主心骨和方向感，才有凝聚力和感召力，才能在我们国家的综合国力和整体实力中发挥其应有的功能和作用。”⑤ 文化软实力和文化自信都需要红色文化的支撑。红色文化作为

① 虞云耀：《共产党人与社会主义核心价值观》，《光明日报》2014 年 5 月 7 日。

② 《如何凝练社会主义核心价值观——访北京师范大学副校长韩震》，《光明日报》2011 年 2 月 14 日。

③ 《习近平关于全面建成小康社会论述摘编》，中央文献出版社 2016 年版，第 108 页。

④ 李捷：《红色文化与文化自信》，《福建日报》2017 年 5 月 8 日。

⑤ 冯刚：《提高国家文化软实力要努力传播社会主义核心价值观》，《光明日报》2014 年 7 月 23 日。

文化的一种具体表现形态，是构成文化软实力的要素之一，也是文化自觉和文化自信的重要源泉。

二、基础相同

（一）理论来源相同

红色文化和社会主义核心价值观在理论来源上具有高度一致性。首先，都以马克思主义为基本依据。马克思主义深刻揭示了自然规律、社会规律和思维规律，坚决维护和发展最广大人民的根本利益，是推进社会进步、创造美好生活的科学理论。红色文化是在马克思主义中国化的进程中形成的，马克思主义是红色文化的灵魂。马克思主义理论的先进性决定了红色文化的先进性，马克思主义理论被中国共产党和人民群众掌握的水平，决定了红色文化在中国的发展水平。社会主义核心价值观也是以马克思主义为源头和基本依据的，社会主义核心价值观是符合马克思主义的价值观，是马克思主义推崇的理念、价值，如果没有马克思主义的指导，社会主义核心价值观只能是中国价值观，但是难以说是社会主义核心价值观。其次，都是以传统文化为根基。“牢固的核心价值观，都有其固有的根本。抛弃传统、丢掉根本，就等于割断了自己的精神命脉。”① 中华优秀传统文化是红色文化和社会主义核心价值观的源头活水，红色文化和社会主义核心价值观都是在继承和扬弃传统文化的基础上形成的，都是在优秀传统文化和传统核心价值观基础上的时代化提升。再次，都是以吸收外域文化为条件的。红色文化本来就是舶来品，它的形成必然受国外文化的影响，从很多红色文化艺术作品中就可以看出国外文化的影子。而社会主义核心价值观首先是科学的价值观，而科学

① 《习近平在中共中央政治局第十三次集体学习时强调　把培育和弘扬社会主义核心价值观作为凝魂聚气强基固本的基础工程》，《人民日报》2014 年 2 月 26 日。

的价值观并非仅仅属于某个地区、某个民族的。社会主义核心价值观的“公正”“民主”“文明”“法治”等，是世界人民共同的期盼。最后，无论是红色文化还是社会主义核心价值观都是各种文化创造性转化和发展的结果，并非各种思想、理论和价值的简单叠加。

（二）产生动力相同

无论是红色文化还是社会主义核心价值观都是经济社会发展的产物，既是为了满足人的需要而产生的，也是为了调解人与自然的关系、人与社会的关系、人与他人的关系及人与自身心灵的关系而产生的。

一方面，它们都是为了满足人的需要而产生的。按照马斯洛的需求层次理论，人的需要分为生理需要、安全需要、归属和爱的需要、获得尊重的需要及自我实现的需要五个层次，自我实现的需求就包括文化需求和精神需求。红色文化是在反帝反封建的过程中适应当时的社会需要和人民愿望而产生的，而社会主义核心价值观也是适应新时期实现“两个一百年”奋斗目标和中华民族伟大复兴的中国梦的需要而产生的。

另一方面，它们也是为了调解人与自然的关系、人与社会的关系、人与他人的关系及人与自身心灵的关系而产生的。红色文化主要是协调阶级关系，集中体现为人与人、人与社会的关系，而社会主义核心价值观则是协调人与自然、人与社会、人与他人、人与自身的关系，只不过二者协调这些关系的方式和手段不同，前者主要是阶级斗争，后者主要是阶级和谐。

（三）阶级基础相同

无论是红色文化还是社会主义核心价值观都有阶级性，没有阶级性的文化和价值观是不存在的。红色文化与社会主义核心价值观产生的阶级基础是相同的。红色文化本质上是无产阶级的文化，是民族的、科学的、大众的文化，它是伴随中国工人阶级的成长壮大和工人运动的迅速发展，由工人、农民、知识分子以及小资产阶级创造的，并反映工人、农民、知识分子以及小资产阶级意志的文化。而社会主义核心价值观本质上是无产阶级及其政党——中国共产党的价值观，反映了工人、农民、知识分子和新社会阶层等的价值诉求。

基于共同的阶级基础，进而二者反映出共同的品格，即人民主体性。所谓人民主体性，也即是以人民群众为最高的价值主体和评价主体，尊重人民群众在历史创造中的地位，以人民群众的利益、要求和实践为最高的价值标准和评价标准。马克思主义一贯强调人民主体，尊重人民群众的主动性和创造性，而红色文化和社会主义核心价值观都反映了人民主体性的理念。红色文化本身是在中国共产党的领导下由人民群众创造的，它也反映了人民大众的愿望和诉求，而社会主义核心价值观体现了人民主体性的根本价值尺度和原则。

（四）经济基础相同

按照马克思主义唯物史观的基本原理，经济基础决定上层建筑。革命战争时期，党的基本经济基础是社会主义公有制，红色文化是基于此基础上发展而来的，而社会主义核心价值观产生的经济基础依然是社会主义公有制。所以，红色文化和社会主义核心价值观产生的经济基础具有高度一致性。

三、功能相近

美国学者塞缪尔·亨廷顿、劳伦斯·哈里森在《文化的重要作用——价值观如何影响人类进步》一书中，认为文化是“一个社会中的价值观、态度、信念、取向以及人们普遍持有的见解”①。也即是说，价值观是文化的灵魂，文化最高层次的表现就是价值观，而特定的价值观也是特定文化的

---

① ［美］塞缪尔·亨廷顿、劳伦斯·哈里森主编：《文化的重要作用——价值观如何影响人类进步》，程克雄译，新华出版社 2010 年版，第 9 页。

核心所在。一种文化一旦形成就会在一定范围内具有相对稳定性，因为其价值观是相对稳定的。

红色文化作为具有民族特色和地域特色的文化，既具有资源属性，又具有价值属性。红色文化的功能，前面已经论述。社会主义核心价值观的功能，与红色文化的功能相近，它“本质上是一种科学的意识形态”①，也具有社会整合、社会激励等功能。

（1）社会整合。任何一个社会都存在多种多样的价值观念和价值取向，要把全社会意志和力量凝聚起来，必须有一套与经济基础和政治制度相适应并能形成广泛共识的核心价值观。当今中国取得了举世瞩目的发展成就，也面临着更高层次的挑战，经济社会转型期的多元与多变，为社会注入强大活力的同时，也给人们的价值理念带来了不可忽视的冲击。社会主义核心价值观内涵丰富、系统完备，体现了当代中国发展在价值取向和目标方向上的“最大公约数”。“培育和弘扬核心价值观，有效整合社会意识，是社会系统得以正常运转、社会秩序得以有效维护的重要途径，也是国家治理体系和治理能力的重要方面。”② 通过建立和规范礼仪制度，组织开展形式多样的纪念庆典活动，传播社会主义核心价值观，能够将分散的思想观念和社会思潮统一到主流价值观上来，增强人们的认同感、归属感以及价值认同、政治认同和民族认同。

（2）社会激励。价值观属于上层建筑范畴，对经济基础起能动的反作用，对现实有引导和评价的功能。马克思有句名言：“批判的武器当然不能代替武器的批判，物质力量只能用物质力量来摧毁；但是理论一经掌握群众，也会变成物质力量。”③ 习近平总书记指出，要“用社会主义核心价值观凝魂聚力，更好构筑中国精神、中国价值、中国力量，为中国特色社会主

① 吴翠丽：《社会主义核心价值观嵌入日常生活的内在机理与实现路径》，《南京社会科学》2015年第2期。

② 《习近平在中共中央政治局第十三次集体学习时强调　把培育和弘扬社会主义核心价值观作为凝魂聚气强基固本的基础工程》，《人民日报》2014年2月26日。

③ 《马克思恩格斯选集》第1卷，人民出版社2012年版，第9页。

义事业提供源源不断的精神动力和道德滋养”①。培育和践行社会主义核心价值观，有利于引领各种社会思潮、弘扬社会正气、培植社会正能量、塑造伟岸人格和崇高民族品格，在全党全社会凝聚起团结奋斗的共同意志。

四、内容共性

红色文化和社会主义核心价值观都承载着一个民族、一个国家的精神追求，体现着社会主义国家是非曲直的价值标准，它们的基本内容在本质上是一致的。

（1）从国家层面来看，红色文化蕴含“富强、民主、文明、和谐”的内容。

红色文化本身是中国共产党在追求民族独立、国家富强的过程中形成的，包含了“富强”“民主”的内容；中国共产党领导人民推翻“三座大山”的过程，也是实现人民当家作主的过程，是人民的民主权利不断得以张扬的过程。最典型的就是土地所有权和使用权。中国共产党提出的“一切权力归农会”、“耕者有其田”的主张，出台的《中国土地法大纲》等制度，实行的土地改革等措施都是还权利于人民的具体表现。中国共产党在瑞金、延安、西柏坡局部执政期间高度重视社会文明、社会和谐，积累了局部执政的成功经验。

安娜·路易斯·斯特朗曾经列举了延安时期的十大现象：一没有贪官污吏，二没有土豪劣绅，三没有赌博，四没有娼妓，五没有小老婆，六没有叫花子，七没有结党营私之徒，八没有萎靡不振之气，九没有人吃摩擦饭，十没有人发国难财。最后她得出结论：任何外强不能征服中国，只有中国人能征服中国！这些景象难道不是社会文明价值观的体现吗？阶级和谐理念的贯

① 习近平：《更好构筑中国精神中国价值中国力量》，《人民日报（海外版）》2015 年 10 月 14 日。

彻，典型的案例是在延安时期。国民党兵败，蒋介石认为“我们自己打败了自己”，原因有四点，其中第一点是党内不能团结一致，同志之间，派系分歧，利害摩擦，整个党宛如一盘散沙。我们反观中国共产党。在延安时期，从部队构成来说，有红一、红二、红四、中国工农红军第十五军团及地方武装；从人员构成来说，有向往革命的知识分子、外籍友人、战俘、军人、当地开明绅士等；从意识形态构成来说，有自由主义、无政府主义、马克思主义、社会达尔文主义等；从文化构成来说，陕北聚集了红色文化、草原文化、黄土文化。在如此复杂的情况下，中国共产党通过思想建设、组织建设和制度建设实现了阶级之间、阶层之间、阶级内部之间的和谐，为争取全国胜利奠定了组织基础、干部基础、人才基础和思想基础。

（2）从社会层面来看，红色文化包含“自由、平等、公正、法治”的内容。

如果从秦始皇算起，中国的封建专制社会有两千多年的历史。尽管辛亥革命推翻了封建专制统治的清政府，但是封建社会的影响依然存在，社会的不平等、不公平依然存在，劳苦大众受封建主义、资本主义、买办主义的影响，人身并不自由。

马克思主义是关于全世界无产阶级和全人类彻底解放的学说。说得更彻底一点，马克思主义就是让人民有尊严地活着并且自由地追求自己幸福的学说。中国共产党是以马克思主义为指导的政党，它成立后便在纲领中旗帜鲜明地指出：党的奋斗目标是以无产阶级革命军队推翻资产阶级的政权，消灭资本家私有制，消除社会阶级差别，承认无产阶级专政等。中国共产党以实现中华民族伟大复兴和增进人民福祉为使命，领导人民开展了推翻“三座大山”的艰苦卓绝的斗争，并最终取得了胜利。这个过程，也可以说是党所宣传的自由、平等、公正、法治等价值理念不断得以贯彻并得到人民拥护的过程，中国共产党的胜利某种程度上就是价值观的胜利。历史选择了中国共产党，人民选择了中国共产党，根本在于中国共产党宣扬的社会价值观得到了人民群众的赞同，党为践行所宣扬的社会价值观所作出的努力及取得的成绩得到了人民群众的肯定，最终人民群众愿意支持共产党，为解放自己而努力。

“自由、平等、公正、法治”的价值理念，在红色历史中随处可见。比如，法治的理念。1937 年 10 月 5 日，延安抗日军政大学第六队队长黄克功，因向陕北公学女青年刘茜求婚不成，一怒之下枪杀刘茜。案件发生后，许多老红军鉴于黄克功战功卓著，主张用责罚代替枪毙。毛泽东在致边区高等法院院长雷经天的信中指出：“共产党与红军，对于自己的党员与红军成员不能不执行比较一般平民更加严格的纪律。”最终边区高等法院合议庭议决判处黄克功死刑。这种党纪严于国法的法治观和今天的中国共产党追求的法治观是一致的。

又如，平等的理念。大家都熟悉的朱德的扁担的故事。从井冈山到山下的宁冈茅坪，上下足有五六十里，山又高，路又陡，每次运粮，红军总是起早赶路，摸黑回山。当时，朱德是红军军长，已经四十多岁了，但他总是跟大家一同去运粮，而且每次都是挑得满满的，士兵劝他时，他说：“吃饭有我的分，挑粮也有我的分！光吃饭不挑粮，那不成了剥削阶级了吗？”这就是民主革命时期的官兵平等，也是民主革命取得胜利的重要根源。今天，社会主义核心价值观在军队系统的体现，不也是如此吗？

延安时期，中国共产党出台了《选举法》《土地法》《劳动法》《婚姻条例》《税收条例》以及《惩治反革命条例》《惩治贪污犯条例》等制度，这些制度既是对自由、平等、公正和法治理念的规定，又是对自由、平等、公正和法治理念的贯彻。

（3）从公民层面来看，红色文化内含“爱国、敬业、诚信、友善”的内容。

红色文化并非都是宏大叙事，反映国家和社会层面的事情，它还体现了对社会个体的要求。反映在价值追求方面，红色文化包含了对社会个体“爱国、敬业、诚信、友善”的内容。其中，爱国主义是红色文化的核心价值。最动人的红色故事中必然有爱国主义的故事，《鸡毛信》《王二小放牛》《地道战》《地雷战》《铁道游击队》等，直到今天依然是青少年爱国主义教育的重要素材。敬业、诚信和友善也是红色文化中的重要价值。敬业自毋庸赘言，长征路上炊事班的故事，不就是敬业的表现嘛。诚信也无须多言，中国共产党所到之处与人民群众以诚相待，军官、士兵与人民群众以诚相交，最终赢得了人民的信赖，书写了军民鱼水情深的故事。友善也是红色文化蕴含的重要价值，这种友善表现为不同阶级之间的友善和阶级内部之间的友善。官兵平等是一种友善，军民和谐也是一种友善，因为中国共产党和民主党派之间的友善才写就了建国大业的篇章；因为中国共产党内部以及军民、官民、同志之间是友善的，才写就了党和军队由弱到强、由强到大的传奇史诗。

五、过程同步

核心价值观不是天生具有的，也不是受单一因素影响形成的，相反是在社会群体、社会环境、国际形势等综合因素的共同作用下逐步形成的。社会主义核心价值观的形成也不是社会主义制度确立之后才有的价值观，如果向前追溯，它应该是中国共产党和中国人民在追求国家独立和民族统一的过程中，在反帝反封建的斗争中，在继承民族文化价值观的基础上，逐步孕育、萌芽并形成的。

红色文化的形成之路，就是一条社会主义核心价值观得到培育、发扬和创新之路，也是社会主义核心价值观教育内容不断充实、丰富和发展之路。具体而言，包括：其一，红色文化的形成过程也是社会主义核心价值观的孕育过程。比如“三大纪律八项注意”，是中国人民解放军的优良传统和行动准则，体现了人民军队的本质和宗旨，也蕴含着公正、平等、法治的价值观。其二，红色文化发挥作用的过程也即是以社会主义核心价值观为指导创造和传播红色精神的过程。红色文化之所以有魅力，在于其所彰显的理念、价值和思想能够被人民群众所接受并且服务于革命形势的需要，红色精神之所以能够发挥作用，在于其符合核心价值观所指引的方向。红色文化的形成过程既是社会主义核心价值观培育的过程，也是社会主义核心价值观在实践中得到检验、认定的过程。

第二节 红色文化涵育高校社会主义核心价值观的必要性

一、红色文化之于高校社会主义核心价值观教育的价值

（一）红色文化为高校社会主义核心价值观教育提供导向

西安电子科技大学课题组根据Scheaffer抽样公式在陕西7所高校共发放调查问卷1200份，实际收回有效问卷1155份，有效率为96.25%。调查对象都是必修过《毛泽东思想和中国特色社会主义理论体系概论》的大三学生。其中，男女性别比为41.79：58.21，所属理工、经管、法学、文史哲、教育学等学科人员比为44.54：26.59：15.14：13.64：0.09，所属中共党员、预备党员、共青团员、群众等政治面貌人员比为11.55：19.75：65.34：3.36。对于某些西方错误思潮，竟然有49.87%的调查对象选择赞同和基本赞同，33.01%的调查对象不置可否，仅有17.12%的调查对象持不赞同态度。在赞同这一论断的调查对象中，中共党员、预备党员、共青团员和群众的比例分别为21.88%、20.74%、20.95%和36.43%。正如《中共中央国务院关于进一步加强和改进大学生思想政治教育的意见》所指出的："一些大学生不同程度地存在政治信仰迷茫、理想信念模糊、价值取向扭曲"① 等问题。

社会主义核心价值观是社会的主流价值观，是得到国家和人民高度认可和追求的价值观，是统领社会思想发展方向的价值观。笔者认为，社会主义

---

① 教育部社会科学司组编：《普通高校思想政治理论课文献选编（1949—2008）》，中国人民大学出版社2008年版，第203页。

核心价值观的性质决定着整个社会价值观的性质和方向，它的性质是社会主义的，具有社会主义意识形态的特点，它不同于资本主义核心价值观，也不同于传统中国社会的价值观。因此，社会主义核心价值观教育首先要以马克思主义为指导，坚持中国特色社会主义共同理想，否则社会主义核心价值观教育就失去了方向。

理想信念决定着一个人做什么和不做什么的根本准则和态度，是社会个体的行为准则和活动指南。它彰显的是旗帜问题、道路问题，具有根本性、全局性；社会主义核心价值观凸显的是理想信念的具体价值取向问题，具有动态性、开放性。培育和践行社会主义核心价值观，要紧扣理想信念大方向。马克思主义信仰、共产主义理想和社会主义信念是“建立在对科学理论的理性认同上，建立在对历史规律的正确认识上，建立在对基本国情的准确把握上”①，是中国的先进分子和人民群众在实践中比较、鉴别众多理论和主义后作出的理性选择，是被实践证明了的科学思想体系。它升华了我们的价值追求，构筑了我们的精神高地。因为我们掌握了马克思主义的看家本领，在精神上有“压舱石”、思想上有“主心骨”、行动上有“指南针”，做事的立场更加坚定，践行社会主义核心价值观的实践也就更加自觉。② 红色文化以马克思主义信仰、共产主义信念为指引，并在实践中证实了马克思主义信仰、共产主义信念的真理性和科学性，它赋予社会主义核心价值观以灵魂，体现核心价值观的社会主义性质，彰显社会主义核心价值观的特色，能够引领社会主义核心价值观教育的方向。

（二）红色文化为高校社会主义核心价值观教育提供资源

红色文化内容丰富，包括“人、物、事、魂”四个方面，以物质化形态和非物质化形态呈现。红色文化所承载和涵育的理想信念、价值目标、灵

① 《习近平谈治国理政》第一卷，外文出版社 2018 年版，第 50 页。

② 李海荣、吴海清：《以理想信念导航培育和践行社会主义核心价值观》，《光明日报》2014 年 11 月 30 日。

魂精髓与社会主义核心价值观同根同宗，红色文化中的珍贵文化遗产和红色精神，是高校社会主义核心价值观教育的宝贵素材。红色文化资源可以转化为社会主义核心价值观教育资源，丰富社会主义核心价值观教育的形式。比如，红色文化中折射出的革命先辈们的崇高共产主义理想、坚定革命信念和高尚爱国情感等，为社会群体社会主义核心价值观的培育提供了深厚的教育内涵；红色文化中所包含的革命历史事件、革命英雄人物、革命道路、革命精神、革命遗址等，为社会群体的核心价值观的培育提供了鲜活的教育素材。具体而言，体现在几个层面：

其一，价值观教育的重要资源。价值观作为一种社会意识，对人的行为方式有着重要影响。一个人形成什么样的价值观，则相应的价值取向和价值选择就会伴随出现，这在一定意义上就决定一个人的生活态度、生活状况以及人生高度。可以看出，价值观对人的成长成才具有导向作用。红色文化已成为潜移默化的存在、根植于中国人内心，成为中国人精神家园的重要组成部分，影响当代中国人的价值选择、思维方式、行为习惯和审美情趣。相对于中国传统文化，红色文化传统离大学生很近，对他们而言有一种天然的亲近感，他们更容易接受。

20世纪30年代，美国女作家史沫特莱到延安采访，曾跟随一个八路军连队赴前线战地。她看到战士们战斗了整整一天，打完仗后却没有一点儿东西可吃。秋天的田野里，谷子已经成熟了，他们动也不动。因为他们没有钱，而指挥员不允许战士不付钱就拿走别人的东西。入夜，男女战士们围着篝火，高唱“三大纪律八项注意”，迎接黎明的到来，歌声直冲云霄。史沫特莱惊呆了，她说：“他们的歌声像一支管弦乐队。”这就是红色文化对史沫特莱价值观的影响。张学良在西安事变之前对手下讲：“为什么我们和共产党打仗打不赢，因为他们每一个士兵都有信仰，每一个士兵都在为信仰而战。”这是红色文化对张学良价值观的影响。

埃德加·斯诺在《西行漫记》中写道：我看到毛泽东住在简陋的窑洞里，穿的是打了补丁的衣服，吃的是小米饭和辣椒土豆丝；周恩来睡在土炕上；彭德怀穿的背心是用缴获敌人的降落伞做的；林伯渠的耳朵上用线绳系着断了一只腿的眼镜；红军大学学员把敌人的传单翻过来当作课堂笔记本使用……“他们坚忍卓绝，任劳任怨，是无法打败的。”“只见公仆不见官”的“那种精神，那种力量，那种欲望，那种热情……是人类历史本身的丰富而灿烂的精华”，是“东方魔力”“兴国之光”。这是红色文化蕴含的价值观对埃德加·斯诺的影响。

用这些鲜活的红色故事教育学生，能够让学生明白什么是科学的价值观，应该选择什么样的价值观，应该抵制和批判什么样的价值观。通过红色故事的传承，能够帮助学生守住市场经济条件下价值观的底线。

其二，民族精神教育的重要资源。爱国主义，是支撑中华民族生生不息的根本力量；爱国主义精神，是中华文明能够延续五千年而不曾中断的内在“密码”。毛泽东曾感慨道：“灾难深重的中华民族，一百年来，其优秀人物奋斗牺牲，前仆后继，摸索救国救民的真理，是可歌可泣的。”① 爱国主义是一个历史范畴，在不同的历史时期和社会发展的不同阶段，有着不同的时代内涵。红色文化诞生于中国这片古老而神奇的土地上，承载着以爱国主义为核心的团结统一、爱好和平、勤劳勇敢、自强不息的民族精神，也承载着以改革创新为核心的时代精神。“只有所有潜在的能力都能得到发展和发挥的社会，才会在群体间的竞争中获得生存优势。”② 深入挖掘和提炼红色文化中蕴含的爱国主义和改革创新的精神品格并有机融入高校社会主义核心价值观教育，能够激发大学生的爱国热忱，强化他们的爱国之识、涵养他们的爱国之情、培育他们的爱国之志、引导他们的爱国之行。

其三，德性修养教育的重要资源。立德树人是发展中国特色社会主义教育事业的核心所在，是培养德智体美全面发展的社会主义建设者和接班人的本质要求。红色文化蕴含着德性涵养的丰富资源，因为“每一位革命志士，

---

① 《毛泽东选集》第三卷，人民出版社 1991 年版，第 796 页。

② ［美］威尔·杜兰特、阿里尔·杜兰特：《历史的教训》，倪玉平、张闶译，中国方正出版社、四川人民出版社 2015 年版，第 22 页。

每一件珍贵文物，每一处革命遗址，每一个革命事件，都以无可辩驳的事实再现了革命先辈英勇斗争的革命历程，都以不容置疑的证据诠释了革命先辈的爱国爱党情怀、革命信念、革命精神和革命道德诉求”①。红色文化承载的红色故事言说着是非、善恶、美丑的界限，明确了坚持什么、反对什么、倡导什么、抵制什么，为我们以史为鉴判断行为得失、确立价值取向、作出道德选择，提供了基本规范。通过带领学生阅读领袖传记、英雄故事、红色主题报告文学等，参观革命遗址、纪念馆、主题教育馆，聆听红色歌曲、观看红色话剧等，能够引导学生理性反思社会现实，巩固、重塑或重建道德人格，明辨是非、知荣知耻，勇做社会主义道德风尚的引领者、公平正义的维护者。

（三）红色精神为高校社会主义核心价值观教育提供动力

伟大的事业需要崇高的精神，崇高的精神推动伟大事业的发展。文化的精神性表现为文化的精神实质、价值取向、道德观念等基本内核，是文化之“魂”，决定着文化的性质和发展方向。红色文化是超越时空的先进文化，蕴含着厚重而丰富的红色精神，是中国共产党人思想意识、精神风貌和心理品格的集中体现。红色精神不是一个空泛抽象的概念，它总是与国家统一富强和人民的幸福安康联系在一起，在特定的时期呈现出不同的面向。学者对红色精神进行了诸多概括，大概包括爱国为民、包容创新、重道厚德、艰苦奋斗等内容。爱国为民是红色文化的灵魂和根基；包容创新是红色文化的特质；重道厚德是红色文化的精神品格；艰苦奋斗是红色文化的特色。

社会主义核心价值观教育是系统的工程，高校要勇于创新、取得良好的教育效果，必须发扬爱国为民、包容创新、重道厚德、艰苦奋斗的红色精神，试想，开展社会主义核心价值观教育没有勇于开拓的精神，畏手畏脚，思想守旧，能够满足大学生的期待和要求吗？没有坚韧不拔的毅力，工作断断续续、虎头

① 李水弟、傅小清、杨艳春：《历史与现实：红色文化的传承价值探析》，《江西社会科学》2008 年第 6 期。

蛇尾，能够取得预期的效果吗？另外，践行社会主义核心价值观同样要解放思想，传承和弘扬红色精神。对于大学生而言，社会主义核心价值观的内容就那么多，熟记应该不难，但是将知识体系转化为信仰体系那就难了。在这一转化过程中，如果学生没有红色精神的滋养，缺乏践行社会主义核心价值观的主动性和积极性，那么最终社会主义核心价值观教育也难以取得预期的效果。

二、大学生对红色文化认同的状况及存在问题

（一）大学生对红色文化的认知认同状况

将陕西省高校大学生作为调查对象，根据 Scheaffer 抽样公式 $n = \frac{N}{(N-1) \times g^2} + 1$ 确定调查样本数量（其中：n 为最小样本量；N 为抽样总体数量；g 为抽样误差）。

充分考虑陕西省高校所处地区、学校层次、专业设置、学生规模等情况，选定陕西师范大学、西北大学、西安外国语大学、西安电子科技大学四所高校为调研的样本采集点。根据计算结果发放调查问卷 1200 份，实际收回有效问卷 1087 份，有效率为 90.6%。调查对象涵盖本科各年级及研究生，男女性别比为 50.2∶49.8，所属理工、文史哲、经管、教育学等学科人员比为 70.9∶13.3∶8.0∶7.8，所属中共党员以及中共预备党员（入党积极分子）、民主党派、共青团员、群众等政治面貌人员比为 10.9∶1.7∶82.2∶5.2，地处东部、中部、西部的大学生比为 30.7∶28.2∶41.1，生活在大城市、小城镇、农村的大学生比为 19.4∶57.5∶23.1。

1. 大学生对红色文化的认同状况

（1）认知认同。

知是行之始。认知认同是个体对某事物认识的出发点，只有客观了解大学生对红色文化的认知认同现状，发现其中的问题，才能找到提升大学生对

红色文化认同度的突破口。

表 2-1 大学生对红色文化的认知认同状况 （单位：%）

序号	题目	A	B	C	D	E
1	您是否知道红色文化的内涵	49. 10	50. 90			
2	您认为红色文化与革命文化的关系是	4. 90	20. 20	42. 00	24. 20	8. 70

备注：题目 1 中 A 表示知道；B 表示不知道。
题目 2 中 A 表示是一回事；B 表示不是一回事；C 表示前者包含后者；D 表示后者包含前者；E 表示不知道。

从表 2-1 的数据可以看出：超过 50%的大学生不知道红色文化的内涵，这个结果反映出当代大学生对红色文化了解的缺失，这可能与当代大学生成长的环境有关——出生在和平年代，对红色文化缺少亲切感和真实感。

当涉及红色文化与革命文化的关系辨析时，大学生的观点出现了明显的差异：20. 2%的大学生认为两者不是一回事；42. 0%的大学生认为前者包含后者；24. 2%的大学生认为后者包含前者。从调查结果可以看出，多数大学生认为红色文化包含革命文化。

从红色人物、红色精神、红色故事三个方面调查大学生的了解情况，如图 2-1 所示。

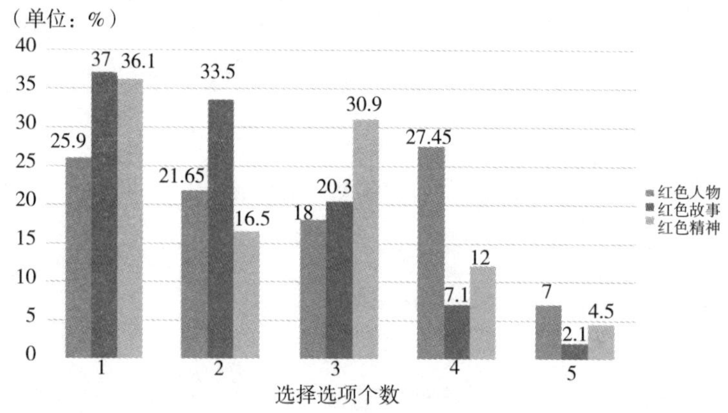

图 2-1 认知认同状况

参与调查的大学生对于红色人物、故事、精神的了解总体上呈现出如下规律：在每个方面知道1—2个的大学生居多，知道3—4个的大学生较少，知道5个的大学生非常少。这一定程度上反映出当代大学生对红色文化的关注并不积极，了解也不全面。

（2）情感认同。

作为一个持久的、深刻的、潜移默化的过程，情感认同可以看作是认知认同的升华。只有从内心里认同红色文化所蕴含的价值，才能够自觉将其渗透于行动中。为了能更好地研究现状、发现问题，本书将情感认同中的一些题目摘录出来，进行分析。

表2-2 大学生对红色文化的情感认同状况 （单位：%）

序号	题目	A	B	C	D	E
1	您认为红色文化是否已经过时	9.70	77.00	13.30		
2	您认为红色文化的教育价值	21.71	43.88	27.87	5.24	1.29
3	您对红色影视剧的态度	7.64	32.29	44.34	10.40	5.34
4	您对于红色历史的态度	10.67	40.48	42.13	4.60	2.12
5	您旅游时，对红色遗址的态度	10.58	33.39	44.25	8.92	2.85
6	您认为您所了解的英雄人物的事迹	6.81	52.90	33.39	6.44	0.46
7	您是否崇拜毛泽东、周恩来等领袖人物	21.71	46.64	23.83	4.60	3.22
8	您对红色历史文化进校园、进课堂的态度	14.63	51.61	26.31	5.24	2.21
9	您认为您的价值观受红色文化影响的程度	8.65	31.46	41.86	14.17	3.86
10	您认为红色文化在培育和践行社会主义核心价值观过程中发挥的作用	17.02	50.23	24.56	6.26	1.93
11	当国歌响起的时候，您的民族情感	23.18	48.57	22.45	3.59	2.21

备注：以上题中选项从A—E分别表示赞同、相信、喜欢、崇拜、强烈、有意义、想了解、有必要的程度依次递减，即A程度最高，相应对红色文化的认同度也最高；E程度最低，相应对红色文化的认同度也最低。

从表2-2的数据可以看出，大学生对于红色文化的情感认同度总体较高。其中，超过94%的大学生肯定了红色文化之于教育是有价值的，认为红色文化在培育和践行社会主义核心价值观过程中能够发挥作用。然而，有超过18%的大学生觉得自己的价值观受红色文化影响的程度基本不太大，甚至没有影响。

红色影视剧、红色历史和革命遗址都是红色文化的载体，其中有90%以上的大学生表示对红色历史和革命遗址不排斥，但是又有超过15%的大学生不喜欢红色影视剧，这一方面可能与大学生的生活环境和生活方式相关，他们喜欢走出去到革命遗址去看看，然而另一方面也说明红色影视剧的创造和表现形式与他们的期望相距太远，缺乏吸引力。

93%以上的大学生选择相信英雄人物的正面事迹，并且从心底崇拜和尊敬领袖人物，近95%的大学生表示当国歌响起的时候，他们的民族情感很强烈。超过92%的大学生同意红色文化进校园、进课堂，这又说明大学生并不排斥崇高，对充满正能量的红色文化表示认同。

(3) 行为认同。

当代大学生对红色文化的认同重在知行合一。如果大学生对红色文化的认同只是停留在“知道”和“支持”的层面，而没有自觉落实于行动，那么研究大学生对红色文化的认同状况也就没有了实际意义。行为认同是落脚点。

表2-3 大学生对红色文化的行为认同状况 (单位:%)

序号	题目	A	B	C	D	E
1	如果您看了一些正面的红色文化资料，您是否会汲取其中的价值力量	85.40	14.60			
2	您读过英雄人物的故事之后，是否会自觉调整自己的行为向英雄人物看齐	69.30	30.70			
3	如果学校招收红色文化宣传方面的志愿者，您会	10.40	41.40	32.93	9.20	6.07

续表

序号	题　　目	A	B	C	D	E
4	如果网上有丑化英雄人物的语言，您会	18. 77	51. 70	24. 66	4. 05	0. 83
5	如果您在红色旅游区发现有亵渎英雄人物的行为，您会	17. 30	47. 84	29. 25	4. 60	1. 01
6	如果学校有红色文化相关的学术讲座，您会	7. 18	31. 28	40. 48	13. 25	7. 82
7	您到图书馆去，对于红色书籍	5. 61	31. 92	26. 68	14. 81	20. 98
8	如果学校组织重走长征路活动，您会	12. 60	42. 04	26. 22	10. 76	8. 38
9	如果有红色文化方面的社团，您会	8. 19	31. 46	37. 90	13. 16	9. 29

备注：以上题中从 A—E 表示愿意参加、会制止、坚决反对的程度依次递减，即 A 的程度最高，对红色文化的认同度也最高；E 的程度最低，对红色文化的认同度也最低。

从表 2-3 的数据统计可以看出：85%的大学生承认在他们看了一些正面的红色文化资料后，会汲取其中的价值力量，但同时又有 30. 70%的大学生承认当读过英雄人物的故事之后，他们一般不会想到自觉调整自己的行为向英雄人物看齐。95%的大学生表示坚决维护和支持有关红色文化的传承和宣传行为，并且愿意参与其中。

只有不到 65%的大学生到图书馆去看过红色书籍，这反映出部分大学生不愿意主动阅读红色文化相关的书籍，他们对红色文化的认识、了解，很多情况下是被动的。80%左右的大学生表示，愿意参加红色文化活动和社团，这体现出大部分学生对红色文化是感兴趣的，但是也有少部分学生不愿意关注。

2. 大学生红色文化认同的相关性分析

将性别、城乡差异、地域差异、学科背景、学龄背景、政治面貌这六个方面作为认同度的影响因素，通过相关性分析，研究认同度在相关影响因素下的差异，以提高问题剖析的针对性和建议的可行性。

（1）认知方面的相关性认同分析。

表 2-4 认知认同与各因素之间的相关性

Control Variables			性别	城乡差异	地域差异	学科背景	学龄背景	政治面貌	认知认同
-none-[a]	性别	Correlation	1.000	.065*	.221**	.294**	.204**	-.163**	-.031
	城乡差异	Correlation	.065*	1.000	.107**	.144**	.113**	-.058	-.084**
	地域差异	Correlation	.221**	.107**	1.000	.171**	.052	.031	-.038
	学科背景	Correlation	.294**	.144**	.171**	1.000	.186**	-.090**	-.190**
	学龄背景	Correlation	.204**	.113**	.052	.186**	1.000	-.292**	.023
	政治面貌	Correlation	-.163**	-.058	.031	-.090**	-.292**	1.000	-.074*
	认知认同	Correlation	-.074*	-.084**	-.038	-.190**	.023	-.031	1.000
认知认同	性别	Correlation	1.000	.059	.219**	.286**	.206**	-.166**	
	城乡差异	Correlation	.059	1.000	.104**	.131**	.116**	-.061*	
	地域差异	Correlation	.219**	.104**	1.000	.167**	.053	.030	
	学科背景	Correlation	.286**	.131**	.167**	1.000	.194**	-.098**	
	学龄背景	Correlation	.206**	.116**	.053	.194**	1.000	-.291**	
	政治面貌	Correlation	-.166**	-.061*	.030	-.098**	-.291**	1.000	

从表 2-4 相关性分析数据可以看出，性别、城乡、学科、政治面貌等因素对认知认同的影响比较大。具体而言，见表 2-5。

表 2-5　不同影响因素下的认同度百分比

认知认同							
城乡差异	大城市	小城镇	农村				
比例	34.09%	33.30%	32.61%				
学科背景	理工	文史哲	经管	教育学	法学	军事学	其他
比例	13.08%	14.54%	13.13%	15.01%	14.60%	16.35%	13.29%
政治面貌	中共（预备）党员	共青团员	群众				
比例	27.67%	25.74%	23.33%				

进一步研究发现：

①在城乡分布方面，位于大城市的学生在认知方面的认同度明显高于小城镇和农村，这表明大城市占据着较有利的物质、教育资源，对整合红色资源、开展各种红色活动具有足够的经验，同时也反映了当前大学生对我国红色文化掌握程度的不均衡性。

②在学科分布方面，军事学科的学生在认知方面的认同度最高，而理工类和经管类学生认同度最低。这个数据分析结果大体上符合现实，军事学科的学生本身的性质决定了他们有更强的国家意识，献身国防、誓死保卫国家的情怀对他们的价值观和思想产生潜移默化的影响。

③在政治面貌方面，学生中中共（预备）党员及共青团员的认同度要高于群众。这说明认同度的提高确实与大学生接受的红色文化教育多少成正比。理论上，大学生能成为中共党员或共青团员，他们大多数比其他政治面貌的大学生对红色文化及其价值有更深入的了解，而且民族荣誉感、社会责任感更强烈。

（2）情感方面的相关性认同分析。

表 2-6　情感认同与各因素之间的相关性

Control Variables			性别	城乡差异	地域差异	学科背景	学龄背景	政治面貌	情感认同
-none-[a]	性别	Correlation	1.000	.065*	.221**	.294**	.204**	-.163**	.039
	城乡差异	Correlation	.065*	1.000	.107**	.144**	.113**	-.058	.059
	地域差异	Correlation	.221**	.107**	1.000	.171**	.052	.031	.068*
	学科背景	Correlation	.294**	.144**	.171**	1.000	.186**	-.090**	.021
	学龄背景	Correlation	.204**	.113**	.052	.186**	1.000	-.292**	-.077*
	政治面貌	Correlation	-.163**	-.058	.031	-.090**	-.292**	1.000	-.135**
	情感认同	Correlation	.068*	.059	.039	-.077*	.021	-.135**	1.000
情感认同	性别	Correlation	1.000	.061*	.219**	.301**	.203**	-.155**	
	城乡差异	Correlation	.061*	1.000	.105**	.149**	.112**	-.051	
	地域差异	Correlation	.219**	.105**	1.000	.175**	.051	.036	
	学科背景	Correlation	.301**	.149**	.175**	1.000	.188**	-.102**	
	学龄背景	Correlation	.203**	.112**	.051	.188**	1.000	-.292**	
	政治面貌	Correlation	-.155**	-.051	.036	-.102**	-.292**	1.000	

从表 2-6 相关性分析数据可以看出，性别、地域、学龄、政治面貌等因素对情感认同的影响比较大。具体而言，见表 2-7。

表 2-7　不同影响因素下的认同度百分比

情感认同					
地域差异	东部	中部	西部		
比例	31.21%	28.15%	40.64%		
学龄背景	大一	大二	大三	大四	研究生
比例	20.10%	20.25%	20.26%	18.37%	21.03%
政治面貌	中共（预备）党员	共青团员	群众		
比例	27.55%	25.97%	23.59%		

进一步研究发现：

①位于西部的学生在情感方面的认同度明显高于东部和中部。从心理的方面来看，东部和中部的学生生活的环境较复杂，他们的社会接触面更广，可能容易对更有吸引力的事物产生兴趣。

②中共（预备）党员和共青团员在情感方面的认同度要高于群众，这与认知认同方面的结果类似。

（3）行为方面的相关性认同分析。

表 2-8 行为认同与各因素之间的相关性

Control Variables			性别	城乡差异	地域差异	学科背景	学龄背景	政治面貌	行为认同
-none-[a]	性别	Correlation	1.000	.065*	.221**	.294**	.204**	-.163**	.082**
	城乡差异	Correlation	.065*	1.000	.107**	.144**	.113**	-.058	.052
	地域差异	Correlation	.221**	.107**	1.000	.171**	.052	.031	.064*
	学科背景	Correlation	.294**	.144**	.171**	1.000	.186**	-.090**	-.025
	学龄背景	Correlation	.204**	.113**	.052	.186**	1.000	-.292**	-.012
	政治面貌	Correlation	-.163**	-.058	.031	-.090**	-.292**	1.000	-.138**
	行为认同	Correlation	.052	.082**	.064*	-.025	-.012	-.138**	1.000
行为认同	性别	Correlation	1.000	.061*	.218**	.296**	.205**	-.157**	
	城乡差异	Correlation	.061*	1.000	.102**	.147**	.115**	-.048	
	地域差异	Correlation	.218**	.102**	1.000	.173**	.053	.040	
	学科背景	Correlation	.296**	.147**	.173**	1.000	.185**	-.094**	
	学龄背景	Correlation	.205**	.115**	.053	.185**	1.000	-.296**	
	政治面貌	Correlation	-.157**	-.048	.040	-.094**	-.296**	1.000	

从表 2-8 相关性分析数据可以看出，性别、城乡、学科、政治面貌等因素对行为认同的影响比较大。具体而言，见表 2-9。

表 2-9 不同影响因素下的认同度百分比

行为认同				
性别	男	女		
比例	47.46%	52.54%		
城乡差异	大城市	小城镇	农村	
比例	30.58%	33.45%	35.96%	
政治面貌	中共（预备）党员	共青团员	群众	
比例	28.09%	26.06%	23.56%	

进一步研究发现：

①女同学在行为方面的认同度要高于男同学，这表明女大学生更愿意将红色文化的情感认同转化为行为认同。

②位于农村同学的行为认同度最高，而位于大城市的同学最低，这可能与被调查者从小的生活环境和方式有关。一方面，来自农村的大学生可能具备更强的独立意识，部分农村的学生很小就开始为父母分担家庭负担，这使得他们的实践参与能力可能更强。另外，红色文化所弘扬的艰苦奋斗、自强不息的精神与他们走出大山、实现人生飞跃的理想契合度更好，也更能激励农村学生接受红色文化。另一方面，来自大城市的大学生思想比较开放，生活环境的多样化使得他们热衷于其他更加有吸引力的事物，从而对相对传统的红色文化缺少转化为行动的动力。

③中共（预备）党员及共青团员的认同度要高于群众，这与认知认同、情感认同两方面的结果类似。

（二）大学生对红色文化认同的总体评价

通过对调查数据的处理，发现当代大学生对红色文化的认同呈现以下特点：

一是对红色文化的认同度总体较高。通过调查发现，当代大学生对红色文化的认同度总体较高，呈现乐观的局面。总体数据显示，大学生在认知方面的整体认同度为 89. 13%，在情感方面的整体认同度为 93. 27%，在行为方面的整体认同度为 83. 76%，认同度总体较高。

二是对红色文化的认同度存在不均衡性。通过对比发现，大学生关于红色文化的情感认同最高。尽管当代大学生对红色文化的准确认知不到位，但是由于所处环境的耳濡目染和从小到大的思想政治教育的影响，他们对红色文化具有较高情感认同，即他们可能不知道红色文化的含义，仍然从心底里认同红色文化。这其实是一个普遍现象，甚至不仅仅存在于大学生当中。而这个现象背后揭示了一个问题：对红色文化的情感认同和行为认同之间出现了断层，部分大学生不愿意将情感认同转化为行为认同，融入个人的生活。

三是对红色文化的认同度存在差异性。通过相关性认同分析可以看出，大学生对红色文化的认知认同、情感认同、行为认同与他们个体的性别、地域差异、城乡差异、政治面貌、学科背景、学龄背景存在相关性，即以上的六个因素都会影响大学生对红色文化的认同度。

四是对红色文化了解不全面、不深入。比如：将近半数的大学生不知道红色文化的内涵；对于红色文化和革命文化的辨析出现明显的差异；对红色人物、故事、精神知道的不多。这与大学生主体的本质特征有一定关系，一方面，他们对红色文化的了解和认识主要是通过课堂、书本、影视、小说，以及有限的红色遗址参观活动和红色旅游而获得的，表面化与片面性在所难免，对红色文化的陌生感和疏离感客观存在；另一方面，当代大学生接受的外界信息多而杂，他们更愿意选择去了解、关注更加新潮的、有趣的文化产品和文化现象。

五是对红色精神的传承和践行缺乏主动性。通过对行为认同的分析发现：大部分大学生会汲取红色文化中的智慧，但是他们一般不会想到自觉调整自己的行为向英雄看齐，这反映出部分大学生从情感上认同和接纳红色文化中的价值力量，但是他们无法自觉地将这种影响外化为行为。

三、高校社会主义核心价值观教育的现实困境

社会主义核心价值观的认同是指“社会成员通过生产生活、交往互动，逐步调整自身的价值结构以接受、遵循核心价值观，并用以规范自己行为的过程”①。对大学生进行社会主义核心价值观教育的过程，本质上就是增进大学生对社会主义核心价值观的认同并自觉践行的过程。从个体价值观的认同过程来看，一般历经认知认同、情感认同和行为认同三个阶段。

有关学者对中国海洋大学、中国石油大学（华东）、青岛大学、山东科技大学、青岛科技大学、青岛理工大学、青岛农业大学七所驻青高校本科生进行问卷调查。调查采取整体随机抽样法，发放问卷2200份，回收2100份，回收率为95.45%。从调查数据看，大学生对政治历史观、国家意识观、民主平等观、公平正义观、权利义务观和道德修养观以及社会主义核心价值观（总体）的平均值分别为4.13（SD=0.94）、4.10（SD=0.86）、4.19（SD=0.84）、3.74（SD=0.78）、3.86（SD=0.86）、3.99（SD=0.69）和4.00（SD=0.64），对社会主义核心价值观的了解程度和践行意愿各为3.47（SD=0.64）和3.70（SD=0.96），均高于3.00的中间值。② 另外，由于大学生身处高校，都在思想政治理论课上学习过相关内容，所以在知识性认知方面表现比较突出，学者调查结果如表2-10所示。

① 冯留建：《社会主义核心价值观培育的路径探析》，《北京师范大学学报（社会科学版）》2013年第2期。

② 郭曰铎、张荣华：《大学生社会主义核心价值观认同度与践行意愿影响因素调研》，《理论学刊》2016年第1期。

表 2-10 大学生对社会主义核心价值观内容的基本认知①

（单位：%）

项 目	肯定没有	不确定	肯定有	N
a. 富强	12.4	12.2	75.4	17986
b. 民主	11.3	8.9	79.7	18038
c. 文明	12.0	12.4	75.5	17970
d. 和谐	11.6	11.7	76.6	17976
e. 自由	12.5	16.0	71.5	17933
f. 平等	11.9	14.0	74.1	17950
g. 公正	12.3	17.3	70.5	17878
h. 法治	11.9	16.1	72.0	17894
i. 爱国	12.0	14.6	73.5	17906
j. 敬业	14.0	19.1	67.0	17863
k. 诚信	13.4	17.9	68.6	17873
l. 友善	15.1	20.2	64.6	17853

存在的问题：

（1）部分大学生对社会主义核心价值观的理论认知呈现表层化。很多学生能够背诵社会主义核心价值观的具体内容，然而知其然却不知其所以然，缺乏对社会主义核心价值观内涵的深刻理解。问及“自由是具体的、历史的，没有抽象的、绝对的自由”时，21.27%的学生选择了“不赞同”；问及“爱国就要自觉报效祖国”时，12.64%的学生选择了“不赞同”；部分学生对社会主义核心价值观的历史渊源、形成过程、现实意义等方面的认知也较为模糊。②

① 参见李民、向玉乔、黄泰轲：《湖南省大学生对社会主义核心价值观的认知状况调查报告》，《伦理学研究》2015 年第 6 期。

② 陈少平、郑铮彬：《大学生社会主义核心价值观教育的现状调查和路径探讨——以福州地区部分高校为例》，《思想教育研究》2015 年第 11 期。

（2）部分大学生对社会主义核心价值观的情感认知没有上升为行为认知。从山东省 15 所本科第一批次录取院校中随机抽取五所，发放且回收问卷 1500 份，有效问卷 1349 份。调查结果显示，对“诚信是一种可贵的品质”的观点，80%的被调查者表示非常同意，17%表示同意；表示不一定、不同意及非常不同意的被调查者共占 3%。对“我愿意做一个诚信守法的公民”的观点，76%的被调查者表示非常同意，20%表示同意；表示不一定、不同意及非常不同意的被调查者共占 4%。绝大部分大学生对于诚信品质表示赞同，然而部分大学生对于是否践行诚信态度游离，这体现了部分大学生认知和行为实践的脱节，情感认同无法有效地转换为行为认同。① 目前，这是高校社会主义核心价值观教育面临的最大问题。

（3）高校社会主义核心价值观教育目前面临多个方面的问题。有学者提到，一是停留在认知认同教育的层面，侧重对价值观的理论讲解，主要以让受教育者知道、了解什么是核心价值观为主要目的，而缺乏情感认同和行为认同层面的教育。二是认同教育缺乏针对性。在核心价值观的教育过程中，没有针对大学生对核心价值观的认同现状特点进行有针对性的教育。② 另外，社会主义核心价值观教育缺乏整体性，课堂教学、社会实践教学、学生自我教育之间，社会与学校、学校内部各部门之间没有形成合力；社会主义核心价值观教育的效果缺乏评价，一般性做法没有上升到规律性认识，已经积累的经验过于分散。

（4）将传统文化、红色文化、时代文化、榜样文化等融入高校社会主义核心价值观的教育尚不深入。融入性的高校社会主义核心价值观教育涉及“融入什么”“怎么融入”两个问题。目前，在“融入什么”问题上，缺乏选择的科学性和操作的规范化，融入的事例缺乏代表性，融入的过程缺乏规

① 参见徐孝刚：《高校理工科学生社会主义核心价值观认同和践行——基于山东省五所高校的调查研究》，《高校辅导员》2017 年第 2 期。

② 参见郭建群：《大学生社会主义核心价值观认同建构的调查与思考——基于福建省 6 所高校的实证研究》，《高教论坛》2016 年第 1 期。

范化；在“怎么融入”问题上，缺乏顶层设计，过于碎片化。另外，融入的话语体系方面，由于社会主义核心价值观的话语来源多样，内涵的表达由于立场甚至是学科背景的各异，带来的结果是内容融入了，但是话语体系并没有融入，导致融入的效果不理想。

四、结论

当前，大学生价值观的形成、选择受到多种因素的影响。主要表现在：

（1）中国当前社会矛盾的存在及其解决的长期性。尽管当前中国在政治、经济、文化和社会各项事业方面取得了辉煌成就，但是与全面建成小康社会的目标和人民的期望还有差距，社会生活中还存在生产关系不适应生产力发展的环节和领域，还存在一些阶段性、结构性和体制性矛盾，贫富差距、贪污腐败、治安恶化、环境污染等发展中不平衡、不协调、不可持续的问题还存在，并且在某些地区、某些行业表现得较为突出。党和政府尽管研究新情况、解决新问题、总结新经验，努力去化解社会矛盾、解决社会问题，但是在短时期内很难取得根本性、全局性的突破和进展，这在一定程度上影响了大学生价值观的选择和养成。问卷调查显示，大学生最关心的国内问题位居前三的依次是：第一，严重的贪污腐败；第二，过大的贫富差距；第三，社会福利与人民期望有差距。社会转型期和改革攻坚期深层次社会矛盾的存在及解决这些矛盾的长期性、艰巨性与大学生对根除这些社会矛盾在时间预期上的差距，使得现实与理想、主观愿望与客观结果出现错位，进而使大学生在内心深处对主流价值观产生动摇。

（2）发达资本主义国家生产关系的调整及其容纳性。通过对资本主义社会矛盾运动逻辑的分析，马克思和恩格斯在《共产党宣言》中得出了“资产阶级的灭亡和无产阶级的胜利，是同样不可避免”的历史性结论。很长时间以来，该论断在各类宣传读物和教科书中都有阐释，并逐渐转化为人们的心理预期和愿望。但《共产党宣言》发表170多年了，似乎仍在发展。

有学者指出，发达资本主义国家的社会生产大发展、生产关系社会化程度大提高、社会结构大变化、政府社会职能增强、全球化中的竞争和协作能力增强，已经从垄断资本主义阶段迈入社会资本主义阶段。① 资本主义发达国家通过全球化在世界范围不断复制生产关系，扩大了容纳生产力、调整生产关系的空间和弹性，创造了“生产力红利、全球化红利和制度红利”②。他们通过建立社会保险、社会福利、社会救济方面的制度，提供卫生保健、住房、教育、文化活动等方面的服务和设施，保障大多数人能够享受到较好的物质和精神生活，缓和了资本主义社会不同阶级之间的矛盾和利益冲突。很多大学生看不到资本主义社会生产力和生产关系矛盾运动的复杂性、长期性以及资本家的欺骗性和蒙蔽性，轻信资本主义国家政府和学者鼓吹的言论，对资本主义制度狂热追捧，丧失了对科学价值的正确判断和理性信仰。

（3）世界社会主义运动的低迷及其曲折性。苏东剧变后，社会主义阵营骤然缩小，社会主义运动陷入低潮，在曲折中徘徊前进，而国际上则掀起了一股反马克思主义的潮流。西方一些政客和学者鼓吹马克思主义已经过时了，历史将终结于资本主义，自由民主是历史发展的完美境界和终极状态，“除了自由民主制和资本主义，人类社会没有别的进化可能”③。实际上，苏联社会主义的失败仅仅是苏联模式社会主义的失败，而不是整个世界社会主义运动的失败，更不能以此否定马克思主义，恰恰是苏联领导人背离了马克思主义才导致了亡党亡制亡国的命运。很多青年学生缺乏政治辨别力，对不断扩散和蔓延的马克思主义“过时论”缺乏抵抗力，很容易陷入自我怀疑、自我批判的怪圈中作出错误的判断。

（4）西方社会思潮的冲击及持续性。我们在社会制度与意识形态等方面都与西方国家存在完全的不同，这就决定了我们同西方国家的斗争和较量

---

① 高放：《认清当代资本主义的新发展》，《深圳大学学报（人文社会科学版）》2012 年第 1 期。

② 颜鹏飞：《资本主义向何处去?》，《国外理论动态》2011 年第 12 期。

③ 游斌编译：《历史终结论的新解释及其批判》，《国外理论动态》2002 年第 3 期。

是不可调和的，因而必然是长期的、复杂的，有时甚至是十分尖锐的。西方国家不论从国际战略格局上来说，还是从意识形态上来说，都不希望看到像我们这样一个社会主义大国顺利实现和平与发展。西方国家一方面加紧对我国实行“西化”“分化”，另一方面大量输出带有某些政治意味的影视作品、文学作品，挟裹“普世价值”以“软征服”达成“软渗透”，有预谋地解构青年主流价值观。面对物质主义和功利主义的诱惑，一些大学生开始表现出对“崇高”的冷漠与轻视，片面地将人生价值的实现等同于自我价值的实现，蜕化为“精致的利己主义者”。

（5）互联网技术的推动及其负面性。互联网具有虚拟性、快速性、互为主体性等特点，它有效实现了信息的收集、传播、交换，便捷了人们对各类信息的需求，张扬了主体的个性。但是互联网作为一个虚拟社区，缺乏各种规范的有效约束和严格限制，各类良莠不齐的信息充斥其中，在商业利益驱动下扭转了主客体关系，主体被客体或各种符号所吞噬而迷失自我，从众于解构主流价值观、挑战权威的乱象中，失去对基本价值的正确判断。大学生正处于关键成长期，对各种事物充满新鲜感、好奇感，富有理想、激情和批判精神，缺乏社会阅历和实践经验，很难对网络上的信息进行有效过滤、筛选，容易受外界因素影响，在辨别是非、对错、真假、美丑等问题上遇到困惑。特别是很多大学生受西方后现代主义思潮的影响，反本质主义、中心主义、基础主义，以及拜金主义、享乐主义、极端个人主义有所滋长，在一些网络意见领袖的左右下随意质疑、否定和批判马克思主义意识形态和主流价值观，“拒绝崇高”，通过偏爱“恶搞”，娱乐解构价值，迷失了方向。

在这种情况下，高校社会主义核心价值观教育的难度可想而知。当前，高校社会主义核心价值观教育最需要解决的问题是：证明社会主义核心价值观自身的先进性、正当性和合理性；提高社会主义核心价值观教育的针对性和实效性。而红色文化引入高校社会主义核心价值观教育刚好能够满足当前问题解决的需求。首先，红色文化是社会主义核心价值观先进性的重要来源。“青年学生为什么会愿意并能把已经在他们头脑中存在并起作用的价值观扬弃，而培育并践行社会主义核心价值观呢？这是由社会主义核心价值观的先进性决定的。因而我们要做的第一件事就是通过科学阐释社会主义核心价值观的丰富内涵把社会主义核心价值观的先进性讲清楚。”① 红色文化融入高校社会主义核心价值观教育的最大优势是能够通过历史维度的审视，明确社会主义核心价值观是怎么来的，它的先进性是怎么形成的。也即是用中国革命的经验和成果去对民主、自由、平等、法治等人类文明之共同成果作出具有中国特色的解读，从学理上能够阐释社会主义核心价值观产生与发展的历史逻辑，为大学生形成社会主义核心价值观的理论认同提供基本依据。另外，红色文化涵育社会主义核心价值观，有助于将抽象的理论表达需要转化为简练的符号陈述，以具有中国风格和中国气派的话语体系对社会主义核心价值观进行深入解读，既能适应高校社会主义核心价值观生动形象表达的需要，也为高校社会主义核心价值观的培育和践行提供有效载体。

目前存在的问题是：一方面，红色文化之于高校社会主义核心价值观教育具有重要性；另一方面，大学生对红色文化的认知还不深入，高校社会主义核心价值观教育亦存在诸多问题，这客观上要求总结经验教训，积极探索红色文化创造性融入高校社会主义核心价值观的方式方法，探寻以红色文化为载体推进高校社会主义核心价值观教育的规律，提高高校社会主义核心价值观教育的实效性。

---

① 杨海英：《讲清楚社会主义核心价值观的理论逻辑和实践逻辑》，《思想理论教育导刊》2014 年第 7 期。

第三章
红色文化涵育高校社会主义核心价值观的现状

第一节　具体做法

一、学术研究方面

学术研究是红色文化涵育社会主义核心价值观的前提，有条件的学校或者机构都设立了专门的红色文化研究中心或者研究院（所），既开展纯学术性的研究，也开展红色文化涵育社会主义核心价值观规律的研究。比如：

长征是中国共产党及其领导的红军创造的革命壮举，是红色文化的重要符号，红军长征从被动到主动、走向革命胜利道路的转折点在遵义，贵州大学对长征精神、遵义会议精神等红色文化资源的开发和利用高度重视。他们将“遵义红色文化研究院”更名为“长征文化研究院”，以马克思主义学院为主体，组建教学科研团队，推进红色文化进校园。同时，贵州大学还与遵义会议纪念馆、黎平会议纪念馆、猴场会议纪念馆、苟坝会议会址、四渡赤水纪念馆，以及贵阳、遵义等 9 个州市党史办等单位签订了“长征文化与遵义会议精神研究基地共建协议书”，推动红色文化研究院的发展。①

黄冈师范学院成立了“鄂东教育与文化研究中心”，形成了鄂东农村教育发展、鄂东红色文化、鄂东文化教育与经济发展和鄂东名人文化四个特色鲜明的研究方向。② 信阳师范学院立足豫南，成立了淮河文明研究中心和大别山红色文化研究所，已先后出版《大别山民歌研究》《许世友传》《豫南根据地史略》《将军的故乡》等著作，将文化资源的开发、研究与大学生思想政治教育紧密联系在一起。③

目前，还有部分高校成立了直接以红色文化为名的学术研究机构，见表3-1。

表 3-1　国内部分高校红色文化研究机构

依托学校	名　　称	宗旨和目标
南京大学	雨花台红色文化研究院	深挖雨花英烈精神的思想内涵和时代价值，以扎实的学理研究推进红色精神弘扬；抢占红色智库评价高地，助推雨花台红色文化智库获得全国红色文化智库评价的话语权；做好协作发展的大文章，为红色文化事业发展提供多视角研究。
福建师范大学	福建红色文化研究中心	以把福建红色文化打造成全国知名品牌为宗旨，聚焦福建红色文化的挖掘、整理和研究，阐释福建红色文化的独特价值和当代意义，探索福建红色文化教育、宣传、普及的有效途径，发挥红色文化的育人功能，提升福建红色文化在全国的知名度和影响力。
河南师范大学	中国共产党革命精神与中原红色文化资源研究中心	建设党史和革命精神研究的高地、革命传统教育宣传的阵地和红色文化资源开发利用的智库，学习和宣传好中国共产党的历史和革命文化，挖掘中国共产党丰富的革命文化资源，促进革命文化的传承与创新。

① 参见沈诗洁：《贵大成立“长征文化研究院”》，《贵州都市报》2015 年 10 月 22 日。

② 夏斐：《黄冈师范学院：内涵发展，特色强校》，《光明日报》2008 年 12 月 28 日。

③ 《信阳师院融入地方扩展科研生长点和结合点》，网易新闻，2011 年 12 月 21 日，http：//news. 163. com/11/1221/15/7LQCUNCG00014AEE. html。

续表

依托学校	名 称	宗旨和目标
安徽省委党校、合肥工业大学、安徽大学、安庆师范大学	安徽红色文化传承创新中心	通过教师互聘、集体备课、合编教材，共同开发红色文化教学专题，联合打造红色文化精品课程，为高校党建、思想政治工作提供新的平台，助力教学方式转变、人才培养模式创新。
井冈山大学	江西红色文化研究与传承应用协同创新中心	搭建多学科交叉的国内一流独具特色的高水平研究平台，吸纳培养一批红色文化创新拔尖人才，实施科研评价、人才聘用、合作交流等体制机制创新改革，占领我国红色文化研究的制高点，建设红色文化传播的专业集群，探索红色资源教育教学的新模式，建立红色资源保护的示范点，引领红色旅游发展的主方向，打造红色文化创意产业集聚区，最终成为国内红色文化研究与传承应用的大本营和主阵地，为提升国家文化软实力、增强中华文化国际影响、推动人类文明进步作出积极贡献。
延安大学	延安精神与红色文化传承协同创新中心	以中共延安时期历史与延安精神为研究主题，加强原创性研究、学理性阐释、问题性解答，增强学术性和现实针对性；以中国延安干部学院、泽东干部学院为平台，加强面向全国各类干部和青少年的革命历史与革命传统教育；以发挥智库作用为目的，创办了《延安镜鉴》资政育人报告，增强研究的现实价值和启示意义。将基地打造成为中共延安时期历史和延安精神研究的高地、革命传统教育和干部培训的阵地和红色文化资源开发利用的智库，为学习研究宣传革命历史和革命文化、挖掘革命历史和革命文化资源、促进革命历史和革命文化的传承创新、推进中国特色社会主义建设特别是弘扬社会主义核心价值观，作出积极的贡献。
华东交通大学	红色文化研究中心	依托江西省重点学科思想政治教育专业，充分挖掘江西丰富的红色文化资源，为推动江西旅游事业的发展、提升江西的整体形象、促进江西在中部地区崛起服务。
西北政法大学	红色文化研究中心	开展红色文化研究发掘、宣传教育工作，传承和弘扬红色文化，培养红色文化研究和教学骨干，构建结构完整、特色鲜明的红色文化育人体系。
常州大学	近现代史与红色文化研究院	致力于服务爱国主义教育基地，合作共赢；致力于建立红色文化资源大数据库，为用好、用活基地和搞好学术研究打基础；努力出一批学术研究成果，把研究院建设成为省级重点智库。

续表

依托学校	名　　称	宗旨和目标
临沂大学	沂蒙文化研究院	强化沂蒙文化特别是沂蒙红色文化的研究，快速提升学术科研水平，撰写高水平论著，争取高层次课题，为临沂大学的发展和服务地方经济社会发展作出应有的贡献，并成为全国红色文化研究的重要基地。
嘉兴学院	浙江省红色文化研究与传承协同创新中心	发挥协同创新效应，在浙江省红色文化理论研究、红色文化教育、红色文化资源开发传播、推进浙江发展实践研究四个方面开展理论研究与实践探索。
陕西学前师范学院	核心价值观培育与红色文化基因传承协同创新研究中心	围绕核心价值观培育与红色文化基因传承中的重大理论和现实问题，集中进行社会主义核心价值观、红色基因传承、红色经典传播（美术方向、音乐方向、文学方向）、红色文化产业发展以及红色基因传承与意识形态建设等方面的研究，把基地建设成为研究方向明确、研究队伍实力雄厚、研究特色鲜明、研究水平较高、研究成果丰硕的核心价值观培育传播阵地、红色文化基因传承创新基地、思想理论战线上的新型智库。
西安邮电大学	陕西党史人物与红色文化研究中心	聚焦陕西党史人物生平思想、陕西红色文化传承与弘扬等问题展开研究，力争经过两到三年的建设，在相关领域研究达到国内领先水平，把研究中心建设成为陕西红色文化研究基地、高校思想政治理论课实践教学基地、党员干部党性教育基地。
黄冈师范学院	大别山红色文化研究中心	以大别山红色文化为研究对象，以大别山革命史及其相关资源为研究线索，以大别山红色文化的生成、衍扩为研究主轴，重点探讨大别山红色文化在我国区域经济社会改革与发展、学科建设、科研人才培养以及科研管理体制改革与创新中的主要地位与突出作用。
遵义师范学院	红色文化研究中心	立足红色文化资源的发掘、研究及开发利用，将红色文化资源转化为思想政治教育资源，为社会主义经济、政治、文化建设以及构建和谐社会服务。
西安文理学院	西安红色文化传承研究中心	调查西安红色文化遗存，挖掘西安红色文化资源；研究西安红色文化历史，讲述西安红色传奇故事；凝练西安红色文化精神，弘扬西安红色文化基因等一系列工作，教育引导社会各界铭记历史，不忘初心，在红色精神的感召下，不断凝聚前行的力量，构建西安“大党史”格局。

资料来源：相关网站和新闻。

国内高校红色文化研究机构的研究志趣大致呈现以下特点：

其一，以区域红色文化研究为出发点，聚焦红色文化传承和弘扬。大多数研究机构注重地方红色历史文化资源的挖掘和红色精神的阐释，并通过区域红色文化的研究探寻具有普遍性的红色文化传承和弘扬规律。区域性红色文化的研究丰富和完善了中国红色文化谱系，具有重要的理论意义。

其二，以红色文化育人为着力点，聚焦红色文化对青年学生的价值引领和塑造。对以育人为职责的高等学校而言，红色历史文化研究的最终目的是为红色文化融入思想政治教育提供理论、素材，助力大学生社会主义核心价值观教育。很多红色文化研究机构直接就将育人功能写入宗旨之中，发挥红色历史文化的价值引领功能。

其三，以红色文化的时代化为落脚点，聚焦红色文化的转化和发展。研究红色文化的目的是服务国家经济社会大局，增强整个社会的政治认同和价值认同。部分红色文化研究机构成立的目的是建设高端智库，旨在发挥红色文化在资政育人、价值塑造方面的功能，服务国家战略、地方发展和文化建设。

另外，在学术研究方面还有一些突出成果。包括：

(1)《红色文化资源研究》《红色文化学刊》等创刊。《红色文化资源研究》是由教育部人文社会科学重点研究基地井冈山大学中国共产党革命精神与文化资源研究中心、江西省 2011 协同创新中心井冈山大学红色文化研究与传承应用协同创新中心、江西省高等学校人文社会科学重点研究基地井冈山大学井冈山研究中心于 2015 年联合创办的学术集刊。它旨在反映红色文化资源研究的最新成果，促进红色文化资源的研究。开设的栏目有：红色文化资源本体研究、红色文化资源与治国理政研究、红色文化资源与文化软实力研究、红色文化资源与人才培养研究、红色文化资源与科学技术研究、红色文化资源与文学艺术研究、红色文化资源与文化产业研究、红色文化资源与红色文博研究、红色文化资源与红色旅游研究等。《红色文化资源研究》是国内首个聚焦红色文化研究、宣传和教育的学术刊物，具有开创之功。

《红色文化学刊》是由赣南师范大学中国共产党革命精神与文化资源研究中心于2016年创办的学术期刊。办刊目标是：瞄准学术前沿、立足学理研究，推出红色文化研究的精品力作，构建红色文化研究的学术话语体系，切实贯彻落实好习近平总书记关于“把红色资源利用好、把红色传统发扬好、把红色基因传承好”的指示精神，努力把《红色文化学刊》办成研究和宣传新时代中国特色社会主义思想、培育和践行社会主义核心价值观的重要阵地，为更好构筑中国精神、中国价值、中国力量作出应有的贡献。刊物设有红色文化理论探索、中共革命精神史研究、多维学科视野下的红色文化、域外红色文化发展动态、红色文化与文化自信、红色文化与马克思主义中国化、红色基因与核心价值观培育、红色资源开发与运用等栏目。《红色文化学刊》延揽国内党史研究专家为顾问和委员，创办以来以聚焦红色文化的重大理论和现实问题，集中反映国内外红色文化研究的最新动态和创新成果，受到学界的一致好评，成为红色文化研究和交流的重要平台。

(2)《高校红色文化资源育人发展报告》出版。《高校红色文化资源育人发展报告》由高等学校中国共产党革命精神与文化资源研究中心、教育部高等学校社会科学发展研究中心组织编写，目的是集中反映赣南师范大学、延安大学、井冈山大学、复旦大学、湘潭大学、河北师范大学、遵义师范学院、嘉兴学院8所高校研究基地及各地高校运用红色文化资源开展思想政治工作的有益探索，展现将红色文化资源融入高校思想政治工作的研究成果和实践经验，促进研究成果和实践经验的转化、交流和应用，提升高校运用红色文化资源开展思想政治工作的有效性。目前，已经编辑出版了《高校红色文化资源育人发展报告2016》《高校红色文化资源育人发展报告2017》。

《高校红色文化资源育人发展报告2017》出版后，相关部门在西南大学举办了座谈会。来自8所高校研究基地以及参与新书编写的有关高校专家学者及媒体代表共80余人参加会议。与会专家认为该报告“既有理论研究成果又有实践工作经验，既强调学理性又兼具可读性，既题材广泛又主题鲜明，是一部扎实、丰满而新颖的红色文化资源育人力作，是红色文化资源育人研究领域具有标志意义的重要著作。”①

（3）深层次学术交流增多。进入新时代以来，随着中国共产党对传承和弘扬红色文化工作的重视，相关学术研究随之增多，学术交流也日渐频繁。2014 年 11 月，《中共党史研究》杂志社和厦门大学马克思主义学院、厦门大学马克思主义与中国发展研究所、厦门大学中国特色社会主义研究中心主办了“红色文化与中国发展道路”学术研讨会，150 余位专家学者参加了会议。学者围绕红色文化的历史与理论问题研究、红色文化的传承与实践问题研究、中国发展道路问题研究、中共党史其他问题研究等主题进行了深入交流和探讨。相关成果已经结集出版。

2017 年 9 月，由江西省红色资源开发与教育研究中心、福建省委党校《党史研究与教学》编辑部、《江西师范大学学报（哲学社会科学版）》编辑部及江西师范大学马克思主义学院联合主办的“多学科视野下的红色文化资源暨南昌起义、秋收起义、井冈山革命根据地成立 90 周年”学术研讨会举行，50 余位专家学者参加。与会专家学者围绕红色文化、红色精神如何形成及当代价值等议题展开了深入交流和探讨。

2018 年 5 月，由浙江现代革命历史文化研究基地、浙江省中国特色社会主义理论研究中心（浙江理工大学基地）主办的首届“红色文化研究与学科建设”学术研讨会举行，140 余位专家学者参加。与会学者聚焦习近平总书记关于红色文化的重要论述、提升红色文化研究的品质和功效、总结红色文化的形成发展规律及建设原则、途径和方式方法等议题展开了深入交流和探讨。本次大会以“红色文化研究与学科建设”为主题，这在国内学术界是第一次。

① 王婧：《“高校红色文化资源育人研讨会”暨新书出版座谈会综述》，《中国高校社会科学》2018 年第 6 期。

2018 年 12 月，由教育部高等学校社会科学发展研究中心、高等学校中国共产党革命精神与文化资源研究中心和广西民族大学主办的“红色文化资源的保护传承与开发利用”学术研讨会召开。118 位专家学者参会。与会学者聚焦红色文化资源的保护传承与开发利用问题展开了深入研讨。

另外，临沂大学临沂文化研究院还举办“红色文化与乡村振兴”学术工作坊活动，邀请全国专家共同探讨红色文化传承与乡村振兴融合之道。

学术交流的增多是红色文化研究繁荣的标志。目前学术会议的主题从红色资源的挖掘到红色文化的理论研究，再到红色文化学科建设的倡议逐渐延伸，反映了红色文化与价值引领研究的纵深性。

二、课堂教学方面

课堂教学是大学生接受文化、接受思想政治教育的直接途径，是高校开展大学生价值观教育的主渠道、主阵地。高校通过课程的设置、教材的编写等方式，将红色故事融入社会主义核心价值观教育。

井冈山大学组织相关专家和思想政治课程教师，联合编写出版了《红色资源融入高校教育教学案例选》《思想政治理论课教学案例——让井冈山红色基因代代相传》《井冈山红色歌选》《井冈山旅游》等讲义，出版了《井冈山革命根据地全史》《井冈山革命根据地历史研究丛书》《湘赣革命根据地全史》《井冈山巾帼英雄志》《井冈山区域经济社会历史变迁研究》等系列教学参考书，以及《井冈山精神与当代大学生》《井冈山革命根据地史》等教材，并开发“井冈山斗争时期的思想政治工作”“中央苏区时期的思想政治工作”等课程。① 在此基础上，学校将历史带入课堂，把史料转化为教材，将《井冈山精神与当代大学生》作为大一新生必修课的校本教材。

---

① 参见张泰城等编著：《红色资源与高校人才培养——以井冈山大学为例》，中国书籍出版社 2015 年版，第 74 页。

通过理论研究和课堂教学相互结合的方式，帮助学生更加系统地掌握井冈山革命历史，传承井冈山精神。此外，井冈山大学的大学生体育课也颇具特色。学校利用井冈山红色体验训练中心将红色资源融入体育课，要求大学生穿红军服上课，安排专业教师组织学生参与模拟体验红军日常生活活动，让学生亲自体验红军的生产生活、军事操练、野外生存、战斗场景、娱乐活动等内容，这样的体育课不仅锻炼了大学生的身体素质，还磨炼了大学生的精神品格。①

河北大学从大学生党建入手，紧抓大学生党课，组织了一批长期从事高校党建和大学生思想政治教育工作的专家学者编写了《大学生党课教程》教材。《大学生党课教程》一书总结历史，与时俱进，一共包含“日出东方”“大浪淘沙”“民族脊梁”“探索前行”“焕然一新”五个章节，梳理了中国共产党从第一次代表大会到第十八次代表大会的革命奋斗历史，介绍了中国共产党党章的变化和改进过程。《大学生党课教程》获得了全国思想政治教育领域专家的高度认同，在中央组织部党员教育中心、原新闻出版总署出版管理司和国家图书馆联合举办的首届“全国党员教育培训教材展示交流”活动中被评为优秀教材，成为全国唯一入选大学生党课培训的教材，后来又被评为“保定市思想政治教育工作优秀成果”②。

赣南师范大学不仅组织学校教师先后编写了如《红色记忆》《中国苏区研究丛书》《中央苏区史大讲坛》《“精气神”文化研究》等教材和专著，还将丰富的红色地域文化融入思想政治理论课教学中。除“中国近代史纲要”“形势与政策”大学公共必修课程以外，还增设“中央苏区史”“中央苏区社会变革史”等红色文化课程，同时在大学生党课、职业生涯规划设计和毕业生就业指导中也融入了红色文化的内容。③

---

① 彭福华、徐光明：《井冈山大学：红色资源多形式进教材进课堂进头脑》，《中国教育报》2014 年 12 月 9 日。

② 梁捷：《〈大学生党课教程〉受欢迎》，《光明日报》2014 年 8 月 28 日。

③ 孙弘安、王太钧主编：《用红色文化引领大学生思想政治教育——以赣南师范学院为视角》，中国文史出版社 2015 年版，第 200 页。

遵义师范学院积极推进红色艺术经典教育课程体系改革，一方面编写红色歌曲方面的教材，如出版《红色经典艺术教育高师声乐作品》等；另一方面以建成校级精品课程和省级精品课程为目标，针对不同院系开设了红色经典艺术教育选修课程，如“红色经典音乐演唱与表演”“红色经典艺术鉴赏”“红色经典艺术概论”等专业课与选修课。①

临沂大学自编并出版了《红色文化与沂蒙精神》系列校本教材，并自2012年3月起，将“红色文化与沂蒙精神”确立为在校大学生的必修课程。② 该课程被评选为校级精品课程，受到了广大师生的肯定与赞赏。

三、校园文化建设方面

（一）平台建设方面

平台建设一般包括报纸、杂志、电视、广播等在内的传统媒体，以及校园网络、数字杂志、数字报、数字广播、自媒体平台等在内的新媒体。当今时代，以互联网为主要传播方式的新媒体更具有广泛性和代表性。

临沂大学设立沂蒙文化研究院官方网站，网站设置红色文化、传统文化、区域文化、民俗文化等专栏，其中，红色文化专栏下设置了红色文化研究、沂蒙精神研究、红色文化产业和红色文化旅游子栏目。这些子栏目已公开发布了许多优秀文章，例如，红色文化研究一栏发布了《红色文化与中国革命传统——于建嵘、裴宜理对谈》《临沂大学将“红色文化”列入学生通识必修课程》《专家：红色文化已成为素质教育新平台》《高校红色文化建设存在的问题与对策》等文章；沂蒙精神研究一栏发布了《沂蒙精神16字来源》《沂蒙精神丰富的思想内涵》《沂蒙精神理论研讨会在我市召开》

① 袁利民、王大忠主编：《红色师院　人才摇篮——遵义师范学院德育工作纪实》，中国文史出版社2015年版，第180页。

② 周华、邢兆远：《让红色文化真正融入课堂》，《光明日报》2012年1月18日。

《“沂蒙精神是山东精神、民族精神”——齐鲁大讲堂上演穿越时空的精神对话》《丁凤云在沂蒙精神理论研讨会上作主题报告》等文章；红色文化产业一栏发布了《沂蒙红色文化资源的开发与利用》《“红都”瑞金红色文化产业的可持续发展》《临沂：唱响红色文化产业主调》等文章。临沂大学通过发布相关新闻、文章，向受众提供红色文化研究与发展的最新动态和优秀成果。

河北大学于2001年5月4日设立“红色战线”网站。这是由河北大学党委、学生工作部直接领导和指导的一家综合型校园媒体，也是河北省成立时间最早、内容最全面的大学生思想政治教育网站。“红色战线”包括六个部门，即：技术部、运营部、记者团、报纸编辑社、网络编辑部、新媒体事业部，同《中国青年报》、中青在线等知名社会媒体建立业务联系，拥有教育部大学生在线共建频道。至今为止，“红色战线”已经发展成为集网站、报纸和新媒体传播平台如手机客户端、认证微博、公共主页等于一体的校园传媒力量，并先后荣获“全国十佳思政类网站”、教育部“高校校园文化建设优秀成果奖”、“全国高校百佳网站网络评选人气50强”、腾讯网“全国百佳社团”等荣誉，受到中央电视台、新华网、《人民日报》和《中国青年报》等国家级知名媒体的特别关注。①

东北大学秦皇岛分校举办以“我学，我思，我实践”为主题的“红色博客”大赛，得到了广大师生的热烈响应。学校各院党支部和各院系学生响应号召，已开通了主题为“党旗飘飘我心飞扬”“重温红色经典，勇当时代先锋”“永不褪变之红色”等近30个红色博客。② 自“红色博客”开设以来，从总访问量、评论留言数量和内容可以发现大学生们乐于接受新媒体传播形式，并由此产生对中国共产党史的兴趣。“红色博客”已经成为东北

① 赵静怡：《河北大学〈红色战线〉》，中国高校传媒联盟官方网站，http：//edu. cyol. com/content/2015-05/15/content_ 11396606. htm。

② 参见耿建扩等：《“红色博客”：秦皇岛高校学子的网上加油站》，《光明日报》2012年11月19日。

大学秦皇岛分校大学生价值观教育的网络“加油站”。

（二）载体建设方面

1. 报告讲座类

报告讲座类主要包括报告、讲座、会谈、研讨会等形式，例如：

盐城师范学院教育科学学院曾经主办题为“弘扬盐城红色文化，践行社会主义核心价值观”的讲座，帮助学生深入了解盐城红色文化遗产的丰富价值、盐城红色文化遗产保护现状、盐城红色文化保护开发新路径，并组织学生观看由盐城民间收藏家提供的磁卡、像章、钱币等红色藏品展。① 遵义师范学院成立了中国共产党革命精神与文化资源研究中心，中心教师定期面向大学生做学术讲座，如《娄山关战役及娄山关精神》《岳麓山上的革命志士》等。②

山东中医药高等专科学校和滨州医学院开设主题报告会，均邀请过革命战士孙佑杰老先生作事迹报告。孙老先生在报告会上向师生讲述真实的革命战争史和红军故事，还原出革命年代的烽火硝烟，向师生分享了自己“当劳模、当战地记者、当作家”的艰苦奋斗历程，他认为“困苦是创业阶梯、风险是成功机遇、磨难是人生投资、奉献是幸福源泉”，参与报告会的学校师生深受启发。③

2. 艺术活动类

艺术活动类主要包括文学、音乐、舞蹈、影视等多种形式的艺术作品和话剧、舞台剧、歌舞剧、艺术节等多样化的艺术活动，例如：

遵义师范学院于2007年成立了包括合唱队、舞蹈队、曲艺队、朗诵队在内的“红之韵”大学生艺术团，艺术团制定年度发展规划，由学校宣传

---

① 陈思源：《和悦读书弘扬红色文化》，《盐城晚报》2015年5月24日。

② 参见袁利民、王大忠主编：《红色师院　人才摇篮——遵义师范学院德育工作纪实》，中国文史出版社2015年版，第160页。

③ 刘洁：《孙佑杰红色文化报告会走进中医药高等专科》，《烟台日报》2015年10月18日。

部部长亲任团长，安排专人负责。“红之韵”大学生艺术团每年都会在遵义市开展两次以上的展示活动，每年都奔赴革命老区高校进行文化交流活动。“红之韵”大学生艺术团还参加了由中共中央宣传部、教育部、共青团中央共同主办、中央电视台承办的“五月的鲜花”全国大学生大型校园文艺汇演活动。① 学校还安排不同院系进行红色文化艺术展演活动，例如音乐与舞蹈学院举办学生红色经典歌曲独唱音乐会、“长征·秋逸杯”专业技能大赛，美术学院举办“青春·使命”现场书画大赛、遵义会议 80 周年书画展等。②

临沂大学组建“沂蒙红色文化宣讲团”和“沂蒙精神研究”社团，专门成立了红色文化与沂蒙精神教研室，开展“三研”，即研编红色教材、研究红色课题、研发红色产品活动，开发红色文化的价值观教育功能。他们还创造性地举办了大学生红色运动会，将红色文化和体育竞赛融为一体，共设“沂蒙姐妹抢丰收”“红军过草地”“火线救伤员”“冲上孟良崮”“四渡赤水”等 21 个红色运动项目、2 个新兴体育运动推广项目，让大学生在参与体育活动和竞赛比拼中接触红色文化，体味红色精神和价值。2012 年 5 月，中国大学生体育协会决定在临沂大学举办以“盛世红运，青春中国”为主题的第一届全国大学生红色运动会。另外，师生共同参与制作了大型红色歌舞“沂蒙印象”和大型民族交响乐“沂蒙畅想”，在聊城大学、济南大学等高校展演。

空军工程大学为纪念中国人民抗日战争暨世界反法西斯战争胜利 70 周年，学校“红色传人合唱团”开展了以“学唱抗战歌曲，弘扬抗战精神，激发强军斗志”为主题的歌唱活动。③ 通过向大学生播放抗战纪录片、讲述

---

① 参见袁利民、王大忠主编：《红色师院　人才摇篮——遵义师范学院德育工作纪实》，中国文史出版社 2015 年版，第 116 页。

② 参见袁利民、王大忠主编：《红色师院　人才摇篮——遵义师范学院德育工作纪实》，中国文史出版社 2015 年版，第 167 页。

③ 参见史恒攀、郭恩佐：《空军工程大学：传唱抗战歌曲争当红色传人》，《解放军报》2015 年 8 月 17 日。

抗战故事的形式弘扬抗战精神。

井冈山大学在每年的11月至12月，学校都会贯彻落实“以井冈山精神办学育人”办学理念，举办为期一个多月的校园文化艺术节。校园文化艺术节每年都会确定与红色文化相关的活动主题。例如：2010年，学校以“巍巍井冈山，悠悠红土情”为主题；2011年，学校以“传承庐陵文化，弘扬井冈精神”为主题；2012年，学校以“红色热土，绿色情怀”为主题；2013年，学校以“井冈韵·青春志·中国梦”为主题等。①

3. 党团组织和社团类

江南大学依靠无锡及周边地区的红色资源，深入挖掘革命先烈、英雄人物事迹，为大学生构筑红色文化教育阵地。1996年，江南大学成立了第一个“瞿秋白团支部”，此后学校内不同学院又相继建立了“秦邦宪团支部”“皮旅团支部”“任国庆团支部”等40多个特称团支部。另外，成立了大学生科学发展观理论研究会、“三个代表”重要思想理论研究会等红色理论社团，这两个红色社团也已经从最初的几十名会员发展成为有32个分会、215个理论小组、2000余名会员的大型理论学习社团。社团邀请了参与苏中战役的吴成、参加过抗美援朝的林安乐等到现场为大学生讲述革命故事，相关报告会每年累计35场，约1.5万余人参与。②

（三）规章制度和体制机制建设方面

为了落实“红色传人培育工程”，空军工程大学成立了“红色传人培育工程”领导小组，成立从将军首长到尉官队长，从部长主任到参谋干事的覆盖全校上下的责任区。通过“领导小组顶层引领，研究中心重点攻关，理论宣讲专题解读，政工导师一线辅导，学习小组末端带动”的“五级联

① 张泰城等编著：《红色资源与高校人才培养——以井冈山大学为例》，中国书籍出版社2015年版，第138页。

② 苏雁：《“红色火车头”跑起来！——江南大学坚持营造红色校园文化纪实》，《光明日报》2011年11月13日。

动”机制，确保各个团组及时把握中国共产党的创新理论和最新成果，保持先进性。在校期间，学校还按照考评、考核、考试三项结合的方式，定期对学生的德育情况进行量化评估，对表现优秀的在校学生给以入党、立功、读研、评优的优先权，对表现一般及以下的在校学生取消一切评奖资格，对表现较差的且经过优秀学生帮扶带动之后无明显进步的在校学生则予以退学。此外，学校还出台了一系列配套措施，如《本科学员荣誉制》《综合学分制》《毕业学员等级考评试行办法》等。①

遵义师范学院将“对学生要进行红色传统教育”写入《学生成才工程实施方案》，并且专门编制了红色文化进校园的“十个一”文化建设工作方案，要求在校大学生每个人都能做到“讲述一个红色故事，吟唱一首红色歌曲，铭记一段红色格言，阅读一本红色书籍，欣赏一幅红色书画，背诵一首红色诗词，知晓一台红色戏剧，观看一部红色影视，了解一位红色人物，进行一次红色旅游”。②

延安大学的“利用延安红色文化资源探索思想政治理论课现场教学方法”入选了教育部社科司2014年度高校思想政治理论课教学方法改革项目“择优推广计划”。为了规范思想政治理论课程的现场教学环节，提高思想政治理论课的教学成果，延安大学先后出台了《关于开展延安精神教育的决定》《关于加强革命传统教育的决定》，制定了思想政治理论课现场教学大纲、思想政治理论课现场教学实施方案，确保现场教学有章可循，规范运行。③

---

① 陈劲松等:《大学生德育走向科学化——关于空军工程大学“红色传人培育工程”的调查报告》,《光明日报》2014年6月17日。

② 袁利民、王大忠主编:《红色师院 人才摇篮——遵义师范学院德育工作纪实》, 中国文史出版社2015年版, 第167页。

③ 参见韩琳、武忠远:《延大思政课: 红色第二课堂》, 《光明日报》2015年12月22日。

（四）其他方面

主要包括学校设施、特色建筑、校训、校歌、校风、学风、品牌活动等内容。

厦门大学自2013年开展新生党员“红色先锋营”建设活动。作为厦门大学的新生党员，在收到大学录取通知书的同时，还会收到《新生党员提前入校进行培训的通知》。如今，“红色先锋营”已经成为厦门大学新生党员入学的第一课，新生党员通过宣读入党誓词、聆听党课、参观陈嘉庚纪念馆、参加专题辅导和座谈会议、参加志愿服务等一系列活动，回顾红色历史，体味红色精神，弘扬社会主义核心价值观。①

清华大学举办“马克思主义课程因材施教作品展”，展览主题为中国近代“峥嵘岁月”。展览内容丰富，包括二百多件大学生艺术作品，形式涉及国画、油画、雕塑、陶瓷等，通过对中国革命史的再现，向在校师生展示红色文化、红色精神和红色风貌，让大学生思想政治教育更加生动形象。②

北京外国语大学被称为“共和国外交官的摇篮”，从抗日军政大学三分校俄文队发展至今，见证了中国共产党的历史。学校确立了《永远为人民服务》的校歌，传唱“人民需要我们到哪里，我们就到哪里”的初心故事，已成为每届大一新生的开学第一课。

四、实践教学方面

唯物史观告诉我们，认识和实践具有辩证关系。实践是认识的来源、动

---

① 参见欧阳桂莲、马跃华：《厦门大学：打造红色文化感染青年一代》，《光明日报》2014年8月25日。

② 参见邓晖：《站稳讲台，用社会主义核心价值观涵养学生心灵——专家学者谈培育和践行社会主义核心价值观》，《光明日报》2015年2月8日。

力、检验标准和归宿，而认识反作用于实践。科学的认识和实践形成具有反馈、矫正机制的闭路循环，推动人类发展和社会进步。红色文化要融入高校社会主义核心价值观教育并产生效果，必须实现大学生由价值观认知到价值观自觉践行的转变，这就要重视社会实践的作用。实践活动主要包括体验式、服务式、综合式三类。

（一）体验式实践活动

体验式实践活动以参与者为中心，以体验为中介，通过参与者对实际情境的认知与理解，产生与环境相联系的实践行为，进而增强自己的认知、升华自己的认识。

延安大学通过多年的努力，同延安革命纪念馆、凤凰山革命旧址、杨家岭革命旧址、枣园革命旧址、王家坪革命旧址、南泥湾革命旧址、西北局革命纪念馆等签署协议，建立多个思想政治理论课现场教学基地。与此同时，延安大学也探索出了一套较为完善的推进举措：从《马克思主义基本原理概论》《毛泽东思想和中国特色社会主义理论体系概论》《中国近现代史纲要》等教学内容中提炼出 8 个至 10 个“实践点”，与延安红色文化资源中 8 个至 10 个“教育点”对接，聚焦教学重点和主题。①

第三军医大学开展“红盾—2015”300 公里野外综合训练，组织 500 多名新生开展为期 14 天的红色教育实践活动。500 多名新生重走红军长征路，从贵州遵义徒步行军至重庆江津，其间进行多种多样的红色文化教育，例如，参观遵义会议会址、娄山关战斗遗址、聂荣臻元帅纪念馆，进行西南山区 300 公里负重行军拉练等。

河北大学联合保定市团市委、保定市民政局举办了“百名大学生寻访百名抗战老兵”活动，组织 300 名河北大学在校大学生，以 3 人为 1 组，共

① 参见韩琳、武忠远：《延大思政课：红色第二课堂》，《光明日报》2015 年 12 月 22 日。

分成100个小组前往保定市22个县（市、区），对百名抗战老兵进行了寻访，详细询问了平均年龄91岁的百名抗战老兵的个人情况、抗战经历、退伍后生活等，让当代大学生与老兵面对面交流，加深了大学生对红色文化的认识和热爱。①

（二）服务式实践活动

服务式实践活动以服务为中心，通过开展科技下乡、做志愿者等活动体验人生价值、增进国家认同。

保定市委宣传部、市委讲师团、市社科联组织河北大学、华北电力大学等10所高校5900人组建了一支被群众称为“红色蒲公英”的大学生宣讲团。大学生宣讲团坚持以中国特色社会主义理论体系为指导、以“崇尚红色，送信回乡”为主题、以“知民情、解民意、爱家乡、受锻炼、长才干、做贡献”为宗旨，利用节假日及周末广泛深入各乡村、社区和企业进行大规模的宣讲宣传活动，传播红色精神，弘扬社会主义核心价值观。参加宣讲团的大学生成员持有保定市委发放的大学生宣讲团聘书，头戴印有红色蒲公英和保定大学生宣讲团标志的小红帽，拥有专门的新浪微博和宣讲团团歌。如今，保定市已经出台大学生宣讲工作长效机制，在新浪微博开辟了“保定市大学生宣讲团”专栏，并通过组织演讲、撰写调研报告、征文比赛、召开座谈会等多种形式，使宣讲活动常态化、制度化。② 宣讲活动已经成为这10所高校大学生接受红色文化和社会主义核心价值观教育的新载体。

四川文理学院组织了党员师生“三个代表”宣讲团和青年志愿者“三下乡”社会实践团，在红色土地上开展红色实践活动。学校多次组织在校

---

① 参见董立龙、梁巍、王芝：《百名大学生寻访百名抗战老兵：致敬老兵，寻找精神家园》，《河北日报》2015年8月27日。

② 参见刘美：《飘舞向大地的红色蒲公英——“保定市大学生宣讲团”宣讲活动综述》，《保定日报》2014年11月6日。

学生进行志愿活动，包括到孤儿院、希望小学、社会福利院、特殊教育学校贫困山区学校等献爱心。①

（三）综合式实践活动

综合式实践活动兼具体验式实践活动与服务式实践活动的双重特点，既让参与者进行体验活动，也安排参与者开展服务活动，同时还进行其他特色的实践活动。

井冈山大学自2007年起坚持开展“红色采风”系列活动，利用暑期组织大学生深入井冈山革命根据地所在县、市以及其他地区。学校组织大学生采集红色故事，记录红军感人事迹1000多篇，并陆续出版《井冈山的红色传说》共6册。②

西安石油大学每年举办大学生科技文化节和大学生文化艺术节，大力推进社会实践成才计划，已经形成了学校、院（系）和班级多种层次共同育人的格局。学校铭记办学历史，组织在校大学生走进油田、厂矿、田地、革命老区等不同地区，广泛开展科技支农、文艺演出、“红色之旅”、法律援助、义务支教、环保宣传、生态调查等活动，让大学生在实践中感受红色文化、红色精神，在实践中体验核心价值观的魅力。③

海南大学组织大学生暑期社会实践团赴西柏坡革命老区开展活动。在此期间，大学生前往古月中学做了社会主义核心价值观主题宣讲；学校联合首都师范大学、河北科技大学宣讲习近平总书记系列重要讲话精神；参观革命历史、复兴之路、反腐倡廉等展览；与平山县团县委、宁波工程学院甬翼社会实践团队座谈交流；前往革命老区北冶乡土岭村，通过问卷调查、座谈访

① 参见范藻、徐晓宗：《红色土地的新崛起》，《光明日报》2006年11月22日。

② 参见彭福华、徐光明：《井冈山大学：红色资源多形式进教材进课堂进头脑》，《中国教育报》2014年12月9日。

③ 参见《60载创业桃李芬芳　60年华诞再创辉煌——写在西安石油大学建校60周年之际》，《光明日报》2011年9月27日。

谈、实地走访等形式，深入调查人民的生产生活、革命村史、医疗文化。①

（四）实践育人基地建设

包括区域性实践育人基地和全国性实践育人基地。

第一，区域性实践育人基地。一般指具有地方特色的红色革命老区和根据地等。很多高校因地制宜，在这些地区建立了实践育人基地。

国防大学在鄂豫皖革命根据地的核心区——金寨设立教学基地。金寨承载着革命斗争精神、革命奉献精神，革命战争时期金寨有10万子弟参军参战，和平建设时期金寨有10万人民为国家兴修水利搬离家园，放弃了10万亩良田和10万亩林地，这几个10万折射出了革命老区人民为了中国革命和建设甘于牺牲奉献的高尚品德。国防大学设立金寨教学基地，就是为了帮助大学生深入了解和继承老区的革命斗争精神、牺牲奉献精神。②

浙江理工大学在杭州、萧山、龙泉、永嘉等地分别设立了“浙江现代革命历史文化研究基地”“杭州市萧山区航民村浙江理工大学思想政治理论课实践教学基地”“浙江省高校思想政治理论课省级实践教学基地”“浙南红色文化研究中心”，它们共同构成了浙江理工大学的红色文化实践教学基地群落。在红色文化实践教学基地，大学生不仅可以参观学习，还可参与到当地红色文化资源的挖掘、整理和研究之中。2015年8月，浙江理工大学凭借“追寻红色文化，深化思想政治理论课实践教学改革”的创新举措，入选教育部首批50家“全国高校实践育人创新创业基地”。③

第二，全国性实践育人基地。一般指全国范围内有历史、有特色、有名气、有影响，得到国家认可的红色实践育人基地。入选资格以符合《教育

① 参见余恒平：《海大学子暑期西柏坡体验红色文化，收获颇丰》，人民网，2015年8月7日，http://hi.people.com.cn/n/2015/0807/c231190-25891703.html。

② 参见宗禾、吴林红：《国防大学金寨教学基地揭牌》，《安徽日报》2015年6月26日。

③ 参见石天星、柴田、肖香龙：《实践教学基地建在金萧支队纪念馆：浙理工学子寻踪红色文化》，《浙江日报》2015年8月28日。

部办公厅关于开展申报“全国高校实践育人创新创业基地”的通知》中公示的50家教育部“全国高校实践育人创新创业基地”，以及国家级爱国主义教育基地标准为参考。

厦门大学组织在校大学生参加了由团中央学校部和全国青少年井冈山革命传统教育基地管理中心联合开展的“井冈情·中国梦”全国大学生暑期实践季专项行动，在为期9天的学习教育活动中，大学生们重走朱毛红军挑粮小道，参加茅坪八角楼现场教学，参观井冈山革命博物馆、大井毛泽东旧居、烈士陵园，面对面与红军后代进行沟通交流，欣赏红色歌曲，感受红色文化，弘扬井冈山精神，自觉践行社会主义核心价值观。

临沂大学协同临沂市，对以沂蒙精神为内核的沂蒙红色文化资源进行深入挖掘，开发了一系列价值观教育基地，包括国家级基地4个、省级基地13个。除国家级爱国主义教育基地和省级爱国主义教育基地之外，还有地市级爱国主义教育基地，纪念区如红色首府纪念区、红嫂故里纪念区、孟良崮纪念区等，纪念馆如沂蒙革命历史纪念馆、沂蒙精神展馆、华东革命烈士陵园等。①

第二节　基本评价

一、主要成效

（一）形成了一些好的经验和做法

尽管红色文化融入高校社会主义核心价值观教育的时间不长，但是红色文化融入高校思想政治教育的历史可谓悠久，可以说，中国共产党创办高等

① 参见周华、邢兆远：《让红色文化真正融入课堂》，《光明日报》2012年1月18日。

教育伊始，便将红色文化融入了高校思想政治教育之中。目前，高校在红色文化涵育社会主义核心价值观方面积累了一些经验。比如在具体运作方式方面，就实现了“三个结合”。

1. 学术研究和教育教学相结合

以遵义师范学院为例，该校在红色文化资源的开发与利用上实行了“两手抓”，即：一方面，组织专人进行红色文化研究；另一方面，开展红色文化教育教学活动，将学术研究的成果和思考带入日常教育教学，在日常教育教学中加深理论认识，增强科研水平。

2013 年 6 月，该校连同延安大学、湘潭大学、井冈山大学等共 8 所大学被纳入教育部高等学校人文社会科学重点研究基地建设计划。遵义师范学院将学术研究确立为遵义师范学院中国共产党革命精神与文化资源研究中心的重要任务，组建团队对红色文化相关问题进行研究。自该研究中心成立以来，已经设置并申报了许多与红色文化相关的研究项目。①

之后，遵义师范学院的教师又将红色文化研究成果融入学校教育教学活动之中。例如，罗中昌老师深入研究长征精神内涵，将长征精神充分融入到全校大学生思想政治教育公共课程和党课教学之中，为大学生们讲授长征精神，提高大学生对红色精神的认知。张勇老师负责学校历史系本科生的“中华人民共和国国史”课程教学。他潜心研究中国历史，在课堂上为学生讲授中国红色革命历史和伟大革命精神，将爱国主义精神和优秀红色精神传播给学生。

2. 理论教育和实践教育相结合

高等院校在利用红色文化进行大学生社会主义核心价值观教育活动中，采取了理论教育和实践教育两种方式。其中，理论教育更偏向于知识的传播，而实践教育则偏向于行为的养成。这两种不同的方式既具有独特性，又

---

① 参见袁利民、王大忠主编：《红色师院　人才摇篮——遵义师范学院德育工作纪实》，中国文史出版社 2015 年版，第 159 页。

具有一致性，在将红色文化融入高校社会主义核心价值观教育的过程中有机融合在了一起。

理论教育主要通过文字、图像、音频、视频等客观存在记载，向大学生传播红色文化涵育社会主义核心价值观的故事、做法。实践教育则主要是让大学生到红色遗址、革命纪念馆、伟人故居等地实际考察，获得直观感受。理论教育和实践教育二者可以相互解释，融会贯通。理论指导实践，实践验证理论，实践教育可以在现实生活中将理论知识具体化，让学生在亲身参与中感悟。在红色文化融入社会主义核心价值观教育的过程中，大多数高校将二者有机结合起来。如处于红色资源富集区的井冈山大学、临沂大学、延安大学等。

3. 弘扬传统和创新发展相结合

在新时期，面对瞬息万变的现代社会，高校不断丰富红色文化涵育社会主义核心价值观的方式，创造新时期的红色文化和红色精神。作为开放性、多元化的传播媒体，网络为文化的传统与创新提供了一个跨时空的合作交流平台。它变单向传播为多向传播，实现了一对一、一对多、多对多的互动传播，保证了信息交流的时效性。很多高校选择建立红色文化主题网站、红色文化论坛、红色文化主题微博等网络平台推进红色文化的传播和青年价值观塑造。不仅如此，很多高校在将红色精神融入学校办学理念的过程中，创造出新时代的红色文化、红色故事，并以之为社会主义核心价值观教育的素材，丰富了红色文化融入高校社会主义核心价值观教育的内涵。

（二）形成了一批合作交流平台

各高校通过全国范围内或者地方范围内开展的交流合作活动，形成了协同推进机制，提升了红色文化融入高校社会主义核心价值观教育的水平。

其一，高等学校中国共产党革命精神与文化资源研究中心。其是由教育部、中共中央党史研究室联合设立的，目的是为了深入贯彻落实党的十八大和习近平总书记系列重要讲话精神，发挥高等院校自身优势，推动中国共产党党史和革命精神的研究。

2013 年 7 月 25 日，“高等学校中国共产党革命精神与文化资源研究中心”在北京召开建设工作会议。赣南师范大学、延安大学、井冈山大学、复旦大学、湘潭大学、河北师范大学、遵义师范学院、嘉兴学院被批准为教育部高等学校人文社会科学重点研究基地单位。作为首批纳入建设计划的八个研究中心，每个学校都高度重视并给出了建设方案。具体而言：

赣南师范大学中国共产党革命精神与文化资源研究中心以中央苏区历史与中共局部执政经验、苏区精神与党的建设、苏区文化资源开发与文化传承创新等为研究重点，承担了一批重大研究课题。

延安大学中国共产党革命精神与文化资源研究中心以延安精神、延安时期党的先进性建设、延安时期马克思主义中国化、陕甘宁边区建设等为研究方向，承担 13 项国家级社科基金项目、10 项省部级社科基金项目研究，已出版学术专著 20 余部。

井冈山大学中国共产党革命精神与文化资源研究中心以井冈山革命史、井冈山精神和红色资源开发利用为研究重点，探索革命传统和红色精神发展的新道路。研究中心已经取得众多成果，承担各类省部级项目 40 余项、出版专著 17 部，并在核心期刊发表论文 106 篇。

复旦大学中国共产党革命精神与文化资源研究中心以中国共产党与上海、上海红色资源的开发与利用为研究重点，承担国家社科基金重大项目、教育部社科重大攻关项目、国家社科基金项目 16 项，在国外权威出版社出版学术著作 2 部，在重要期刊发表多篇学术论文。

湘潭大学中国共产党革命精神与文化资源研究中心以毛泽东思想基本理论、毛泽东思想发展史、毛泽东思想与现当代中国社会发展、毛泽东及其他湘籍无产阶级革命家生平等为研究方向，近五年承担包括国家社科基金和出版基金重大项目在内的 40 余项课题。

河北师范大学中国共产党革命精神与文化资源研究中心确立了西柏坡中国共产党史、西柏坡精神、西柏坡与新中国等研究主题，发掘和整理红色革命文献、档案资源，建设红色资源数据库，形成了西柏坡时期中国共产党史研究高地。

遵义师范学院中国共产党革命精神与文化资源研究中心以遵义会议、红军长征史、长征精神为研究重点，确立各级研究课题59项，并在各类刊物上发表研究论文360余篇。

嘉兴学院中国共产党革命精神与文化资源研究中心以红船精神为研究重点，出版专著如《红船精神及其当代价值》等，发表研究论文20余篇。与此同时，还举办“红船论坛”，组织开展“红船党支部”创建活动。①

其二，全国革命老区高校联席会。其创办于2009年，每年举办一次，旨在开发和利用革命老区高校红色资源，弘扬红色文化，并以红色文化为载体推进高校党建与思想政治工作。全国革命老区高校联席会是联结革命老区高校的桥梁和纽带，是革命老区高校增加了解、互动交流的平台。

自2009年在临沂大学（当时校名为临沂师范学院）召开首届联席会后，截至2015年全国革命老区高校联席会已成功举办了七届。2015年10月19日至20日，由陇东学院承办的第七届全国革命老区高校联席会召开，井冈山大学、临沂大学、延安大学、吉首大学、黄冈师范学院、赣南师范大学以及来自全国革命老区的34所高校的校长、党委书记和代表出席了会议。

联席会依据参会院校提交的38篇论文和交流材料，按照“红色文化”“转型发展”“人才培养”“创新创业”四个研讨组进行研讨，多所学校的校长、党委书记和代表进行了发言。例如，延安大学党委副书记田伏虎作题为《全球化趋势下陕甘宁老区高校服务方向地位的思考》的发言，吉首大学副校长黄昕作题为《立足大湘西，服务大武陵，积极探索地方综合性大学特色发展之路》的发言，临沂大学纪委书记李明开作题为《依托沂蒙精神与红色文化资源，加强和改进大学生思想政治教育》的发言，三明学院校长刘健作题为《三明学院转型发展的探索与实践》的发言，赣南师范大

① 参见《弘扬革命精神，开发利用红色文化资源》，《光明日报》2013年7月29日。

学党委书记孙弘安作题为《提升地方高校办学水平，服务中央苏区振兴发展》的发言，陇东学院党委书记闫庆生作题为《优化结构，转型发展，为把陇东学院建成特色鲜明优势突出的应用型大学而努力奋斗》的发言等。①

（三）涌现了一批先进典型

先进典型和榜样人物是社会主义核心价值观的模范践行者，具有示范和引领作用。

临沂地区曾诞生沂蒙六姐妹、沂蒙母亲、沂蒙红嫂等众多铭刻在史册上的英雄人物，为后人留下宝贵的沂蒙精神。近年来，临沂大学坚定不移地传承沂蒙精神，传播红色文化，弘扬社会主义核心价值观，涌现了众多先进典型和模范人物，如："南京路上好八连"优秀指导员公举东、身残志坚的全国大学生自强之星吴若飞、带着患病母亲上大学的"全国道德模范"提名奖获得者刘秀祥和孙莎莎、援藏女作家马丽华、第三届山东高校毕业生十大成功创业者李海鹏、全国创业典型王凯等，红色精神在他们身上体现得尤为明显，他们的品德风貌被临沂大学所肯定、所弘扬。②

武汉理工大学传承红色精神，先后涌现出许多优秀大学生榜样，例如："护船卫士"章晟、"抗洪英雄"李伟、"洋雷锋"加力布、抗震救灾志愿者和灾后重建援建者秦豹、"见义勇为，舍己救人"的萧栋栋、"见义勇为，勇斗歹徒"的张浩、"无私救助患病女孩"的陈红桥、"勇救落水女童"的吴均远、支援西部计划优秀代表李尤、农民工子女爱心使者郎坤、"身残志坚"的郑智高、张园等。③ 将他们的故事讲述给在校大学生，掀起了新时代红色文化引领高校社会主义核心价值观教育热潮。

---

① 参见华挺、杨建福：《第七届全国革命老区高校联席会在我校隆重召开》，陇东学院网站，2015 年 10 月 22 日。

② 参见邢兆远：《临沂大学"红色密码"解开"育人难题"》，搜狐网，2011 年 12 月 9 日，http：//roll. sohu. com/20111209/n328476355. shtml。

③ 参见夏静：《武汉理工大学着力发挥文化育人功能》，光明网，2011 年 11 月 26 日，http：//difang. gmw. cn/hb/2011-11/26/content_ 3050516. htm。

二、存在问题

（一）红色文化融入社会主义核心价值观的教育具有不均衡性

红色文化资源的区域分布存在差异。比如土地革命时期，广东海陆丰革命根据地、湘鄂赣革命根据地、闽浙赣革命根据地、鄂豫皖革命根据地、广东琼崖革命根据地、广西左右江革命根据地和西北革命根据地等7个主要革命根据地主要涉及包括广东省、浙江省、福建省等在内的中国东部地区的省份，河南省、湖南省、湖北省、安徽省等地处中国中部地区的省份，以及包括陕西省、广西壮族自治区、甘肃省、宁夏回族自治区等在内的地处中国西部地区的省和自治区。若按照中国地理的四大地理区域，即北方地区、西北地区、南方地区、青藏地区来看，红色革命根据地主要集中在南方地区和西北地区，其中南方地区最多。7个主要革命根据地涉及的13个省及自治区，西北地区的省和自治区仅占23%。对应南方地区和西北地区的省及自治区的高等院校来看，这种差距更大且更加明显，地处北方地区红色革命根据地的普通高等学校共计155所，仅占全国普通高等学校的6%。地处红色革命根据地的高等院校具有天然的红色文化资源，相比中国其他地区的高校，以红色文化为载体开展社会主义核心价值观教育更便利。

红色文化资源和高校资源分布的不均衡现状，对高等院校利用红色文化开展大学生社会主义核心价值观教育带来许多不利影响。红色文化资源较为丰富、高等院校罗列较多的地区，受到国家、地方政府、学校领导和师生群体的重视程度、关注程度较红色文化资源欠缺、高等院校零星分布的地区更多一些。在当前高校思想政治教育工作得到高度重视的情况下，本身已经在利用红色文化开展大学生社会主义核心价值观教育方面有明显成效的高等院校投入会更积极，参与度会更高，而本身已经受到制约且投入、重视程度不足的高等院校更容易消极懈怠，甚至放弃参与。另外，不同地区、不同高校的自身条件不同，对教育成本的考量也存在差异，从而使得红色文化的利用程度、社会主义核心价值观的教育实效也不尽相同。

（二）红色文化融入社会主义核心价值观的教育缺乏契合性

所谓缺乏契合性主要体现在以下几个方面：

其一，红色文化资源的选取与以红色文化为载体开展社会主义核心价值观教育的内容缺乏契合性。中国的红色文化资源丰富，可以说在中华大地上到处都有红色资源。对于高校而言，选择任何地区、任何方面的红色资源融入社会主义核心价值观教育都是可以的，但是相较而言恰当的资源数量可能就少了。有的高校本身就处于红色资源富集区，结果舍近求远，选择在很远的地方设立红色文化教育基地，结果基地设立之后，再也没有带学生参观调研过；有的高校在选择典型案例融入思想政治理论课教学时，本来本地的红色故事就很有代表性，甚至有些故事老百姓都耳熟能详，结果选择的却是一些大众化、普遍性的故事，缺乏感染力。

其二，红色文化资源的选取与思想政治理论课教学内容缺乏契合性。思想政治理论课程有自身的理论体系和教学体系，而红色文化也有其自身的发展脉络、演进历程和精神特质，思想政治理论课教学和单纯的红色文化教育还有本质的区别。部分高校教师在将红色文化融入课堂开展社会主义核心价值观教育时，存在着红色文化与课程教学的“阻隔”倾向，表现在：红色故事的选择缺乏代表性、典型性，融入思想政治理论课教学显得生硬、呆板；红色故事融入思想政治理论课教学缺乏剪裁、修饰，冲淡了思想政治理论课教学的主题。红色故事融入思想政治理论课教学缺乏针对性，没有和核心价值观的具体层面结合起来。

具体而言，比如说教师选择一些一般人都不太知晓且故事性又不太强的例子融入课程教学，结果学生听了缺乏情感共鸣和心理认同，教学效果就可想而知了。又如，引入红色故事时，教师讲着激动，学生听着有意思，结果思想政治理论课成了故事课，淹没了课程讲授的内容，冲淡了课程教学的主题。再如，选择的红色故事具有正能量、符合主旋律，但是主题不突出，与社会主义核心价值观的具体层面缺乏紧密联系，大而空。

其三，红色文化教育基地的设立和社会主义核心价值观教育缺乏契合性。这几年，随着国家对思想政治理论课的重视，高校特别是马克思主义学院纷纷在红色历史博物馆、红色遗址、红色纪念馆等地设立红色文化与价值观教育实践基地，以丰富思想政治理论课的教学方式，提高思想政治理论课教学的针对性。但是很多时候，挂牌成了内容，教育成了形式，很多基地牌子挂了就万事大吉，是否带学生考察特别是长久地考察则无从谈起了。另外，利用红色文化教育基地开展社会主义核心价值观教育更多地体现在爱国主义等方面，针对公平、公正、法治、平等等理念的教育不够。

（三）红色文化融入社会主义核心价值观的教育缺乏长效性

之所以缺乏长效性，原因在于：

其一，人事的变迁影响长效性。红色文化是中国人民在长期革命实践中总结形成的宝贵文化资源，中国共产党一直将红色文化资源作为弘扬社会主义核心价值观的重要载体。但是，不同的领导干部对红色文化及其在社会主义核心价值观教育中的价值认识不一样，因而对之的态度也是不一样的。一些高校管理者、思想政治理论教育工作者简单地将红色文化等同于革命文化，认为已经过时，多宣传只能是负能量；还有高校管理者、思想政治理论教育工作者简单地将社会主义核心价值观当作口号、标语，缺乏利用红色文化为载体创新社会主义核心价值观教育形式和途径的信心和想法。这样导致的结果是，同一部门、不同领导由于思想层次和眼界高低不同，对待红色文化的态度不一样，结果政策随人走，管理者换了，事情也就变了。造成的局面是，重视的时候门庭若市，不重视的时候门可罗雀。

其二，财务制度的变迁影响长效性。借助各种形式的教学手段和媒介，开展丰富多彩的红色文化与社会主义核心价值观主题教育社会实践活动，需要经费支持。党的十八大以来，高校财务制度更加规范化，对外出考察类支出项目的要求更加具体，对违规使用经费情况的处罚更加严格，这客观上增加了高校管理者和思想政治教育工作者利用红色文化开展社会主义核心价值观教育的顾虑，因为红色革命遗址、红色历史博物馆的考察涉及交通、住宿、餐饮等方面的费用，甚至还有门票及相关延伸费用，财务报账太麻烦，一不小心容易“踩雷”、触及“红线”。解决这个问题最简单的办法就是，考察活动取消。

其三，学生人身安全的考虑影响长效性。通过座谈访谈了解到，大多数高校的马克思主义学院或思想政治理论教研部愿意开展相关考察活动，但是最大的顾虑一是财务报销，二是学生人身安全，而学生人身安全某种程度上比财务报销更甚。受到时间、空间、人力、物力和财力等影响，高等院校较难组织全体大学生参与教学实践活动。大部分学校都是选择少量学生代表外出考察，但是这也给带队老师带来了挑战。一位曾经带学生到瑞金考察的思想政治理论课教师说：“当时带学生到中央苏区考察，住在瑞金县城，顺便让学生到街头发放了部分调查问卷。糟糕的是，瑞金是个小县城，当地出租车很少，大部分都是‘摩的’，学生走出去很远，回来的时候站在街头半个小时不见一辆出租车，即使有少量的出租车也载有客人，结果很多学生做完问卷后直接坐‘摩的’回住处。了解到这种情况，带队老师万分紧张、后怕。”当然，只要带学生进行社会实践，这种担心总是有的，并非仅仅是针对红色遗址考察，但是客观来说，这影响了对红色文化的学习和考察活动。

其四，粗放型运作影响长效性。红色文化融入社会主义核心价值观的教育必须紧密联系青少年不同时期的思想、知识、心理发展的特点，循序渐进、由浅入深、从具体到抽象、从现象到本质，逐渐完成。现在存在的问题是，急功近利的情况比较明显，具体表现在：一是缺乏自身特色，趋同化现象严重。很多高校开展了红色文化实践考察活动，但是无论是在内容还是形式上，都存在同质化、趋同化现象。二是缺乏顶层设计，重复性现象严重。思想政治理论课与团委、学生会等组织的社会实践活动重复，同一个社会实践基地学生去几次，且活动大同小异。三是缺乏红色文化考察方面的制度和保障措施，是否组织学生考察、组织学生到哪里考察完全看管理者的意思。四是缺乏规范化运作，形式主义严重。比如每次去社会实践基地考察，都是献花、入党宣誓等程序，且过程不严肃，流于形式。很多基地“牌子依旧在，不见学生来”，形式大于内容。

（四）红色文化融入社会主义核心价值观的教育缺乏协调性

其一，学校和社会不协调。一方面，从学校角度看，引入红色文化开展社会主义核心价值观教育具有必要性和紧迫性，因为学校承担着立德树人、培养社会主义事业合格建设者和接班人的使命，要创新社会主义核心价值观教育内容和形式，必须重视红色文化的价值和功能。另一方面，对地方政府而言，由于受认识水平、财力、人力等多方面因素的限制，对红色资源的挖掘和开发尚不完全到位，特别是对红色资源的教育功能认识不到位。很多地方政府重视红色遗址带来的经济价值，搞红色旅游开发红红火火，然而对红色遗址所具有的教育功能缺乏认识，将红色遗址与娱乐、休闲等产业强行捆绑在一起，经济价值掩盖了教育价值。这样，学校和社会之间、教育价值和经济价值之间就形成了一定的冲突，客观上制约了红色文化社会价值的发挥。

其二，学校内部学院、行政部门和学生主管部门不协调。现在倡导从思想政治理论课程到课程思政、从“小”思政到“大”思政的转变，而支撑这一转变的前提是资源整合、管理一体化。现在存在的问题是，马克思主义学院的积极性很高，希望带学生到红色文化承载地、富集区进行考察，而学校主管部门却怕承担责任，态度模棱两可，把责任完全推给学院。另外，学生主管部门开展的红色文化教育活动、思想政治理论课开展的红色文化教育活动往往会有重叠，大家各自开展各自的，基地各自设立，学生各自组织，既浪费资源，效果也不佳。还有，红色文化遗址承载着历史、文化、风俗等多种元素，既是社会主义核心价值观教育的最佳场地，也是了解社会发展、学科发展和风土人情的重要场所。如果到红色瑞金去，红色遗址承载的绝对不仅仅是红色文化。1931 年 11 月 7 日，中华苏维埃第一次全国代表大会在瑞金叶坪谢氏宗祠召开。而谢氏宗祠是一幢明代的青砖灰瓦建筑。该祠堂坐东北朝西南，占地 500 多平方米，三面砖墙，正面和厅内厢房间都由木板木柱构成。到了这里，直观的印象首先是建筑，而建筑的风格是建筑学的范畴，欣赏建筑则有美学的熏陶。

这次大会期间，毛泽东代表苏区中央局作政治问题报告，项英作劳动法草案报告，朱德作关于红军问题报告，周以粟作关于经济政策问题报告，王稼祥作关于少数民族问题报告，邓广仁作关于工农检察问题报告，任弼时作关于苏维埃宪法问题报告。代表们对上述报告进行了热烈讨论，通过了《中华苏维埃共和国宪法大纲》《中华苏维埃共和国土地法》等决议案。而这又与中国共产党历史、中国宪法史、民族政策史等相关。

1931 年 11 月 27 日，中央执行委员会在谢家祠举行第一次会议，选举毛泽东为主席。中央执行委员会下组建了中央人民委员会，下设外交、军事、土地、劳动、内务、财政、教育、司法、工农检察 9 个人民委员部和国家政治保卫局，这些机关成立后分布在谢家祠内的 10 个木板隔成的房间内办公，具体负责中华苏维埃共和国的政权建设。而这又与中国共产党机构变迁史、各专门史有关。

所以，红色遗址的学习、考察不仅仅是思想政治教育的问题，也是专业教育、历史教育、民俗教育的问题，它不仅需要思想政治教育部门的努力，也需要专业课管理部门等的努力。当前的困境是，思想政治教育管理部门非常努力，专业课教育管理部门参与不足，带来的结果是红色历史资源的价值没有充分挖掘，学生接受到的教育也不充分。

其三，教授内容和表达方式不协调。具体而言，表现在红色文化融入高校社会主义核心价值观教育的科学性和针对性不够。首先，红色文化融入课堂教学、校园文化等缺乏与课程教学设计、校园文化总体布局等的协调，融入社会主义核心价值观教育太生硬。比如，本来校园的规划已经形成，且充分考虑了建筑美、生态美等各种要素，现在因为社会主义核心价值观教育的需要，将一座红色雕塑放置显赫位置，且色调、风格与周围建筑、草木等都不协调，这种做法还不如不做。其次，红色文化融入高校社会主义核心价值观教育的方式不协调。时代在变，人们的思想观念也发生了变化，人们对文化的接受方式、接受话语也发生了变化，客观现实要求我们必须创新表达方式和表达话语，而很多管理者还用过去的话语表达红色文化，并且企图将之“楔入”当代的社会主义核心价值观教育，效果是可想而知的。

其四，不同学校组织之间不协调。现在红色文化融入社会主义核心价值观的教育还处于各自安排的阶段，缺乏上级主管部门的协调和部署。一个红色遗址挂几十个牌子，都是思想政治理论课社会实践基地。既然如此，何不就由教育主管部门直接授予红色遗址为思想政治理论课社会实践基地称号，不必再由各学校自己折腾呢？另外，还有不同的学校大约在同一个时期一起涌入红色遗址的问题，红色遗址管理部门接待能力有限，教育效果自然大打折扣。

第四章
红色文化涵育高校社会主义核心价值观的原则

第一节 以党中央精神为指导

一、党关于红色文化与价值引领的重要观点

（一）保护红色遗址

加强红色文化资源的挖掘、整理，弘扬红色文化并推进其与时代精神的创造性结合，是中国共产党精神文明建设的重要内容。

新中国成立后，中央政府文物事业管理局设立，全国文物保护行政体系逐步建立。党的领导人十分重视包括革命遗址在内的文物保护。在新中国成立前，毛泽东起草的中共中央军委给平津前委关于保护工业区和北平文化古迹的电报写道："沙河、清河、海淀、西山系重要文化古迹区，对一切原来管理人员亦是原封不动，我军只派兵保护，派人联系。尤其注意与清华、燕京等大学教职员、学生联系，和他们共同商量如何在作战时减少损失。"① 此后

① 《毛泽东文集》第五卷，人民出版社 1996 年版，第 227 页。

又电令中国人民解放军指挥机关："在占领奉化时，要告诫部队，不要破坏蒋介石的住宅、祠堂及其他建筑物。"① 周恩来也强调："保存文物和民族文化遗产，就要使其发扬光大。我不是说我们要前进，要发展文化，就不保存文物，不要民族文化遗产，不是的，我是强调要推陈出新。"② 保护和传承文化遗产是每个人的事，只有每个人都珍惜和爱护红色物质遗产，我们民族精神和独特的审美情趣才能传承下去。时任文物局局长郑振铎指出："我希望人人能像保护自己的眼睛一样来保护地面和地下的文化宝藏，这不仅仅是为了学习遗产推陈出新的需要，还要为后代的子子孙孙保存文化遗产，作为对他们进行爱国爱乡教育的力证。"③ 1950 年制定的《古迹、珍贵文物图书及稀有生物保护办法》规定："各地原有或偶然发现的一切具有革命、历史、艺术价值之建筑、文物、图书等，应有各该地方人民政府文教部门及公安机关妥为保护，严禁破坏、损毁及散佚。"④ 1961 年国务院出台的《关于进一步加强文物保护和管理工作的指示》强调："各级人民委员会对于这次公布的第一批全国重点文物保护单位和地方原来公布的各级文物保护单位，必须做好保护和管理工作。此外，还应当继续通过调查了解对于尚未经公布的革命遗址、纪念建筑物、古建筑……特别是关系中国共产党党史、革命史的遗址、遗迹，加以适当选择，公布为省（自治区、直辖市）级或县（市）级文物保护单位，加强保护工作。"⑤

改革开放以来，国家颁布了一系列文化遗产开发、保护政策法规，大部分革命遗址得到了有效保护。《中华人民共和国文物保护法》历经多次修订，全国性革命遗址和党史胜迹普查持续开展，地方性革命遗址保护政策不

---

① 《毛泽东文集》第五卷，人民出版社 1996 年版，第 290 页。

② 《周恩来文化文选》，中央文献出版社 1998 年版，第 331 页。

③ 郑振铎：《宝爱民族遗产 保护文化古物》，《文物》1957 年第 1 期。

④ 《中央人民政府政务院规定古迹、珍贵文物、图书及稀有生物保护办法，并颁布"古文化遗址及古墓葬之调查发掘暂行办法"的命令》，政文董字第十三号。

⑤ 《国务院关于进一步加强文物保护和管理工作的指示》，《中华人民共和国国务院公报》1961 年第 4 期。

断出台，很多省市设立了革命遗址专项基金以保护、修缮革命遗址。1976年，武汉市初步复原了八七会址，暂作内部开放。1978年，武汉市拟筹备八七会址纪念馆，正式对外开放。邓小平听说要办会址纪念馆非常高兴，委托他的弟弟邓垦捎去新的回忆材料和对办会址纪念馆的意见。他指出："搞个纪念馆，就是为了革命传统教育，要宣传会议解决什么问题，完成了什么历史任务，起了什么作用。复原要体现当年艰苦奋斗的精神。"① 另外，中共十一届三中全会后，陈独秀的后人上书邓小平，希望重修陈独秀墓。邓小平亲自批示：对陈独秀墓可作为历史文物加以保护，请安徽省考虑，可否从地方财政中拨款重修，并报中央。针对20世纪80年代中期出现的自由化思潮，他还强调："要用我们自己的历史来教育青年"②。

随着改革开放的深入，思想领域的矛盾和斗争增多，红色文化的价值越来越凸显。1991年8月初，江泽民提出：要由浅入深、坚持不懈地对青少年学生和广大群众进行中国近代史、现代史及国情的教育。同年8月28日，《中共中央宣传部、国家教委、文化部、民政部、共青团中央、国家文物局关于充分运用文物进行爱国主义和革命传统教育的通知》指出："利用丰富的文物对群众进行热爱祖国、热爱党、热爱社会主义的教育，具有直观、形象、真实、可信的特点，易于为人们接受和理解，在某些方面有着优于一般口头讲解、文字宣传的教育效果，是青少年了解历史、认识国情、学习传统的重要途径和生动教材。各级党的宣传部门，各级教育、民政、文化、文物部门和共青团组织，要充分发掘和发挥这一优势，依托博物馆、纪念馆和各种革命遗迹、遗址作为固定场所，有计划地运用文物开展爱国主义和革命传统教育活动。"③ 1994年8月，中共中央颁发《关于印发〈爱国主义教育实施纲要〉的通知》，同样提出要重视革命文化在爱国主义教育中的作用。党

① 《邓小平七忆"八七会议"》，《广安日报》2017年1月4日。

② 《邓小平文选》第三卷，人民出版社1993年版，第198页。

③ 《中共中央宣传部、国家教委、文化部、民政部、共青团中央、国家文物局关于充分运用文物进行爱国主义和革命传统教育的通知》（中宣发文〔1991〕9号）。

的十六大要求："扶持对重要文化遗产和优秀民间艺术的保护工作，扶持老少边穷地区和中西部地区的文化发展。"① 2004 年 6 月，国家旅游局提交的《关于推进发展红色旅游工作意见的报告》指出："把目前正处于快速消失期的红色文化遗存挖掘、保护和有效利用起来，对于保护堪称世界文化遗产的中国红色文化遗产也富有战略意义。"② 将红色文化遗产的保护提到"战略意义"的高度，这是第一次。中共十七届六中全会通过了《中共中央关于深化文化体制改革推动社会主义文化大发展大繁荣若干重大问题的决定》提出："弘扬民族优秀文化传统和五四运动以来形成的革命文化传统，学习借鉴国外文化创新有益成果，兼收并蓄、博采众长，增强文化产品时代感和吸引力"③，将红色文化的传承与社会主义核心价值观体系的构建结合起来，充分肯定了红色文化的价值引领、价值塑造功能。

（二）弘扬红色精神

1. 井冈山精神

井冈山革命根据地是毛泽东、朱德等老一辈无产阶级革命家创建的全国第一个农村革命根据地，它孕育了光辉的井冈山精神。坚定不移的崇高信念、勇于开拓创新的革命胆略、浴血奋战的拼搏精神、艰苦奋斗的优良作风等构成了井冈山精神的基本内容。几代领导人都极为重视井冈山精神的弘扬。

毛泽东讲道："我们应该用井冈山革命的这些历史，多宣传井冈山的革命传统，让后来的年轻娃娃们了解中国革命的历史"④；"我劝大家，日子好

---

① 《十六大以来重要文献选编》（上），中央文献出版社 2005 年版，第 31 页。

② 国家旅游局、中共中央文献研究室编：《党和国家领导人论旅游（1978—2004）》，中央文献出版社 2005 年版，第 368 页。

③ 《中共中央关于深化文化体制改革推动社会主义文化大发展大繁荣若干重大问题的决定》，人民出版社 2011 年版，第 18 页。

④ 中共中央党史研究室编：《中共党史资料》（第 40 辑），中共党史出版社 1992 年版，第 139 页。

过了，艰苦奋斗的精神不要丢了，井冈山的革命精神不要丢了。”① 邓小平是第一个明确使用“井冈山精神”概念的中央领导人。他指出：“井冈山精神是宝贵的，应当发扬。”② 江泽民强调：“井冈山精神，是我们不断前进的强大精神动力。在新世纪的征途上，全党和全国上下始终要大力弘扬井冈山精神。”③

胡锦涛早在1993年首次登上井冈山时，就指出：“井冈山精神有丰富的内涵，在新的历史条件下，发扬井冈山精神尤其要弘扬以下三个方面：第一，实事求是，敢闯新路的精神；第二，矢志不移，百折不挠的精神；第三，艰苦奋斗，勇于奉献的精神。”“老一辈无产阶级革命家和无数英烈用鲜血与生命培育的井冈山精神，是江西人民的宝贵精神财富和政治优势，也是全党全国人民的宝贵精神财富和政治优势。”④ 后来，他又多次提及井冈山精神，强调井冈山精神是我们党在革命斗争的艰苦岁月中形成的伟大精神，集中反映了我们党的优良传统和作风，是我们的宝贵精神财富，“要让井冈山精神大力发扬起来，使之在新的时代条件下放射出新的光芒”⑤。

2. 长征精神

长征挽救了中国革命发展的局势，开辟了中国革命的新纪元，奠定了中国革命彻底胜利的坚实基础，成就了长征精神。毛泽东曾指出，长征是宣言书，长征是宣传队，长征是播种机。他赋诗《七律·长征》，对人民军队艰难长征的历程进行了富有诗意的描述。中共十一届三中全会以来，以邓小平同志为核心的中央领导集体高度重视包括长征精神在内的革命传统的弘扬。

---

① 《毛泽东年谱（一九四九——一九七六）》（第5卷），中央文献出版社2013年版，第495页。

② 邓小平：《井冈山精神是宝贵的，应当发扬》，井冈山精神网上展馆。

③ 《江泽民在江西考察工作时指出 结合群众实践加强党的建设 深入基层为百姓办实事好事》，《人民日报》2001年6月4日。

④ 《胡锦涛谈井冈山精神》，井冈山革命博物馆网站，2007年4月27日，http://www.jgsgmbwg.com/newsshow.php?cid=57&id=1015。

⑤ 《胡锦涛在江西考察工作时强调 继承发扬党的优良革命传统 加快全面建设小康社会步伐》，《人民日报》2003年9月3日。

邓小平指出："必须发扬爱国主义精神，提高民族自尊心和民族自信心。否则我们就不可能建设社会主义，就会被种种资本主义势力所侵蚀腐化。"① 1986年10月，杨尚昆在纪念红军长征胜利50周年大会上的讲话中把长征精神的科学内涵概括为四个方面："就是对革命理想和革命事业无比忠诚、坚定不移的信念；就是不怕牺牲，敢于胜利，充满乐观，一往无前的英雄气概；就是顾全大局，严守纪律，亲密团结的高尚品德；就是联系群众，艰苦奋斗，全心全意为人民服务的崇高思想。"他说："这样的信念、气概、品德和思想，是红军坚强的精神支柱。正是这种伟大的精神，产生伟大的军队、伟大的战士、伟大的奇迹。"② 在红军长征胜利60周年时，江泽民对长征的历史作用和意义作了进一步高度评价，对长征精神作了新的概括和理论升华："长征精神，是中华民族百折不挠、自强不息的民族精神的最高体现，是保证我们革命和建设事业从胜利走向胜利的强大精神力量。我们要把长征精神一代一代地传下去，激励和鼓舞全国人民奋发图强，开拓前进，在建设有中国特色社会主义的新长征道路上不断夺取新的胜利。"③ 党的十六大以来，以胡锦涛同志为总书记的党中央，高度重视先进文化建设，要求充分利用各种革命历史文化资源，大力弘扬和培育民族精神，强调："我们一定要把长征精神作为加强社会主义精神文明建设的重要内容，作为在全体人民特别是青少年中进行理想信念和思想道德教育的重要内容，坚持不懈地发扬光大，把长征精神一代一代传下去。"④

3. 延安精神

全国解放以后，毛泽东就提出："我庆祝延安和陕甘宁边区的人民继续团结一致，迅速恢复战争的创伤，发展经济建设和文化建设。我并且希

① 《邓小平文选》第二卷，人民出版社1994年版，第369页。

② 《党中央召开大会纪念长征胜利五十周年》，《人民日报》1986年10月23日。

③ 江泽民：《在纪念红军长征胜利六十周年大会上的讲话》，《人民日报》1996年10月23日。

④ 胡锦涛：《在纪念红军长征胜利70周年大会上的讲话》，《人民日报》2006年10月23日。

望，全国一切革命工作人员永远保持过去十余年间在延安和陕甘宁边区的工作人员中所具有的艰苦奋斗的作风。”① 改革开放以后，邓小平强调在新的形势下依然要继承、恢复和发扬延安精神：“我们的党员、干部，特别是高级干部，一定要努力恢复延安的光荣传统，努力学习周恩来等同志的榜样，在艰苦创业方面起模范作用。”② 1980年12月，邓小平向全党提出：“我们一定要宣传、恢复和发扬延安精神，解放初期的精神，以及六十年代初期克服困难的精神。”③ 他告诫党的领导干部，要发挥带头作用，将艰苦朴素、密切联系群众的传统作风“恢复起来，坚持下去”。1990年4月，江泽民为《共产党人》杂志题词：“无论过去、现在和将来，延安精神都不能丢。全党同志一定要结合新的实际，大力弘扬延安精神，使延安精神成为我们党在新世纪团结和带领人民不断开创有中国特色社会主义事业新局面的强大精神动力，使延安精神永放光芒。”④ 2002年到延安考察时，他又指出：“在新的历史条件下，在充满新的希望、也充满新的挑战的征途上，我们始终要大力弘扬延安精神。”⑤ 胡锦涛强调：“在延安这块土地上孕育形成的延安精神，是我们最宝贵的精神财富。在全面建设小康社会的伟大进程中，我们要把延安精神作为凝聚人心、团结奋进的强大动力，作为战胜困难、夺取胜利的重要法宝，让延安精神放射出新的时代光芒。”⑥

（三）传承红色故事

红色文化中蕴含的艰苦奋斗、自强不息、爱国爱民精神，为人们道德修

---

① 《毛泽东文集》第六卷，人民出版社1999年版，第17页。

② 《邓小平文选》第二卷，人民出版社1994年版，第260页。

③ 《邓小平文选》第二卷，人民出版社1994年版，第369页。

④ 《毛泽东邓小平江泽民论弘扬和培育民族精神》，学习出版社2003年版，第320页。

⑤ 《江泽民在陕西考察工作强调　结合新实际大力弘扬延安精神　开创新世纪改革发展生动局面》，《人民日报》2002年4月3日。

⑥ 《诚挚的祝福　殷切的期望——胡锦涛总书记春节期间在延安慰问和考察纪实》，《人民日报》2006年1月31日。

养提供了价值标杆。在不同历史时期，涌现出了一批先进典型和模范人物，他们既是红色精神的践行者，也是红色精神的创造者。比如白求恩、张思德、刘胡兰、邱少云等。

1939年11月12日，加拿大援华医生白求恩因抢救八路军伤员时感染败血症而不幸牺牲。白求恩作为一个信仰共产主义的国际战士，用他的奉献精神诠释了全心全意为人民服务的价值理想。毛泽东在《纪念白求恩》中将"白求恩精神"概括为"毫不利己专门利人的精神，表现在他对工作的极端的负责任，对同志对人民的极端的热忱"①，给予他至高的评价和称赞，并号召每个共产党员"学习他毫无自私自利之心的精神"，"变为大有利于人民的人"②。白求恩所具有的毫不利己、专门利人的精神，是共产党人应有的道德理想和情操风尚。1979年，邓小平曾对医务工作者提出要求："做白求恩式的革命者，做白求恩式的科学家。"③ 江泽民在《领导干部一定要讲政治》一文中指出："领导干部首先要堂堂正正做人。做什么人？建议大家重读毛泽东同志的《纪念白求恩》。"④ 党和国家三代领导人对白求恩精神给予了高度的评价和赞扬。白求恩精神影响和重塑了我们的精神风貌和价值追求，社会主义核心价值观倡导的个人层面的敬业、友善与白求恩精神是高度一致的。

刘胡兰是迄今为止唯一获得党和国家三代领导核心题词的一位烈士。毛泽东先后两次为刘胡兰题词"生的伟大，死的光荣"。毛泽东于不同年代为一个人两次题写内容相同的词，这在党的历史上是绝无仅有的。邓小平的题词是："刘胡兰的高贵品质，她的精神面貌，永远是中国青年和少年学习的榜样。"江泽民为刘胡兰的题词是："发扬胡兰精神，献身四化大业。"胡兰精神的实质和意义在于：有坚定的共产主义信念和远大理想，一切以党和人

---

① 《毛泽东选集》第二卷，人民出版社1991年版，第659页。

② 《毛泽东选集》第二卷，人民出版社1991年版，第660页。

③ 《邓小平年谱（一九七五——一九九七）》（上），中央文献出版社2004年版，第531页。

④ 《江泽民文选》第一卷，人民出版社2006年版，第456页。

民的利益为重，敢于和一切邪恶势力作抗争，勇于为革命事业英勇献身。刘胡兰是共产党人的楷模，党的最高领导人为之题词意在号召党员向她学习，为共产主义事业奋斗终生。

（四）发展红色旅游事业

红色旅游是“以中国共产党领导人民在革命和战争时期建树丰功伟绩所形成的纪念地、标志物为载体，以其所承载的革命历史、革命事迹和革命精神为内涵，组织接待旅游者开展缅怀学习、参观游览的主题性旅游活动”①。作为一种独特的旅游形态，红色旅游通过组织社会成员考察革命遗址遗迹，瞻仰革命先烈，感悟革命精神，增进文化认同、价值认同。“要把历史文化与现代文明融入旅游经济发展之中，使旅游成为宣传灿烂文明和现代化建设成就的窗口，成为传播科学知识和先进文化的重要阵地”②，而通过对红色资源进行整合保护、开发和综合运用，带动革命老区经济社会协调发展则是重要选择。

1996 年 11 月，国务院出台《关于公布第四批全国重点文物保护单位的通知》，其中涉及的革命遗址及革命纪念建筑物类共计 50 处。2001 年 7 月，国务院出台《关于公布第五批全国重点文物保护单位的通知》，提出了“有效保护、合理利用、加强管理”的原则，要求通过文物保护为弘扬爱国主义精神、增强民族自豪感和凝聚力作出新的贡献。在 2013 年国务院公布的第七批全国重点文物保护单位 43 处中，其中有 28 处为红色旅游资源，占到 65%。这些珍贵的革命遗址遗迹，记录着中国共产党领导人民进行卓绝斗争的历程，是鲜活的社会主义核心价值观教育素材。

2004 年 12 月，中共中央办公厅、国务院办公厅联合发布的《2004—2010 年全国红色旅游发展规划纲要》明确提出：要充分挖掘和利用革命历

① 何光暐：《大力发展红色旅游　推进三个文明建设》，《求是》2005 年第 7 期。

② 习近平：《发展旅游经济要坚持创新与继承相统一》，《之江新语》2004 年 9 月 30 日。

史文化资源，积极发展红色旅游，使红色旅游成为开展爱国主义和革命传统教育、弘扬和培育伟大民族精神的重要方式和增强民族凝聚力、推动革命老区经济社会协调发展的重要途径。《2011—2015 年全国红色旅游发展规划纲要》，则将红色旅游置于党和政府的政治工程、文化工程的高度，强调以社会主义核心价值体系建设为根本，以爱国主义和革命传统教育为主题，深入挖掘红色旅游历史价值内涵，创新转变红色文化发展方式。《中共中央关于深化文化体制改革推动社会主义文化大发展大繁荣若干重大问题的决定》提出："加强爱国主义教育基地建设，用好红色旅游资源，使之成为弘扬培育民族精神和时代精神的重要课堂"①，这明确了红色文化资源在社会主义核心价值体系教育中的地位和作用。《2016—2020 年全国红色旅游发展规划纲要》则进一步提出发展红色旅游是加强爱国主义和革命传统教育、培育和践行社会主义核心价值观、促进社会主义精神文明建设的重大举措，明确了红色旅游在社会主义核心价值观教育中的地位。《关于培育和践行社会主义核心价值观的意见》要求，"发挥重要节庆日传播社会主流价值的独特优势，推进公共博物馆、纪念馆、爱国主义教育基地和文化馆、图书馆、美术馆、科技馆等免费开放，积极发展红色旅游。"② 红色旅游的核心是传承红色基因，推进爱国主义和革命传统教育大众化、常态化，它在社会主义核心价值观教育中扮演着举足轻重的地位。2015 年全国红色旅游年出行突破 8 亿人次，意味着全国有三分之二的人在旅游中接受了红色文化与核心价值观教育。未来参加红色旅游的人数还会增长，预计到 2020 年中国红色旅游年接待人数将突破 15 亿人次。

---

① 《中共中央关于深化文化体制改革推动社会主义文化大发展大繁荣若干重大问题的决定》，人民出版社 2011 年版，第 15 页。

② 《关于培育和践行社会主义核心价值观的意见》（中办发〔2013〕24 号）。

（五）红色文化教育

红色文化[①]教育本质上就是价值观教育，自中华人民共和国成立起中国共产党就将红色文化融入家庭教育、学校教育和社会教育之中，发挥红色文化的育人功能。

1. 党的领导人重视红色文化与价值观教育

中国共产党从来都珍视自己的历史，并且善于从历史中汲取智慧。早在延安时期，毛泽东在《中国共产党在民族战争中的地位》中就曾阐述了自己的历史观。他指出："一般地说，一切有相当研究能力的共产党员，都要研究马克思、恩格斯、列宁、斯大林的理论，都要研究我们民族的历史，都要研究当前运动的情况和趋势；并经过他们去教育那些文化水准较低的党员。特殊地说，干部应当着重地研究这些，中央委员和高级干部尤其应当加紧研究。指导一个伟大的革命运动的政党，如果没有革命理论，没有历史知识，没有对于实际运动的深刻的了解，要取得胜利是不可能的。""我们这个民族有数千年的历史，有它的特点，有它的许多珍贵品。对于这些，我们还是小学生。今天的中国是历史的中国的一个发展；我们是马克思主义的历史主义者，我们不应当割断历史。从孔夫子到孙中山，我们应当给以总结，承继这一份珍贵的遗产。"[②] 毛泽东的论述既体现了他本人对民族历史文化的态度，也反映了中国共产党人对待民族文化历史的态度，它是中国化马克思主义历史观的重要组成部分。

新中国成立以来，毛泽东多次强调要保持革命战争时期的艰苦创业精神，不忘初心。1951 年 8 月，中央人民政府南方革命根据地访问团慰问老

---

① 关于"红色文化"，党的十八大以前，党和国家的文件及党的领导人论述多用"优良革命传统""革命传统文化"称谓；党的十八大以后，党和国家的文件及党的领导人论述既用"革命文化"称谓，也用"红色文化"称谓，且"红色文化"称谓的使用频率更高，特别是在习近平总书记的相关论述中。习近平总书记红色文化相关论述中的思想继承和超越了党的革命文化观，丰富和发展了中国共产党的红色文化理论谱系。

② 《毛泽东选集》第二卷，人民出版社 1991 年版，第 532—534 页。

区人民，毛泽东亲笔题词："发扬革命传统，争取更大光荣。"1957 年 3 月，普通教育工作座谈会召开，毛泽东专门提到："学校要大力进行思想教育，进行遵守纪律、艰苦创业的教育。学生要能耐艰苦，要能白手起家。我们不都是经历过困难的人吗？社会主义是艰苦的事业。我们以后对工人、农民、士兵、学生都应该宣传艰苦奋斗的精神。"① 他还提出把民族精神教育贯穿到从小学直至大学教育的各个环节中去，在历史、语文等相关课程中增加历史人物和历史故事，并利用广播、报纸等媒体选树榜样，传播民族精神。新中国成立后，百废待兴，教育事业刚刚开启，革命的叙事仍然在学校教育中占有很大比重，故毛泽东对学校如何传承和发扬革命传统问题论述并不多，但是从仅有的一些论述中仍然能够看到他对传承革命文化的态度。

中共十一届三中全会之后，针对"四人帮"对教育事业的破坏，特别是严重损害学校思想政治教育、腐蚀社会主义社会革命风气的现象，邓小平在全国教育工作会议上明确指出："革命的理想，共产主义的品德，要从小开始培养。我们党的教育事业历来有这样的优良传统。革命战争年代，儿童团员、共青团员创造了可歌可泣的英雄业绩。全国解放以后，我们的教育工作，我们的青年团、少先队的工作，发扬光大了过去的优良传统。在很长的一段时间里，广大青少年好好学习，天天向上，爱祖国，爱人民，爱劳动，爱科学，爱护公共财物，英勇机智地同敌人、坏分子作斗争，树立了一代新风。学校风气的革命化促进了社会风气的革命化。这种风气不仅是中国历史上从来没有过的，而且受到了世界人民的赞誉。我们希望从事教育工作的同志，各个有关部门的同志，整个社会的家家户户，都来关心青少年思想政治的进步，把被'四人帮'破坏了的优良革命传统恢复和发扬起来。"② 邓小平旗帜鲜明地指出了优良革命传统的时代价值，明确了新时期优良革命传统在育人方面的功能。

---

① 《毛泽东文集》第七卷，人民出版社 1999 年版，第 246 页。

② 《邓小平文选》第二卷，人民出版社 1994 年版，第 105—106 页。

后来，随着改革开放的深入，社会上出现了重视物质生产力发展、忽视精神文明的情况。

一些领域道德失范，拜金主义、享乐主义、个人主义滋长，各种消极现象危害青少年身心健康。如何在深化社会改革、建立社会主义市场经济体制的条件下，形成有利于社会主义现代化建设的共同理想、价值观念和道德规范，防止和遏制腐朽思想和丑恶现象的滋长蔓延；如何在扩大对外开放、融入全球化的过程中，弘扬中华优秀传统文化，吸收外国优秀文明成果，防止和消除“文化垃圾”的侵蚀，抵御“西化”“分化”的图谋，成为社会主义现代化建设中必须认真解决的重要课题。

在这种情况下，邓小平又多次论述革命传统文化的继承和发扬问题。20世纪80年代初，他提出不仅要建设物质文明，而且要建设精神文明，指出：“学习和培养这些革命精神，并不需要多么好的物质条件，也不需要多么高的教育程度。我们不是靠马克思主义的科学理论和上述的革命精神参加革命到现在吗？从延安到新中国，除了靠正确的政治方向以外，不是靠这些宝贵的革命精神吸引了全国人民和国外友好人士吗？没有这种精神文明，没有共产主义思想，没有共产主义道德，怎么能建设社会主义？”① 20世纪80年代末，邓小平回顾历史，强调：“我们要用历史教育青年，教育人民”②，“要懂得些中国历史，这是中国发展的一个精神动力”③。可以说，进入新时期以后，邓小平重新确立了革命传统教育在青年学生思想政治教育中的地位。

党的十四大召开以后，随着生产关系的调整，社会的经济基础发生变化，单一的公有制形式被以公有制为主体、多种所有制并存的形式所取代。社会存在决定社会意识，经济基础决定上层建筑。经济基础的变化引起了社会思想观念的变化。另外，在全球化浪潮的推动下，中国成为“地球村”

---

① 《邓小平文选》第二卷，人民出版社1994年版，第367页。
② 《邓小平文选》第三卷，人民出版社1993年版，第206页。
③ 《邓小平文选》第三卷，人民出版社1993年版，第358页。

的一员并与世界其他国家构成命运共同体。这一方面推动了中国生产力的发展、综合国力的增强和人民生活水平的提高，加快了中国的现代化进程和中华民族复兴的步伐，但另外一方面随着中国与世界各国政治、经济、文化等交流的日益频繁，西方的价值观念在产品输出、技术输出、资本输出和文化输出中影响中国人的文化选择和价值判断。内外因素合力改变了新中国成立后至 20 世纪 70 年代末人们的社会意识相对固化、信仰相对单一的状态，使得相对统一的社会意识在各种思潮的交流、碰撞和交锋中逐渐剥离、碎片化，青年人对革命传统和革命文化的认同感降低。

针对这种状况，江泽民在首都青年纪念五四报告会上的讲话中深刻剖析："我们的青年知识分子总体上是好的，是可以信赖的。他们中的绝大多数人热爱祖国、热爱人民、热爱社会主义，勤奋好学，积极上进，具有为国家富强而奋斗的真诚愿望，在自己的岗位上作出了可喜的成绩。这是青年知识分子队伍的主流。当然，青年人涉世不深，实践经验较少，不大熟悉中国国情和中国人民奋斗的历史，存在着一些弱点和不足。特别是在一段时间里，我们放松了思想政治工作和优良传统的教育，致使一些青年知识分子不同程度地受到西方资产阶级人生观、价值观的影响，受到民族虚无主义的影响。这些问题，我们相信青年同志能够通过学习和实践、通过总结经验得到解决。这里要特别指出的是，发生这些问题，主要责任不在青年身上，而在我们党工作上的失误。"①

基于此，江泽民在论述教育特别是青年教育问题时，多次提及革命传统教育。1991 年，他就中国革命博物馆开放及中国近代史、现代史和国情教育问题给李铁映、何东昌写信，强调要教育干部和群众特别是青少年，让他们熟悉近代史、现代史和党的斗争史。② 同年，在庆祝中国共产党成立七十周年大会上的讲话中，他又指出："要坚持进行爱国主义、集体主义、社会

① 《江泽民文选》第一卷，人民出版社 2006 年版，第 128—129 页。

② 参见中共中央文献研究室编：《毛泽东 邓小平 江泽民论世界观人生观价值观》，人民出版社 1997 年版，第 456 页。

主义思想和共产主义理想的教育，进行近代史、现代史教育和国情教育，增强民族自尊、自信、自强的精神，巩固和发展人民内部平等、团结、友爱、互助的社会主义新型关系，移风易俗，使社会主义思想道德蔚然成风。”①1994年，在全国教育工作会议上，江泽民再次指出：“要加强对学生进行马克思列宁主义、毛泽东思想基本理论特别是邓小平同志建设有中国特色社会主义理论的教育，加强党的基本路线的教育，加强爱国主义、集体主义、社会主义思想的教育，加强中国近代史、现代史和国情的教育，加强我国优秀文化传统和革命传统的教育。要通过总结经验、改进教学方法，使各级各类学校的政治课上得更好。加强理论教育、思想教育和政治工作的目的，就是要引导和帮助青年学生树立正确的世界观、人生观、价值观，打下科学理论的基础，确立为建设有中国特色社会主义而奋斗的政治方向。这样才能增强青少年抵制错误思潮和拜金主义、享乐主义、极端个人主义等腐朽思想侵蚀的能力。”②

后来，在谈到爱国主义的宣传教育时，江泽民又提出：“要使我们的青年了解祖国的悠久历史和灿烂文化，了解我们党和人民的光辉业绩和优良传统，满怀信心地投身于祖国社会主义现代化建设的伟大洪流。”③“广泛开展中华民族的优秀传统文化教育和中国近代史、现代史教育，是进行爱国主义教育的重要一环”④。2001年，在庆祝中国共产党成立八十周年大会上的讲话中，他强调：“中华民族的优秀文化传统，党和人民从五四运动以来形成的革命文化传统，人类社会创造的一切先进文明成果，我们都要积极继承和发扬。”⑤青年思想的阵地我们不占领便被敌人所占领，马克思主义思想如果我们不宣扬，拜金主义、享乐主义、极端个人主义等腐朽思想便会泛滥。

---

① 《江泽民文选》第一卷，人民出版社2006年版，第159页。

② 《江泽民文选》第一卷，人民出版社2006年版，第372页。

③ 《十四大以来重要文献选编》（下），人民出版社1999年版，第2085页。

④ 中共中央文献研究室编：《毛泽东　邓小平　江泽民论世界观人生观价值观》，人民出版社1997年版，第481页。

⑤ 《江泽民文选》第三卷，人民出版社2006年版，第278页。

针对市场经济发展过程中出现的青年思想问题，江泽民明察秋毫，深刻论述了革命传统文化愈久弥新的时代魅力，对于我们在激荡的思想交锋中站稳脚跟、洞察方向、保持定力具有指导意义。

进入21世纪，中国社会主义现代化建设已进入新的发展阶段，奋斗目标是：到2020年全面建成小康社会，进而到本世纪中叶基本实现现代化，在中国特色社会主义道路上实现中华民族伟大复兴。反映在教育方面，首要的任务是加强理想信念教育和道德教育，把社会主义核心价值体系融入国民教育全过程，深入推动中国特色社会主义理论体系进教材、进课堂、进头脑，引导学生形成正确的世界观、人生观、价值观。

革命文化是社会主义核心价值体系的重要源头，也是社会主义核心价值体系教育的重要载体，在弘扬社会主义核心价值体系的过程中，革命传统文化具有重要地位。在谈到如何发扬井冈山精神时，胡锦涛强调："对革命传统既要继承又要发展。我们应该把革命优良传统和改革开放以来焕发出的新的时代风貌结合起来，熔铸成新的民族精神、时代精神，并把它灌注到广大人民群众中去，形成强大凝聚力，有力推动改革开放和现代化建设顺利进行。"① 即要求将传承革命精神与推动时代发展结合起来，在传承中创新，在创新中传承，赋予革命传统文化以时代风貌、时代特色。在纪念五四运动八十周年大会上的讲话中，他勉励青年要深入群众，投身实践，"通过向人民学习、向实践学习，深刻体验我们现在的奋斗同革命先驱奋斗的历史联系，切身感受改革开放和现代化建设的时代脉搏，保持青年人朝气蓬勃的鲜明特点，认真克服自己的弱点和不足，在建设有中国特色社会主义的实践中更好成长和成熟起来"②。这要求青年在实践中弘扬和践行革命精神，用革命精神滋养自己成长成才。

在中共中央政治局第三十三次集体学习时，胡锦涛指出："包括长征在

① 《胡锦涛文选》第一卷，人民出版社2016年版，第62页。

② 《胡锦涛文选》第一卷，人民出版社2016年版，第368页。

内的中国革命史，是我们党领导全国各族人民为争取民族独立、人民解放长期英勇奋斗的真实记录，是坚持马克思主义基本原理同中国革命具体实践相结合、推进理论创新的生动教材，是中国共产党人光荣革命传统和中华民族伟大民族精神的集中反映。我们应该十分珍惜和充分运用这个精神宝库。在改革发展任务艰巨繁重的新形势下，在深刻变化的国际环境中，我们要更加注重用中国历史特别是中国革命史来教育干部和人民。"① 这段话表明了迈入21世纪的中国共产党对待革命传统文化的态度：革命传统文化及其蕴含的精神是中华精神宝库的重要组成部分，被实践证明具有恒久性；革命传统文化及其蕴含的精神在新时代依然散发着生命力，是我们立足动荡变幻国际国内局势的重要精神支撑；中国革命史以及革命传统文化是干部和学生教育的重要素材，具有价值引领和价值塑造功能。

2. 红色文化传承与价值观教育融入相关制度

"文化大革命"过后，青年学生的思想呈现出复杂的情况：一方面，他们的家庭教育、学校教育和社会教育都没有很好地进行，对马克思主义的基本理论懂得不多，对党的历史和革命的优良传统不大了解，对旧中国和资本主义社会的腐朽本质缺乏认识，对社会主义的优越性没有实际体会，缺乏认同感；另一方面，容易走向偏激，往往只凭一孔之见，就对事物作出结论，有的人以偏概全，夸大现实社会的阴暗面，热衷于"暴露时弊"，向往资本主义社会的自由民主和生活方式；有的人组织纪律性差，共产主义道德水平低，不能正确地处理个人与集体、个人与国家的关系，自由主义、个人主义比较严重。② 基于这种情况，教育部、共青团中央印发《〈关于加强高等学校青年学生思想政治工作的意见〉的联合通知》提出："思想政治工作要旗帜鲜明地对学生进行系统的马克思列宁主义、毛泽东思想基本原理的教育、

① 《胡锦涛在中共中央政治局第三十三次集体学习时强调 坚持不懈地学习中国革命史发扬光大党的光荣革命传统》，《人民日报》2006年7月26日。

② 参见教育部思想政治工作司组编：《加强和改进大学生思想政治教育重要文献选编（1978—2014）》，知识产权出版社2015年版，第5页。

革命理想教育、共产主义道德品质教育，培养学生运用马列主义的立场、观点、方法分析问题和解决问题的能力，逐步树立辩证唯物主义和历史唯物主义的世界观”；“必须继承老一辈的革命传统，大力发扬艰苦奋斗的创业精神”；“培养学生热爱祖国，勤奋学习，热爱劳动，关心集体，助人为乐，诚实谦虚，文明礼貌，遵守法纪，艰苦奋斗，英勇对敌等革命风尚”。[①] 改革开放之初，我们党便明确了革命传统文化在思想政治教育中的地位，并提出了传承革命传统文化的要求。

随后，党和国家以及教育部、共青团中央等部门出台的关于爱国主义教育、精神文明建设、高校思想政治教育等方面的文件，都有涉及红色文化传承与价值观引领方面的内容。部分以中共中央名义颁布的文件涉及的红色文化传承与价值观引领方面的内容如表 4-1 所示：

表 4-1　中央关于红色文化传承与价值观教育的相关文件

时　间	文件名	涉及内容
1985 年	《中共中央关于改革学校思想品德和政治理论课程教学的通知》	大学进行以中国革命史为中心的历史教育，使学生了解具有悠久的历史文化传统的中国，是怎样根据历史的必然走上以共产党为领导力量的社会主义道路的。
1986 年	《中共中央关于社会主义精神文明建设指导方针的决议》	社会主义现代化建设的成就越大，广大人民群众对实现共同理想的信念就越坚定。要善于运用建设和改革的现实成就和群众的切身经验，进行生动的理想教育。同时要采取多种形式，帮助广大干部和群众特别是青年逐步深入地理解马克思主义世界观和社会发展规律，理解我们民族的光辉历史和革命传统，理解百多年来我们民族的深重灾难和反帝反封建的英勇斗争，理解当代世界的进步、矛盾和人类的前途，以提高民族的自尊心、自信心和自豪感，把理想建立在科学基础之上。
1987 年	《中共中央关于改进和加强高等学校思想政治工作的决定》	坚持对学生进行马克思主义理论教育，党的路线、方针、政策教育，爱国主义、国际主义和革命传统教育，理想、道德和纪律教育，社会主义民主和法制教育。

① 教育部思想政治工作司组编：《加强和改进大学生思想政治教育重要文献选编（1978—2014）》，知识产权出版社 2015 年版，第 5—6 页。

续表

时　间	文件名	涉及内容
1993 年	《中国教育改革和发展纲要》	对广大青少年要加强党的基本路线教育，爱国主义、集体主义和社会主义思想教育，近代史、现代史教育和国情教育，引导学生运用马克思主义的立场、观点、方法认识现实问题，走与工农结合、与实践结合的成长道路，促进学生逐步树立科学的世界观和为人民服务的人生观，增强学生抵制资产阶级自由化和一切剥削腐朽思想的能力，坚定建设有中国特色的社会主义的信念。要重视对学生进行中华优秀文化传统教育。对中小学生还要注重进行文明行为的养成教育。
1994 年	《中共中央关于印发〈爱国主义教育实施纲要〉的通知》	各类博物馆、纪念馆、烈士纪念建筑物、革命战争中重要战役、战斗纪念设施、文物保护单位、历史遗迹、风景胜地和展示我国两个文明建设成果的重大建设工程、城乡先进单位是进行爱国主义教育的重要场所。各级党委宣传部门要遵照当地党委和人民政府提出的要求，会同教育行政部门、共青团组织和文化、文物、民政、园林等部门确定一批教育基地。城乡基层单位和共青团组织，要积极利用基地开展教育活动。学校应将这类教育活动列入德育工作计划。 提倡在大中小学的教室、图书馆、礼堂等场所，悬挂为中华民族的发展作出杰出贡献的领袖、先烈和名人的画像、诗词、格言。
1994 年	《中共中央关于进一步加强和改进学校德育工作的若干意见》	建立和健全升降国旗、重要集会唱国歌等制度，积极组织缅怀英烈、学习杰出历史人物、参观文化古迹、革命遗址、祖国山川以及新中国建设成就等爱国主义教育活动。
1996 年	《中共中央关于加强社会主义精神文明建设若干重要问题的决议》	把现代化建设的伟大成就和宏伟目标，中国近代史现代史、中共党史和基本国情，中华民族优秀传统和革命传统，民族团结和祖国统一，国防和国家安全，作为新时期爱国主义教育的主要内容。
1999 年	《中共中央　国务院关于深化教育改革全面推进素质教育的决定》	要有针对性地开展爱国主义、集体主义和社会主义教育，中华民族优秀文化传统和革命传统教育，理想、伦理道德以及文明习惯养成教育，中国近现代史、基本国情、国内外形势教育和民主法制教育。把发扬中华民族优良传统同积极学习世界上一切优秀文明成果结合起来。高等学校要进一步加强邓小平理论“进教材、进课堂、进学生头脑”工作。
2004 年	《中共中央关于加强和改进思想政治工作的若干意见》	要坚持进行中国近现代史、中共党史和基本国情教育，进行中华民族优良传统和革命传统教育，进行维护祖国统一教育，大力弘扬爱国主义精神。

续表

时　间	文件名	涉及内容
2004 年	《中共中央　国务院关于进一步加强和改进大学生思想政治教育的意见》	要坚持不懈地用马克思列宁主义、毛泽东思想、邓小平理论和“三个代表”重要思想武装大学生，深入开展党的基本理论、基本路线、基本纲领和基本经验教育，开展中国革命、建设和改革开放的历史教育，开展基本国情和形势政策教育，开展科学发展观教育，使大学生正确认识社会发展规律，认识国家的前途命运，认识自己的社会责任，确立在中国共产党领导下走中国特色社会主义道路，实现中华民族伟大复兴的共同理想和坚定信念。
2010 年	《国家中长期教育改革和发展规划纲要（2010—2020 年）》	立德树人，把社会主义核心价值体系融入国民教育全过程。……加强中华民族优秀文化传统教育和革命传统教育。把德育渗透于教育教学的各个环节，贯穿于学校教育、家庭教育和社会教育的各个方面。
2011 年	《中共中央关于深化文化体制改革推动社会主义文化大发展大繁荣若干重大问题的决定》	深入开展形势政策教育、国情教育、革命传统教育、改革开放教育、国防教育，组织学习中国近现代史特别是党领导人民进行革命、建设、改革的历史，坚定广大干部群众对中国特色社会主义的信心和信念。
2016 年	《中共中央　国务院关于加强和改进新形势下高校思想政治工作的意见》	要弘扬中华优秀传统文化和革命文化、社会主义先进文化，实施中华文化传承工程，推动中华优秀传统文化融入教育教学，加强革命文化和社会主义先进文化教育，深化中国共产党史、中华人民共和国史、改革开放史和社会主义发展史学习教育，利用我国改革发展的伟大成就、重大历史事件纪念活动、爱国主义教育基地、国家公祭仪式等组织开展主题教育，弘扬以爱国主义为核心的民族精神和以改革创新为核心的时代精神。

除了以上以中共中央名义颁布的文件外，以中共中央宣传部、共青团中央、教育部等部门名义颁布的文件将中共中央名义颁布的文件精神与工作实际相结合，进一步阐发了中央颁布文件的精神和内容。通过中央关于革命传统文化传承与价值观教育的相关文件，我们可以看出：

其一，中央高度重视革命文化传承并发挥革命文化的价值引领功能。革命文化因为蕴含着正能量、正确的价值观而值得传承和发扬，而传承和发扬革命文化核心是弘扬和传承其蕴含的价值观，二者是辩证统一的。文件中所提及的“革命传统教育”核心是价值观教育。中央高度重视革命文化传承，将革命传统教育置于社会主义核心价值观教育的重要地位，随时代变化而不曾改变。

其二，传承和弘扬革命传统文化的目标是与时俱进的。尽管传承和弘扬革命传统文化的主题没有变，但是随着传承和弘扬革命传统文化客观环境的变化，其目标和要求会发生变化。比如，早期高校传承和发扬革命传统文化可能主要是为培养“四有”新人服务，而后随着时代的发展就包含了为中华民族伟大复兴提供精神动力以及服务“四个自信”等的内容。

其三，青年学生是革命传统文化教育的重点。中央颁布的文件中有三个是专门针对学校的，包括《中共中央关于改革学校思想品德和政治理论课程教学的通知》《中共中央关于改进和加强高等学校思想政治工作的决定》《中共中央　国务院关于进一步加强和改进大学生思想政治教育的意见》，由此可见，对学生特别是对青年学生进行革命传统文化与价值观的教育是革命文化教育的重点。

3. 红色文化传承与价值观教育融入课程体系

1949 年 10 月，华北人民政府高等教育委员会颁布《华北专科以上学校一九四九年度公共必修课过渡时期实施暂行办法》，提出本年度一、二、三、四各年级均修《新民主主义论》（包括近代中国革命运动史）课程，共 3 学分。中华人民共和国成立以后，教育部于 1951 年颁布《关于华北区各高等学校 1951 年度上学期进行“辩证唯物论与历史唯物论”等课教育工作的指示》，规定高校统一开设辩证唯物论与历史唯物论、新民主主义论、政治经济学思想政治理论必修课。教育部于 1953 年出台《关于改“新民主主义论”为“中国革命史”及“中国革命史”的教学目的和重点的通知》，专门提到上好“中国革命史”课程的重点和目的是“加强学生的反帝爱国主义思想”，“引导学生将爱国主义思想和国际主义思想结合起来”，“启发学生以革命领袖为自己学习的最高榜样，热爱人民和祖国，热爱毛主席和中国共产党，自觉地发扬中国共产党的光荣革命传统”。[①] 教育部于1956年颁布《关于高等学校政治理论课程的规定（试行方案）》，首次规定按年级开设政治理论课，“中国革命史”被安排在第二学期。

改革开放以来，学校思想政治理论课进一步得到重视。1980年7月，教育部印发《改进和加强高等学校马列主义课的试行办法的通知》，明确提出“马列主义课在实现社会主义现代化建设的新时期中只能加强，不能削弱”[②]，确立了中共党史、政治经济学、哲学、国际共产主义运动史、科学社会主义等大学生必修思想政治理论课程。1991年6月，国家教育委员会发出《关于加强和改进高等学校马克思主义理论教育的若干意见》，规定了中国革命史、中国社会主义建设、马克思主义原理、世界政治经济与国际关系（文科）等大学生必修思想政治理论课程。1995年10月，国家教育委员会印发《关于高校马克思主义理论课和思想品德课教学改革的若干意见》的通知，“中国革命史”被列入大学生必修马克思主义理论教育课程之中。1998年6月，中共中央宣传部、教育部《关于印发〈关于普通高等学校“两课”课程设置的规定及其实施工作的意见〉的通知》，对大学生必修马克思主义理论课做了调整，中国革命史课程不再包含其中。

2005年2月，中共中央宣传部、教育部出台《关于进一步加强和改进高等学校思想政治理论课的意见》，明确大学生必修思想政治理论课程为马克思主义基本原理、毛泽东思想、邓小平理论和“三个代表”重要思想概论、中国近现代史纲要、思想道德修养与法律基础。其中提到“中国近现代史纲要”课程的设置目标是：“开展中国近现代史的教育，帮助学生了解国史、国情，深刻领会历史和人民是怎样选择了马克思主义，选

---

① 《建国以来普通高校马克思主义理论课和思想品德课课程设置及教学内容历史沿革资料汇编》（上编），高等教育出版社2004年版，第10—11页。

② 《建国以来普通高校马克思主义理论课和思想品德课课程设置及教学内容历史沿革资料汇编》（下编），高等教育出版社2004年版，第9页。

择了中国共产党，选择了社会主义道路。”① 随后，《〈中共中央宣传部教育部关于进一步加强和改进高等学校思想政治理论课的意见〉实施方案》出台，明确中国近现代史纲要课程为2学分。自方案出台至今，“中国近现代史纲要”作为高等学校思想政治理论课核心课程的地位没有动摇过。

可以说，自新中国成立以来，中国共产党高度重视青年学生的历史观教育，其间虽然课程有所变化，但是总的指导思想没有变。这有利于学生传承革命文化传统，树立正确的国家观、历史观和价值观。

二、习近平关于传承和发展红色文化的论述

“光荣传统不能丢，丢了就丢了魂；红色基因不能变，变了就变了质。”② 新时期，对于如何激活红色基因、弘扬红色文化、传承红色精神，习近平总书记在不同场合做了系列论述。

（一）红色文化具有资政育人价值

首先，红色文化具有鉴往知今的历史价值，能够知晓“我们是从哪里来的”，应该到“何处去”。红色文化的形成发展与中国共产党的发展壮大是同步的，也即是在艰难曲折的革命和建设过程中，在马克思主义中国化的进程中，具有中国特色的红色文化孕育、产生、发展和成熟，并不断被完善、赋予新的内容。可以说，红色文化既是中国革命和建设历程的生动记录，也是这一历程中所彰显的精神、品格和气质的凝练和升华。

每一件珍贵文物、每一处革命遗址、每一个革命事件、每一种革命精

---

① 教育部思想政治工作司组编：《加强和改进大学生思想政治教育重要文献选编（1978—2014）》，知识产权出版社2015年版，第71页。

② 《习近平谈治国理政》第二卷，外文出版社2017年版，第183页。

神，都在以无可辩驳的事实展示着中国共产党英勇斗争的光辉历史。① 红色文化作为党领导广大人民群众抗争和奋斗的历史记录，它最直接的价值是我们可以从中了解过去，知道我们党是怎么发展起来的，我们的事业是怎样不断进步的。习近平总书记多次强调“我们永远不能忘记自己是从哪里走来的”②，“党是怎么走过来的”③，因为唯有牢记过去，才能不忘初衷，在前进中不偏离自己的既定目标，才能知难而上，把前辈开创的事业传承下去，才能以史为鉴，更好地建设中国特色社会主义。当前，历史虚无主义大行其道，以解构历史的名义竭尽丑化、污蔑之能事，企图通过否定红色历史、红色人物、红色故事，混淆视听、颠倒黑白，以否定中国共产党执政的合法性和社会主义道路选择的科学性。而红色文化就是要告诉当代人特别是共产党人牢记来时的路，不能被历史虚无主义的错误观念所蒙蔽，不能数典忘祖忘记了曾经的苦难辉煌。2011 年 3 月，习近平总书记在湖南调研时，专程到毛泽东、彭德怀等伟人故居进行瞻仰时讲道：“要把这些革命传统资源作为开展爱国主义和党性教育的生动教材，引导广大党员干部学习党的历史，深刻理解历史和人民选择中国共产党的历史必然性，进一步增强走中国特色社会主义道路、为党和人民事业不懈奋斗的自觉性和坚定性，永葆共产党人政治本色。”④

其次，红色文化具有铸魂固本的教育价值，鞭策党员干部“始终保持共产党人政治本色”。红色文化是中国共产党执政意识形态的源泉，兼有信仰指引和道德教化功能，它既是科学的价值体系，也是规范的行为体系，为

① 参见李康平、李正兴：《红色资源开发与社会主义核心价值体系教育》，《道德与文明》2008 年第 1 期。

② 《习近平春节前夕赴陕西看望慰问广大干部群众 向全国人民致以新春祝福 祝祖国繁荣昌盛人民幸福安康》，《人民日报》2015 年 2 月 17 日。

③ 《习近平考察贵州：政策好不好 要看乡亲们是哭还是笑》，新华网，2015 年 6 月 17 日，http://news.xinhuanet.com/politics/2015-06/17/c_1115638309.htm。

④ 《习近平在湖南调研时强调 以更加奋发有为的精神加强和改进党的建设 为实现“十二五”时期良好开局提供坚强保证》，《人民日报》2011 年 3 月 24 日。

人们提供了判断是非善恶、规范言行举止的坐标体系。它蕴藏着宝贵的教育资源，并通过物质化和非物质化的形态呈现出来。

红色历史遗址是红色文化的物质形态，是党的优良传统和作风的物质留存，是群众爱国主义教育和干部党性教育的鲜活教材。红色遗址虽然以静止的、陈旧的物化形态展现，但是其所传递的精神力量却是动态的、鲜活的，“昨天的故事”和“今天的故事”在同一内核上形成共鸣，不同场景的人在同一精神领域产生对话。“国家确立的抗战纪念设施和全国爱国主义教育示范基地，是激发爱国热情、凝聚人民力量、培育民族精神的重要场所，应当受到严格保护……充分发挥其在加强爱国主义教育、培育社会主义核心价值观中的重要作用。”① 习近平总书记指出：“革命传统资源是我们党的宝贵精神财富，每一个红色旅游景点都是一个常学常新的生动课堂，蕴含着丰富的政治智慧和道德滋养。”② 党员干部考察红色历史遗址，体会、感悟其所承载的红色符号，追慕红色历史遗迹蕴含的红色故事，能够从中“汲取智慧和力量”③，在缤纷芜杂的现实世界中寻找到宁静的精神港湾和精神支点，进而鞭策自己牢固树立宗旨意识、提高党性修养、坚定理想信念、提升道德境界。

红色精神是红色文化的精神形态，是中国共产党在长期的革命和建设中所积淀的思想意识、精神风貌和心理品质的集中表现，是中国共产党人人生观、世界观、价值观、事业观的重要体现。红船精神、井冈山精神、苏区精神、长征精神、延安精神等都是红色精神的典型代表，它们既蕴涵了中国共产党人革命精神的共性，又显示了不同历史时期的特色和个性，突出反映了中华民族的民族品格、中国共产党的政党宗旨和中国共产党人的政治本色。红色精神是红色文化的灵魂，是党的巨大政治优势，是社会主义核心价值体

---

① 《留住历史根脉　传承中华文明——习近平总书记关心历史文物保护工作纪实》，《人民日报》2015年1月10日。

② 《习近平到韶山》，《人民日报（海外版）》2011年3月24日。

③ 《习近平春节前夕赴陕西看望慰问广大干部群众　向全国人民致以新春祝福　祝祖国繁荣昌盛人民幸福安康》，《人民日报》2015年2月17日。

系的“重要来源”①。习近平总书记特别重视红色精神资政育人的价值。在谈到红船精神时，他指出：“红船所代表和昭示的是时代高度，是发展方向，是奋进明灯，是铸就在中华儿女心中的永不褪色的精神丰碑。”红船精神同井冈山精神、长征精神、延安精神、西柏坡精神等一道，“共同构成我们党在前进道路上战胜各种困难和风险、不断夺取新胜利的强大精神力量和宝贵精神财富”。② 他提出要把红色历史资源转化为红色教育资源，通过红色精神的熏陶，“教育引导广大党员、干部在思想上正本清源、固根守魂，始终保持共产党人政治本色”③。

最后，红色文化具有激励奋进的现实价值，是“最好的教科书”和“营养剂”。记住过去并不仅仅是为了回忆，或者留恋过去的辉煌，而是对经过实践检验、时间沉淀后的过去有更加清晰的认识，更加明确的认知，进而走好未来的路，也即是“接受思想洗礼，以利于更好前进”④。“历史是最好的教科书。对我们共产党人来说，中国革命历史是最好的营养剂。多重温这些伟大历史，心中就会增加很多正能量。”⑤ 历史最能证明精神因素的价值和它们的惊人的作用。⑥ 作为革命和建设历史书写的红色文化自然也是“最好的教科书”和“营养剂”，是鼓舞和激励当代人奋发有为、不断进取的“催化剂”。习近平总书记评论中央革命根据地和中华苏维埃共和国的历史是“一部丰富生动的教科书”，广大干部和党员应该不断从中“得到教

① 习近平：《在纪念中央革命根据地创建暨中华苏维埃共和国成立80周年座谈会上的讲话》，《人民日报》2011年11月5日。

② 习近平：《弘扬“红船精神” 走在时代前列》，《光明日报》2005年6月21日。

③ 《习近平张德江俞正声王岐山分别参加全国两会一些团组审议讨论》，《人民日报》2015年3月7日。

④ 《全军政治工作会议在古田召开 习近平出席会议并发表重要讲话》，《人民日报》2014年11月2日。

⑤ 《党面临的“赶考”远未结束——习近平总书记再访西柏坡侧记》，《人民日报》2013年7月14日。

⑥ 参见［德］克劳塞维茨：《战争论》第一卷，商务印书馆1978年版，第188页。

益，受到启迪，获得力量”①，正是站在时代的高度回望历史、展望未来作出的科学论断。

（二）传承和发扬红色文化

红色文化虽然是一种外来文化，但是传入中国后便与中华优秀传统文化、地域文化和国外其他优秀文化相融合，成为植入中国共产党和人民军队血脉的，以马克思主义为指导的具有中国特色的先进文化，或者说是“红色基因”。这种“红色基因”发轫于中国共产党和人民军队在创建之初确立的思想、原则和方法，集中体现为中国共产党和人民军队的优良传统、优良作风和优良品格。它融入中华民族的民族文化、民族精神，成为中华民族的集体记忆和共有共享的精神瑰宝；融入党的宗旨、路线、方针、政策，成为中国共产党人的价值遵循和行动指南。

今天，随着经济结构的变革、阶层结构的变迁、利益格局的调整，人们思想观念产生和形成的环境已经与红色文化生成的时代迥然不同，中国共产党面临的时代背景、历史主题和历史任务与革命和建设时期相比也发生了根本变化，那么是否还要传承和弘扬红色文化呢？习近平总书记的回答是肯定的。在 2013 年至 2014 年间，他多次提到“把红色基因一代代传下去”“要把红色基因融入官兵血脉，让红色基因代代相传”“把理想信念的火种、红色传统的基因一代代传下去”“把红色资源利用好、把红色传统发扬好、把红色基因传承好”“使我们的党永远不变质、我们的红色江山永远不变色”。这些有关红色基因传承的论述尽管是习近平总书记在部队或者革命老区考察时作出的，但是传递的精神具有一般性和普遍性：红色文化是中国共产党和人民军队与生俱来的优秀文化基因，我们必须珍视且保护好、利用好、发展好，既让革命事业薪火相传、血脉永续，又激活红色基因焕发新的时代活

① 习近平：《在纪念中央革命根据地创建暨中华苏维埃共和国成立 80 周年座谈会上的讲话》，《人民日报》2011 年 11 月 5 日。

力。具体而言，要激活红色基因、更好地传承和发扬红色文化，应该：

其一，传承和弘扬红色精神。红色精神是红色文化的精髓，尽管在不同时期呈现不同的样态、表现形式，但是精神品格都是一脉相承、一以贯之的。用马克思主义基本原理来表述就是普遍性和特殊性、共性和个性的关系，用中国传统文化中的表述就是“理一而万殊”。红色精神体现了红色文化的精神品格，具有超越时代的永恒魅力。习近平总书记多次谈及红色精神的传承和弘扬。在谈到西藏发展时，专门提到“大力弘扬‘老西藏精神’，发愤图强，乘势而上”①；在纪念全民族抗战爆发七十七周年的时候，强调“全党全国各族人民要大力弘扬伟大抗战精神，不断增强团结一心的精神纽带、自强不息的精神动力”②；在考察遵义时，提出“运用好遵义会议历史经验，让遵义会议精神永放光芒”③。

其二，重视榜样人物的力量。红色精神要靠榜样人物的践行，而榜样人物的践行则凝聚成了新的红色精神。英模人物是红色历史故事的主角，是红色精神的书写者和承载者，他们的事迹代代流传，成为社会主义核心价值观教育的重要素材和激励我们前行的强大力量。“实现我们的目标，需要英雄，需要英雄精神。”④ 要通过宣传推广英雄事迹“使广大党员和干部从中获得精神鼓舞，升华思想境界，陶冶道德情操，完善思想品格，培养浩然正气”⑤。雷锋、焦裕禄是优秀共产党员中的杰出代表，他们的事迹被中国人民所熟悉、所铭记，他们的精神是社会主义核心价值观的生动体现。习近平

---

① 《习近平李克强张德江俞正声王岐山分别参加全国人大会议一些代表团审议》，《人民日报》2013 年 3 月 10 日。

② 习近平：《在纪念全民族抗战爆发七十七周年仪式上的讲话》，《人民日报》2014 年 7 月 8 日。

③ 《习近平在贵州调研时强调 看清形势适应趋势发挥优势 善于运用辩证思维谋划发展》，《人民日报》2015 年 6 月 19 日。

④ 习近平：《在颁发“中国人民抗日战争胜利 70 周年”纪念章仪式上的讲话》，《人民日报》2015 年 9 月 3 日。

⑤ 习近平：《在纪念中央革命根据地创建暨中华苏维埃共和国成立 80 周年座谈会上的讲话》，《人民日报》2011 年 11 月 5 日。

总书记高度评价雷锋和雷锋精神，认为雷锋是“民族的脊梁”，身上所体现的精神是“民族精神的最好写照”①，强调“雷锋精神是永恒的”，“要做雷锋精神的种子，把雷锋精神广播在祖国大地上”。② 面对“人民的好公仆、县委书记的榜样”的焦裕禄，习近平总书记多次强调焦裕禄精神是永恒的，“跨越时空、历久弥新”，“永远不会过时”③，要求党员干部学习焦裕禄精神，“对照自己，见贤思齐”，做“焦裕禄式的县委书记”，做到心中有党、心中有民、心中有责、心中有戒。他希望通过宣传雷锋、焦裕禄精神，发挥榜样人物的精神引领、典型示范作用，“激发社会正能量，为实现‘中国梦’提供强大精神动力”④。

其三，发挥青年的主力军作用。青年是社会上最富活力、最具创造性的群体，是党和军队的未来和希望，也是传承红色文化、弘扬红色传统的主力军和中坚力量。习近平总书记特别重视青年的红色传统教育，他的思想可以概括为“两个结合”。一是理论教育与实践体验相结合，既要加强青年红色传统、红色精神的理论教育，又要增加青年红色传统、红色精神的体验教育。他一方面要求把红色精神作为青年理想信念和思想道德教育的重要内容，另一方面又要求通过亲身感受、体验的方式增进青年对红色文化的认同。在航天城接见青年学生时，习近平总书记希望青年学生感受载人航天精神，为实现中华民族伟大复兴的中国梦而奋斗。二是学习体验与亲身践履相结合，既要学习和体验红色文化，更要践行红色精神，做红色文化的自觉实践者。他要求青年官兵“要带头学传统、爱传统、讲传统，带动部队官兵

---

① 《习近平李克强俞正声分别参加全国两会一些团组审议讨论》，《人民日报》2013 年 3 月 7 日。

② 《习近平：把雷锋精神广播在祖国大地上》，新华网，http：//news. xinhuanet. com/politics/2014-03/11/c_ 119718760. htm。

③ 《习近平在河南省兰考县调研期间与干部群众座谈时的讲话》，《求是》2009 年第 10 期。

④ 《习近平李克强俞正声分别参加全国两会一些团组审议讨论》，《人民日报》2013 年 3 月 7 日。

传承好红色基因、保持老红军本色”①，把红色传统代代传下去。

其四，增进宣传教育的效能。红色文化要融入人民群众的生产生活，成为人民群众的日常信仰，必须实现自身的时代化、通俗化、大众化。随着全球化、市场化、信息化等的发展，红色文化及其宣扬的价值观念的社会正效应呈现递减趋势，人民群众对红色文化的认知、红色精神的认同不同程度地遭到削弱，这一方面是因为社会经济基础的变化引起上层建筑的变化所带来的必然现象，另一方面也是因为红色文化的宣传教育力度不够、方式不恰当等因素造成的。针对后一种情况，习近平总书记要求：“加大正面宣传力度，通过学校教育、理论研究、历史研究、影视作品、文学作品等多种方式，加强爱国主义、集体主义、社会主义教育，引导我国人民树立和坚持正确的历史观、民族观、国家观、文化观，增强做中国人的骨气和底气。”② 也就是一方面，要坚持用唯物史观来认识和记述历史，要坚持正确方向、把握正确导向，强化革命历史、红色文化的研究；另一方面，要坚持红色文化教育的分众化、大众化，将红色文化与外部环境、对象特点、时代特点、民族特点相适合，以人们喜闻乐见、具有广泛参与性的方式推广开来。

（三）创新和发展红色文化

红色文化之所以能够在漫长的历史发展中彰显出强大而旺盛的生命力，在于它深深扎根于党领导广大人民群众所进行的伟大的革命和建设实践当中，并随着实践的发展不断得以检验、丰富和发展。它是中国化了的马克思主义与传承、改造了的中华优秀文化的有机结合，是继承与发展、继承与超越的有机统一。在当代中国，是固守已有的红色文化复制性传递，还是结合

---

① 《全军政治工作会议在古田召开　习近平出席会议并发表重要讲话》，《人民日报》2014 年 11 月 2 日。

② 《习近平在中共中央政治局第十二次集体学习时强调　建设社会主义文化强国　着力提高国家文化软实力》，《人民日报》2014 年 1 月 1 日。

时代特征创造性发展？这是红色文化在当下语境中需要回答的理论和现实问题。

“中华文化既坚守本根又与时俱进”，红色文化自然亦是如此。一方面，红色文化蕴含的基本精神、基本品格和正义力量是相对稳定的，是“根”和“魂”，具有超越时空的卓越品质；另一方面红色文化又具有阶段性、地域性，随着经济发展、时代进步和人民价值观、精神世界的变迁而不断丰富。恰如习近平总书记在谈到红船精神时所指出的，“正如党的先进性不是与生俱来、一劳永逸的，‘红船精神’也是具体的、历史的。”① 我们既要坚持红色基因不变异、不退化，不能抛却了“本根”将其庸俗化、低俗化、娱乐化，又要根植于红色基因而创造性发展和转化红色文化，将红色精神与时代主题、历史任务和人民需求结合起来，与当代中国精神的坐标和社会发展的走向结合起来，赋予其新内涵，让红色精神放射出时代光芒。

自新中国成立以来，我们党把红色文化巧妙地融入社会主义精神文明建设、社会主义先进文化建设、社会主义核心价值体系建设和社会主义核心价值观教育之中，不断推进红色文化的时代化。也即是将红色文化的基本精神、优秀品格与中国道路、中国理论、时代要求结合起来，续写红色故事，熔铸新时代的红色精神。习近平总书记多次提及和论述“两路”精神、抗震救灾精神、载人航天精神等，对红色精神的当代体现给予了肯定。习近平总书记强调，新形势下，要继续弘扬“两路”精神，养好两路，保障畅通，使川藏、青藏公路始终成为民族团结之路、西藏文明进步之路、西藏各族同胞共同富裕之路。他高度赞扬了广大航天人“坚定的理想信念、高昂的爱国热情、强烈的责任担当、良好的精神风貌”②，强调载人航天精神激励包括广大青年在内的全国各族人民为实现中华民族伟大复兴的中国梦而奋斗。这是新时代的红色精神，是红色基因与时代特征相结合的产物，是红色文化

① 习近平：《弘扬“红船精神” 走在时代前列》，《光明日报》2005 年 6 月 21 日。

② 《习近平会见神舟十号载人飞行任务航天员和参研参试人员代表》，《人民日报》2013 年 7 月 27 日。

在新时期的创造性转化。

当然，红色文化的发展和转化不是随心所欲的，而是在坚持红色精神、红色传统基础上进行的。它始终保持党的先进性和纯洁性，确定党对中华民族正义事业的领导；坚持把人民利益放在首位，不断维护好、实现好、发展好最广大人民的根本利益；坚持实事求是的思想路线，将马克思主义普遍原理同中国实际相结合，走自己的路、书写自己的故事；坚持崇高的理想信念，保持革命乐观主义和集体英雄主义；坚持中华民族的优秀文化传统，勇于创新、艰苦奋斗、不断前进。这是红色文化的基本精神，也是红色基因的具体体现。习近平总书记认为，无论是现在、过去、未来都不能丢。

三、习近平关于青年核心价值观教育的论述

（一）社会主义核心价值观确立了高校人才培养的目标和核心

“核心价值观，其实就是一种德，既是个人的德，也是一种大德，就是国家的德、社会的德。国无德不兴，人无德不立。如果一个民族、一个国家没有共同的核心价值观，莫衷一是，行无依归，那这个民族、这个国家就无法前进。”① 而高校人才培养的基本目标是立德树人，它抓住了教育的本质要求，明确了教育的根本使命，符合教育规律和人才培养规律。而“德”就包括社会主义核心价值观的要求。社会主义核心价值观决定了高校的办学方向和性质，确立了高校道德教育和人才教育的底线，是社会主义大学的灵魂。所以，习近平总书记强调：“坚持立德树人，把培育和践行社会主义核心价值观融入教书育人全过程。”②

---

① 习近平：《青年要自觉践行社会主义核心价值观——在北京大学师生座谈会上的讲话》，《人民日报》2014 年 5 月 5 日。

② 《习近平就高校党建工作作出重要指示强调　坚持立德树人思想引领　加强改进高校党建工作》，《人民日报》2014 年 12 月 30 日。

（二）青年要做社会主义核心价值观的坚定信仰者、积极传播者、模范践行者

青年作为社会主义的接班人，应该始终将个人的未来与国家的前途命运紧紧联系在一起，“从现在做起、从自己做起，使社会主义核心价值观成为自己的基本遵循，并身体力行大力将其推广到全社会去”①。“历史和现实都告诉我们，青年一代有理想、有担当，国家就有前途，民族就有希望，实现中华民族伟大复兴就有源源不断的强大力量。”② 现在在高校学习的大学生都是20岁左右的“90后”“00后”，到2020年全面建成小康社会时，很多人还不到30岁；到本世纪中叶基本实现现代化时，很多人还不到60岁。青年是社会主义现代化的主力建设者和实现中华民族伟大复兴梦的主力军，他们是否践行社会主义核心价值观以及效果如何，关系着整个社会价值观的塑造，也关系着青年个人的成长成才。习近平总书记形象地用衣服扣子来比喻，他讲道：“这就像穿衣服扣扣子一样，如果第一粒扣子扣错了，剩余的扣子都会扣错。人生的扣子从一开始就要扣好。”③

（三）青年社会主义核心价值观的树立和培育要坚持四个方面

一是要勤学，下得苦功夫，求得真学问；二是要修德，加强道德修养，注重道德实践；三是要明辨，善于明辨是非，善于决断选择；四是要笃实，扎扎实实干事，踏踏实实做人。核心是“道不可坐论，德不能空谈。于实处用力，从知行合一上下功夫，核心价值观才能内化为人们的精神追求，外

---

① 习近平：《青年要自觉践行社会主义核心价值观——在北京大学师生座谈会上的讲话》，《人民日报》2014年5月5日。

② 《习近平给华中农业大学“本禹志愿服务队”回信　勉励青年志愿者以青春梦想用实际行动为实现中国梦作出新的更大贡献》，《人民日报》2013年12月6日。

③ 习近平：《青年要自觉践行社会主义核心价值观——在北京大学师生座谈会上的讲话》，《人民日报》2014年5月5日。

化为人们的自觉行动。”① 四个方面是一个有机整体，不可分割。其中，勤学是前提。“业精于勤，荒于嬉；行成于思，毁于随。”只有勤奋向上、不断学习，才能不断完善自己的知识结构，夯实自己成长成才的基础。修德是关键。陶行知有句名言：“因为道德是做人的根本。根本一坏，纵然使你有一些学问和本领，也无甚用处。”中国文化博大精深，精要之一在于伦理核心，强调道德至上。所以，重视德化、强调道德尊崇是中华民族的优秀美德，也是成大业者必备的品质。明辨是内在要求。辨别是非曲直是作出判断的前提，而要作出科学而有价值的判断必须明辨是非。“胆子大和胡说乱骂，是相似而实非。”鲁迅这句话就是批判那些没有辨别是非而就下结论的人。笃实是根本法则。要做到勤学、修德、明辨，必须脚踏实地、实事求是，“空谈误国，实干兴邦”是也。

（四）青年社会主义核心价值观的培育要全面推进

社会主义核心价值观的培育和践行是一个系统工程，需要各个方面各个层面的推进，单靠一个方面无法达到目的。“要号召全社会行动起来，通过教育引导、舆论宣传、文化熏陶、实践养成、制度保障等，使社会主义核心价值观内化为人们的精神追求、外化为人们的自觉行动。”② 其中，教育引导是前提，没有社会主义核心价值观教育，就不能形成基本的认知，培育和践行就更谈不上了。舆论宣传是条件，没有舆论氛围的营造，则缺乏践行社会主义核心价值观的条件，不能引导更多的人遵从社会主义核心价值观。文化熏陶是基础，要以文化人，实现传统文化的创造性转化并涵育社会主义核心价值观。实践养成是目标，只有人人尊崇社会主义核心价值观、人人践行社会主义核心价值观，社会主义核心价值观才真正“落地”，成为人们的日常信仰。制度措施是保障，没有制度保障，社会主义核心价值观教育不会取

---

① 习近平：《青年要自觉践行社会主义核心价值观——在北京大学师生座谈会上的讲话》，《人民日报》2014 年 5 月 5 日。

② 习近平：《在文艺工作座谈会上的讲话》，《人民日报》2015 年 10 月 15 日。

得长效。

习近平总书记关于青年社会主义核心价值观培育和践行的系列论述为红色文化融入高校社会主义核心价值观教育指明了方向，为推进红色文化涵育高校社会主义核心价值观提供了方法论指导。

第二节 顶层设计和整体部署相结合

一、顶层设计

（一）红色文化涵育社会主义核心价值观的理念要体现在现代大学治理之中

首先，红色精神要融入大学精神之中，体现价值引领、价值塑造的要求。大学精神是大学的灵魂，凝聚着一所大学的历史沉淀、办学特点和精神品格。很多高校本身就是党和人民军队创建的学校，红色气质、红色品格是其办学的重要传统，不能丢。在今天创办人民满意的社会主义大学的过程中，必须珍视自己的红色传统，并将之融入大学精神之中，代代相传。其次，红色精神要融入大学章程中，并将之与社会主义核心价值观的践行结合起来。现代大学制度的核心内容是大学章程。具有红色传统或者居于红色文化资源富集区的学校要注意将红色文化涵育社会主义核心价值观的要求、精神，化繁为简、化巨为细融入办学宗旨、办学理念、文化建设、人才培养、社会服务之中。最后，要将红色文化涵育社会主义核心价值观的要求融入具体的大学治理之中，体现在教育、管理、服务的规章制度中。

一些处于红色文化资源富集区的学校在这方面做得比较好。比如临沂大学。临沂大学依托沂蒙红色文化推进大学生社会主义核心价值观教育的总体思路是：确立一个目标、遵循三个原则、打造一个模式、实施一个工程。其中，“一个目标”是指要培养具有沂蒙精神特质与国际视野的高素质应用型人才；“三个原则”是指要坚持育人为本、德育为先、能力为重、全面发展，坚持德育、智育、体育、美育相结合，坚持全程育人、全员育人、全方位育人的原则；“一个模式”是指依托沂蒙精神和沂蒙红色文化，打造大学生社会主义核心价值观教育教学新模式；“一个工程”是指临沂大学的“红色育人工程”。[①] “红色育人工程”作为一个长效系统工程，内容明确，即“三三三六”体系。“三三三六”体系包括“三进”即红色文化“进校园、进课堂、进头脑”、“三下”即大学生“下基地、下工厂、下农村”、“三研”即研编红色教材、研究红色课题、研发红色产品，“六个一活动”即一次红色文化高端论坛、一场红色演讲比赛、一次红色评先树优、一次红色运动会、一场红歌会、一次军训。[②] 临沂大学建立“三馆”，即展现沂蒙精神的“红色馆”、包含世界各地红色文化资料的“图书馆”和展示沂蒙地质风貌和非物质文化遗产的“红色博物馆”，同时设立电影院、音乐厅和大剧院，定期为在校师生免费播放红色影视作品和大学生自编、自导、自演的红色文艺节目，将红色精神融入学校校园。[③] 临沂大学将红色文化涵育社会主义核心价值观的要求融入了大学治理全过程，体现在大学章程的制定和大学精神的塑造之中。

（二）红色文化涵育社会主义核心价值观的理念要体现在社会主义大学办学目标中

目标是把握“培养什么样的人，如何培养人以及为谁培养人”的根本问题，立德树人，培养社会主义合格建设者和接班人。为了这个目标，要培

---

① 丁凤云：《红色文化：推进核心价值观教育的有效载体》，《光明日报》2013 年 11 月 9 日。

② 参见邢兆远：《临沂大学“红色密码”解开“育人难题”》，搜狐网，2011 年 12 月 9 日，roll. sohu. com/20111209/n328476355. shtml。

③ 参见邢兆远：《临沂大学“红色密码”解开“育人难题”》，搜狐网，2011 年 12 月 9 日，http：//roll. sohu. com/20111209/n328476355. shtml。

养学生积极乐观、吃苦耐劳、脚踏实地等方面的品格，而要培养学生这样的品格，就需要在几个方面保持一致：教育环节方面的一致，体现循序渐进的教育规律；推动力量的一致，包括社会、高校、教学、学生同向发力；保障制度的一致，包括政策、措施、体制的一致。最终，切实将红色文化涵育社会主义核心价值观的要求融入大学生日常的生活学习中。

空军工程大学的“红色传人培育工程”主要包括三大部分内容，分别是：目标图，即学员思想政治素质目标模型；路线图，思想政治素质培育体系；展开图，思想政治素质培育实施方案。其中，目标图又具体化为“崇高的理想信念、坚定的强军追求、纯洁的思想道德、扎实的人文底蕴、健康的心理品质”5个分目标，而5个分目标又细化为15个子目标，构建了一套完善的目标体系。路线图则包括空军工程大学在实践中探索形成的“思想教育、舆论宣传、文化熏陶、典型示范、党团生活、实践养成”六位一体的思想政治教育培育体系。展开图作为“红色传人培育工程”的一个创新点，是在具体化目标模型和培育体系的同时，制定一个类似课程表的《学员德育培育实施方案》。《学员德育培育实施方案》是对“红色传人培育工程”进度的具体安排，以4年8个学期为一个周期，编写教学大纲，包括培育的内容、时间、载体、制度和各级职责，并且要把培育内容、时间分配、阶段划分具体到每学期、每周、每天。这体现了整体性原则。

（三）理性评价红色文化涵育社会主义核心价值观的效果，从整体上把握对大学生价值观、世界观和人生观的影响

因为红色文化融入高校社会主义核心价值观教育的过程是具有整体性的，那么对教育效果的评价也应该是具有整体性的。效果的评价不能是单一方面的，它应该包括依次递进的知—情—意—行四个环节。如果仅仅从某一个环节评价，那肯定是不全面和不客观的。现实方面经常存在的现象是，很多学生尽管对红色文化、红色精神有所了解，但是在实际生活中可能并没有将红色精神融入日常生活转为对核心价值观的自觉遵循。

二、系统推进

系统论与协同论启示我们：各个系统间存在着相互影响而又相互合作的关系，当每个部分以有序、合理、优化的结构形成整体时，整体功能就会大于各个部分之和。红色文化自身是一个系统，包括物质文化、精神文化和制度文化，而物质文化又包括遗址、博物馆、纪念馆、纪念碑、故居等；社会主义核心价值观也是个系统，其中富强、民主、文明、和谐是国家层面的价值目标，自由、平等、公正、法治是社会层面的价值取向，爱国、敬业、诚信、友善是公民个人层面的价值准则，它回答了我们要建设什么样的国家、建设什么样的社会、培育什么样的公民的重大问题。另外，红色文化涵育社会主义核心价值观是一个完整的环节，包括知—情—意—行四个环节；红色文化涵育社会主义核心价值观是一个完整的事业，需要包括社会、教育主管部门、学校、教师、学生的共同努力；红色文化涵育社会主义核心价值观的载体是多方面的，体现为课堂教学、社会实践教学、校园文化营造、制度保障等。总之，红色文化融入高校社会主义核心价值观教育是一个系统工程，它涉及推动主体、融入手段和方式、推动体制机制等多个方面，需要互相配合，系统完备。

中共中央办公厅印发的《关于培育和践行社会主义核心价值观的意见》指出："建立健全培育和践行社会主义核心价值观的领导体制和工作机制，要加强统筹协调，加强组织实施，加强督促落实，提高工作科学化水平。"① 要实现红色文化融入高校社会主义核心价值观教育的系统性，就是要统筹规划、合理安排、齐抓共管。每一个要素的变动都会对其他要素产生重要影响，每一要素活力的激发又都需要其他要素的协同配合，唯有如此，才能保证红色文化融入高校社会主义核心价值观教育取得最大的收益。同时，也要

① 《关于培育和践行社会主义核心价值观的意见》（中办发〔2013〕24号）。

把握各子系统运行特点和规律，研究红色文化子系统和社会主义核心价值观子系统之间的对接，通过有效的机制将二者有机联系起来。

百色学院建立了红色文化“六个一工程”和“四个一”学习载体，“六个一工程”指一个百色起义信息平台、一个红城大讲台、一台红色经典文艺演出、一批红色研究成果、一批红色经典教育微型课程以及一系列红城学术沙龙，“四个一”学习载体指一个研究会、一个研究中心、一个爱国主义教育基地和一批红色教材和读物。① 通过系统的一揽子工程，百色学院红色文化融入社会主义核心价值观的教育取得了显著效果。

三、协同发力

党的十八大以来，中国国家治理的一个重要特点是协同治理。习近平总书记多次阐述了这一思想。比如，在谈到全面深化改革时，他强调要“统筹谋划深化改革各个方面、各个层次、各个要素，注重推进各项改革相互促进、良性互动、协同配合”，防止“畸重畸轻、单兵突进、顾此失彼”；在谈及经济工作时，他要求注重改革的关联性和耦合性，力争形成协同治理优势，避免“畸轻畸重、顾此失彼”，“各行其是、相互掣肘”。针对社会上一些人对改革的误读，他特别说明：中国的改革是一个协同推进的过程，不存在哪些方面改了、哪些方面没有改的问题，只存在哪些方面改革还不到位、哪些方面改革还不协调的问题。

实际上，反映到红色文化融入高校社会主义核心价值观教育问题上，也是如此。协同性是红色文化融入高校社会主义核心价值观教育的根本特征，也是红色文化融入高校社会主义核心价值观教育取得成效的根本保证。如果在推进红色文化涵育社会主义核心价值观的过程中，各要素、各环节、各举

① 《百色学院：发扬“石磨精神”，打造区域名校——访百色学院党委书记卞成林》，广西高校思政教育在线网，2013 年 9 月 25 日。

措各行其道、彼此不顾，那么最终的效果不是“1+1>2”，而是“1+1≤2”。这种协同性应该包括以下几个方面：

其一，政府、社会和学校的协调。社会主义核心价值观教育是整个国家和民族的事业，学校仅仅是承担这一使命的重要组成部分，我们不能把社会主义核心价值观教育方面的进步都归功于学校，也不能将社会主义核心价值观教育方面存在的问题都归罪于学校。对于红色文化融入高校社会主义核心价值观教育的工作来说，主体责任承担在学校，但是并非学校一家能为，比如红色遗址征收门票的行为，学校就无权处理，只能靠政府了。所以，政府、社会和学校应该形成一致性目标和思路，把红色文化融入高校社会主义核心价值观教育作为全社会的责任予以高度重视，并在政策措施、推进机制方面形成合力，既分工明确，又互相配合。比如在社会实践基地建设方面，要促进政府、学校、企业、社会等按照“目标共同、机制共建、资源共享、责任共担”原则建立实践育人共同体，整合各方资源、发挥集聚效应、推进深度融合。

其二，学校内部各部门之间的协调。红色文化如果要真正融入社会主义核心价值观教育，必然要涉及学生管理部门、思想政治理论课教师、财务部门甚至后勤部门等。比如，红色文化融入课堂社会主义核心价值观教育，需要思想政治理论课主管部门的努力，而社会实践教育则需要学生管理部门、思想政治理论课教师、财务部门甚至后勤部门的配合。另外，学校部门内部也需要协调。比如马克思主义学院，既要扶持老师开展红色文化和社会主义核心价值观方面的研究，又要鼓励教师将研究成果融入课堂教学，这实际上是学术研究和教育教学协调的问题。

其三，路径的协同。教育理念融入、课程融入、校园文化融入、社会实践融入、管理育人融入、现代传播手段融入等要凝成合力。管理者、任课教师、班主任、辅导员和党团组织都应切实履行育人职责，把弘扬、培育、践行社会主义核心价值观作为自己教书育人、管理育人义不容辞的责任，通过言传身教传承红色精神，引导学生价值观形成。

第三节　分众规划和精准教育相结合

一、分众化是精准化的前提

分众化即是红色文化融入高校社会主义核心价值观教育要分群体、分情况进行，不能“一刀切”。《关于培育和践行社会主义核心价值观的意见》强调指出：要“坚持联系实际，区分层次和对象，加强分类指导，找准与人们思想的共鸣点、与群众利益的交汇点，做到贴近性、对象化、接地气”①。这实际上也反映了分众化的要求。因为青年是整体的，更是个别的、具体的。特别是改革开放以来，青年对事物的认识和判断的独立性、自主性、个性化特征明显增强，价值取向、行为方式趋向多样化、复杂化。由于性别、生源地、学科、年级、政治面貌、家庭环境、学校性质等的差别，社会主义核心价值观教育在不同学生群体中的影响力存在差异。比如，有学者设计问卷对广东省30所高校的2700名大学生进行调查，发现：农学类、人文社科类、教育类、经济管理类专业学生对社会主义核心价值观的了解度（非常了解和比较了解比例）高于医学类、体育类、艺术类、理工类专业学生；党员和学生干部对社会主义核心价值观的了解程度要高于非党员和非学生干部。② 现实情况要求红色文化融入高校社会主义核心价值观的教育既要区分层次、突出重点，也要加强不同层次、不同阶段融入教育的衔接。具体而言，这种分众化体现在：

其一，学习阶段不同则教育内容和教育方式应不同。比如，对少年儿童进行社会主义核心价值观教育，就要适应他们的年龄和心理特点，做到记住

---

① 《关于培育和践行社会主义核心价值观的意见》（中办发〔2013〕24号）。

② 参见马娟：《社会主义核心价值观在高校大学生中的传播及影响力研究——基于对广东省30所高校大学生的实证调查》，《思想政治教育研究》2017年第2期。

要求、心有榜样、有所意识就行了，而采用的教育方式可能是歌谣、游戏、简单图片、讲故事之类的，而对于成年人就不能局限于此了。高校在教育目标制订和教育方案设计方面，要根据阶段性与整体性相统一的原则，既要突出红色文化涵育社会主义核心价值观的整体性要求，又要注重阶段性特征，且要做好衔接。比如本科生和研究生就应该有所区别。本科生需要注重红色文化、社会主义核心价值观认知的教育，而研究生则重在结合专业品格、科技伦理等开展红色文化、社会主义核心价值观情感认同和行为践行的教育。① 另外，本科生阶段，在将红色人物、红色故事融入课堂社会主义核心价值观教育的时候，老师应以讲授为主，而在研究生阶段，则可以针对历史虚无主义等社会思潮，将红色故事的传播作为专题进行讨论。另外，也要尊重个体价值需求的多样性。从高校师生的具体生活境遇、思想状况、成长发展等维度出发，在尊重差异中积极扩大价值共识，在包容多样中努力增强价值共识。

其二，专业不同则教育内容不同。红色遗址承载的历史、文化既具有一般性的方面，也具有特殊性的方面。红船精神、井冈山精神、延安精神等就是这种特殊性的反映。那么，在对学生进行红色文化及蕴含的价值观教育时，要根据学生所学的专业特点，力争将红色遗址承载的各类信息与学生愿意接受的信息契合起来。比如，面对党史专业的学生，要组织他们考察红色遗址，由专业的老师带队，注重对各类文献的收集；面对传播学方面的学生，要注意红色遗址的选择，最好是新华社旧址等地，帮助他们了解新闻传播历史及党的新闻传播的特点和规律；对于专业难以对接的学生，可以带他们到本地或者其他地区红色文化遗址去学习考察，了解红色文化的演进历程及精神品格。

其三，区域不同则教育方式不同。本质上所有高校的社会主义核心价值

① 参见陶韶菁：《大学生对社会主义核心价值观的认知现状调查与对策分析》，《思想理论教育导刊》2016 年第 8 期。

观教育都可以引入红色故事，都可以挖掘红色资源，但是不同地区的高校基于社会主义核心价值观教育的针对性和实效性，在红色历史资源的选择方面又不相同。比如，有些学校的校史就是一部革命史，那么他们将红色文化涵育社会主义核心价值观则是“身在宝山可挖宝”，具有先天的优势；有些学校处于红色文化资源富集区，比如延安大学、井冈山大学、临沂大学等，他们可以就地取材，利用本区域的红色故事教育学生形成科学的价值观，利用本地的红色遗址开展红色文化涵育社会主义核心价值观的实践教学；有些学校既不属于红色资源富集区，自身又没有红色历史资源可用，那么就可以选择具有代表性的红色故事融入社会主义核心价值观教育。不同学校在将红色文化融入学校社会主义核心价值观教育的过程中可以有自己的特色。

二、精准化是分众化的目标

精准化即是要求红色文化融入高校社会主义核心价值观教育要有针对性，要精细化。“关键是要提高质量和水平，把握好时、度、效，增强吸引力和感染力，让群众爱听爱看、产生共鸣，充分发挥正面宣传鼓舞人、激励人的作用”①。这里讲的“把握好时、度、效”，对于传承弘扬红色文化和培育与践行社会主义核心价值观，同样具有重要的指导意义。具体而言，体现在：

其一，红色文化与社会主义核心价值观教育的内容对接应该精准化。红色文化内容博大，具有非常丰富的内涵，而社会主义核心价值观也是一个体系，具有不同的层次。要在红色文化中博观约取，选择其中具有典型性的内容有机融入社会主义核心价值观的具体层面具体内容的教育，使得社会主义核心价值观的教育更具有趣味性和感染性。这种“融入”应该是有设计、有安排的，不是随意而无章法的，而融入的方式应该是自然而非刻意的，它

① 《习近平在全国宣传思想工作会议上强调　胸怀大局把握大势着眼大事　努力把宣传思想工作做得更好》，《人民日报》2013 年 8 月 21 日。

要体现教育者的主体性和创造性。比如，经过调查发现，在社会主义核心价值观“三个倡导”中，让大学生以重要性排名进行选择，排名前四位的为“民主”“富强”“平等”“和谐”，那么针对这种情况，教师应该重点在这些方面实现对接和融入。另外，应当正视差异的存在，研究不同群体价值立场的分歧和冲突点，找到问题症结，为解决问题并进行价值构建提供可能。

其二，红色文化融入高校社会主义核心价值观教育的方式方法应该精准化。红色文化融入高校社会主义核心价值观教育是否取得效果，方法是关键。这种方法是中介，把教育者的思想贯穿于教育过程中，并能够把控教育效果。比如在思想政治理论课的课堂上，将红色文化涵育社会主义核心价值观，可以用教师主导讲授的方法，也可以用学生课堂讨论的方法，还可以用红色经典展播的方法，而哪种方法更准确、更有效，则需要教师认真比较、考量，力争使教育的方式更符合课堂设计的要求和学生的接受心理，在最大可能的基础上寻求最大的效果。再如，在校园文化建设方面，红色主题雕塑的设计应该符合学校的办学历史、具体校情和建筑美学，不能硬性将红色元素“涂抹”在校园文化上。

另外，不同性别、学历层次和政治面貌的学生，教育方式也应该不同，要有针对性。有调查发现，从性别来看，男大学生更倚重书刊杂志，女大学生更倚重课堂传授。男大学生选择课堂传授、书刊杂志、党员培训、网络媒体、电视广播的比例分别为 47.0%、50.0%、47.8%、42.8%、35.5%，女生则为 52.7%、47.4%、49.2%、44.1%、35.8%。从学历层次分析，本科生和博士生倚重网络媒体，硕士生倚重党员培训。本科生选择课堂传授、书刊杂志、党员培训、网络媒体、电视广播的比例分别为 44.3%、43.9%、41.2%、46.1%、31.5%，博士生分别为 18.8%、31.3%、40.6%、46.9%、28.1%，硕士生则为 29.5%、41.0%、50.8%、42.6%、41.0%。从政治面貌来看，党员大学生最重视党员培训，非党员大学生最看重课堂传授。党员大学生选择课堂传授、书刊杂志、党员培训、网络媒体、电视广播的比例分别为 32.1%、39.3%、49.4%、39.4%、25.1%，共青团员大学生分别为

54.4%、52.0%、43.7%、51.8%、37.6%，群众大学生则为 52.6%、48.6%、35.1%、42.1%、32.5%。① 针对这种情况，红色文化融入社会主义核心价值观的教育就应该在途径、方式和方法方面有所侧重，不能“放到篮子都是菜”，把所有的方法一股脑用在所有的人群。

厦门大学建立了福建省第一个党支部——中国共产党厦门大学支部暨罗扬才烈士纪念室，向全校师生弘扬罗扬才精神。罗扬才烈士从贫苦农村辗转入城求学，曾参与“五卅”大罢工、“罢山罢海”斗争，是厦门市第一位共产党员，也是福建省第一个党支部——中国共产党厦门大学支部的首任书记。后于1927年厦门“四·九”政变中被捕，他高唱《国际歌》走上刑场，英勇就义，时年22岁。如今，罗扬才烈士的革命精神已被确立为厦门大学“四种精神”之一，被厦门大学师生所弘扬。厦门大学将罗扬才精神融入学校社会主义核心价值观教育成效颇佳，因为引入案例首先是精准的。

第四节　理念倡导和生活践行相结合

红色文化融入高校社会主义核心价值观的教育应该坚持理论的逻辑、生活的逻辑和人的发展的逻辑的统一。教育管理者和教师不应是党的理论、方针、政策的传声筒，不应脱离社会现实特别是社会生活和学生需要讲授理论，以免让学生感觉自己是理论之外的“他者”，内心产生距离感和陌生感；应该注重理论讲授的时代化、生活化，突出理论的人本关切，将“我们所提倡的价值理念与人们日常生活联系起来”，将社会主义核心价值观与个人的生活、成长历程结合起来，在社会主义核心价值观教育的日常化、具体化、形象化和生活化上下功夫，在落细、落小、落实上下功夫，进而减少

① 参见陶韶菁：《大学生对社会主义核心价值观的认知现状调查与对策分析》，《思想理论教育导刊》2016年第8期。

作为意识形态的“顶层”话语的社会主义核心价值观与大学生的“终端”话语的势差。只有这样，学生才能对理论产生亲切感，愿意将个人的成长成才融于国家的发展和民族的进步中，在实现中国梦的进程中实现青年梦，在生活的体验和当下或未来利益的满足中确立自己的价值观。

一、生活化是落脚点

习近平总书记曾说：“核心价值观的养成绝非一日之功，要坚持由易到难、由近及远，努力把核心价值观的要求变成日常的行为准则，进而形成自觉奉行的信念理念。”① “把核心价值观的要求变成日常的行为准则”是对社会主义核心价值观教育的期望，也是社会主义核心价值观教育的目标和落脚点，是红色文化融入高校社会主义核心价值观教育取得实效性的根本保证。

“教育的根本意义是生活之变化。生活无时不变，即生活无时不含有教育的意义”，“到处是生活，即到处是教育。”② 日常生活作为人类生存活动包括抽象的理论活动得以立足的基础，是人类赖以存在的最基本平面，是人们进行各种各样社会活动的土壤，更是意识形态被认同的基本场域。③ 赫勒将人类社会结构划分为三个层次，最高领域是科学、艺术、哲学等领域，居中的是社会、经济、政治等制度化领域，基础领域是日常生活领域。日常生活领域是其他二者的根基。价值观尽管属于人的自为的对象化领域，但基础是日常生活领域，因为“社会主义核心价值观既表现为观念形态，同时更重要的是应当表现为现实形态，即体现在社会主义实践和人们的社会生活、社会交往之中”④。

---

① 习近平：《青年要自觉践行社会主义核心价值观——在北京大学师生座谈会上的讲话》，《人民日报》2014 年 5 月 5 日。

② 《陶行知全集》第二卷，四川教育出版社 1991 年版，第 256 页。

③ 参见吴翠丽：《社会主义核心价值观嵌入日常生活的困境与消解路径》，《思想教育研究》2014 年第 1 期。

④ 孙向军：《论社会主义核心价值观及其培育》，《中共中央党校学报》2013 年第 2 期。

价值观的基础在日常生活领域，价值观教育的根基也应该在日常生活领域。社会主义核心价值观教育的逻辑起点是日常生活，旨归在于构建更好的日常生活。社会主义核心价值观教育最根本的是“对日常生活中的主体进行重构，从而促使日常生活的根本改变”①。红色文化涵育社会主义核心价值观的教育必须把价值观领域的理想与现实、社会与个人紧密结合在一起，贯通知识体系与学生的生活世界，使日常生活不仅成为学生感知、领悟、认同和践行社会主义核心价值观的场所，而且成为社会主义核心价值观不断生发的舞台。唯有如此，才能破除社会主义核心价值观教育理想性和实用性、抽象性和具体化、普遍性和情境性之间的矛盾，既让师生在知识和理论层面更好地理解红色文化以及社会主义核心价值观的基本内涵，又能让他们在日常生活学习中形成良好的价值判断、价值选择能力，并将社会主义核心价值观作为价值判断的依据和生活实践的准则。

二、生活化的前提

生活化的前提是需求契合。“‘思想’一旦离开‘利益’，就一定会使自己出丑。”② 价值观作为人们对客观价值关系的观念把握，是社会意识和思想领域的精神内核，它植根于现实社会中人的主观需求，是发展变化的人的现实需求在思想观念中的反映；需要是衡量一切价值的内在尺度，是“实现社会主义核心价值观认同的现实基础”③。价值观的生成不仅依靠理论的外部灌输，更要靠价值主体在生产和生活实践中，通过精神体验、主观感受和切身体悟，自我感知、自我辨别、自我认同，最终确立价值观、坚定价值观、践行价值观。邓小平就曾说：“群众从事实上感觉到党和社会主义好，

① 吴翠丽：《社会主义核心价值观嵌入日常生活的内在机理与实现路径》，《南京社会科学》2015 年第 2 期。

② 《马克思恩格斯文集》第 1 卷，人民出版社 2009 年版，第 286 页。

③ 赵伟：《人的需要：社会主义核心价值观认同的现实根基——培育践行社会主义核心价值观的路径探索》，《社会主义研究》2014 年第 5 期。

这样，理想纪律教育，共产主义思想教育和爱国主义教育，才会有效。”①价值主体在体验中选择哪一种价值，取决于三点：其一，这种价值所倡导的终极关怀和价值理念是否与主体的自身追求相契合，契合度越高主体的确信度越高；其二，这种价值观的领袖或领导者是否具有人格魅力，能够使人们产生追随的冲动并参与到群体中为共同价值而奋斗；其三，这种价值观指导下的社会实践能否满足个人利益和需求，使价值主体的生存状态越来越好。其中第三点是核心，社会个体能否选择某种价值观、坚定某种价值观关键取决于这一点。当前，社会主义核心价值观教育之所以措施多而不尽如人意，原因在于“严重忽视了‘人的需要’维度，忽视了现实的人的需要在社会主义核心价值观认同中的根基性作用”②。

“文化是包括一套工具及一套风俗人体的或心灵的习惯，它们都是直接或间接地满足人类的需要。”③ 红色文化涵育社会主义核心价值观满足大学生的需求包括两个层面：

其一，物质需求。恩格斯在马克思墓前说过：“正像达尔文发现有机界的发展规律一样，马克思发现了人类历史的发展规律，即历来为繁芜丛杂的意识形态所掩盖着的一个简单事实：人们首先必须吃、喝、住、穿，然后才能从事政治、科学、艺术、宗教等等；所以，直接的物质的生活资料的生产，从而一个民族或一个时代的一定的经济发展阶段，便构成基础，人们的国家设施、法的观点、艺术以至宗教观念，就是从这个基础上发展起来的，因而，也必须由这个基础来解释，而不是像过去那样做得相反。”④ 作为国家而言，吃、喝、住、穿是民生大计，是必须解决的根本问题；对于社会个体而言，吃、喝、住、穿是生存之要，是必须解决的头等大事。社会主义核

① 《邓小平文选》第三卷，人民出版社 1993 年版，第 144—145 页。

② 赵伟：《人的需要：社会主义核心价值观认同的现实根基——培育践行社会主义核心价值观的路径探索》，《社会主义研究》2014 年第 5 期。

③ ［英］马凌诺斯基：《文化论》，费孝通译，华夏出版社 2002 年版，第 15 页。

④ 《马克思恩格斯选集》第 3 卷，人民出版社 2012 年版，第 1002 页。

心价值观教育是立足于吃、喝、住、穿并超越吃、喝、住、穿的教育。具体而言，红色文化融入高校社会主义核心价值观的教育要满足大学生对当前性现实利益的需求，与大学生成长成才、专业学习和职业规划结合起来。比如一些学校本身就具有红色基因，学校的发展史、学科发展史和党史密切相关，在这种情况下可以在讲述红色故事的时候，把学校的发展史、学科发展史和党史结合在一起，让学生明白如何将价值选择、职业选择和国家命运紧密联系在一起，在为国家和民族奋斗中成就自我。当然，需要的内容和水平归根结底是由生产力的发展水平决定的，红色文化融入社会主义核心价值观教育满足大学生的现实需求的内容和方式也必须是与时俱进的。

其二，精神需求。首先，红色文化涵育社会主义核心价值观要与民生问题结合起来。学校管理者和教师在引入红色故事开展社会主义核心价值观教育时，必须嵌入日常生活的现实诉求，直面人民大众所关注的理论热点和社会焦点，从民众日常生活的现实诉求角度对社会主义核心价值观进行探讨解释，针对人们普遍关注的社会保障问题、医疗问题、住房问题、就业问题等，“既讲清‘怎么看’又说明‘怎么办’，把党和政府的政策措施讲清楚，把对群众的利益安排讲明白”①。其次，红色文化涵育社会主义核心价值观要与大学生关心的热点价值观问题结合起来，比如历史虚无主义、极左思潮等，释疑解惑，解答大学生思想中存在的困惑问题。

三、生活化的维度

（一）红色文化融入社会主义核心价值观的教育嵌入日常生活的认知认同中

社会主义核心价值观作为一种核心意识形态和由各种具体意识构成的思

---

① 李长春：《在纪念中国共产党成立90周年理论研讨会上的讲话》，《人民日报》2011年7月6日。

想体系，具有高度概括性、抽象性，这给社会主义核心价值观教育带来了难度。引红色故事、红色符号入高校社会主义核心价值观教育中，要运用大学生熟知的语言和喜闻乐见的形式，实现教育方式由“基本原理”向“生活道理”、抽象术语向日常话语的转换，让大学生容易接受、乐意接受，并形成反思态度、批判精神和创新意识的自觉。

（二）红色文化融入社会主义核心价值观的教育嵌入日常生活的情感认同中

价值情感是链接知识和行为的中间环节，是主体对价值的精神体验、情绪感受和心理反应，表现为对某种价值的赞成、喜欢或肯定的态度，它决定着社会个体是否选择某种价值并保持持久性、稳定性。“认知认同不仅要体现在理性认知上，也要反映在情感认同上，真理的力量加上道义的力量，才能行之久远。”① 能够熟悉社会主义核心价值观的内涵和认同社会主义核心价值观是两回事，要想让大学生自觉践行社会主义核心价值观必须首先让他们形成对其的情感认同。基于此，红色文化融入高校社会主义核心价值观的教育要注意情感的激发，用红色小故事说明价值观大道理，情理交融、以情生情，塑造大学生正向情感。

（三）红色文化融入社会主义核心价值观的教育嵌入日常生活的行为认同中

埃·弗洛姆曾经指出：“自由和民主的思想，如果不是以个人的生产性体验为基础，而是由强迫个人相信这些思想的党派或国家所提出，那么，它们除了堕落为非理性信仰之外，就什么都不是了。”② 践行是高校社会主义核心价值观嵌入日常生活的最终落脚点。只有将红色文化融入社会主义核心

① 刘云山：《着力培育和践行社会主义核心价值观》，《党建》2014 年第 2 期。

② ［美］埃·弗洛姆：《为自己的人》，孙依依译，生活·读书·新知三联书店 1988 年版，第 193 页。

价值观的教育完全嵌入日常学习、工作和生活之中，体现为对大学生的生活要求、学习要求和行为要求，才能真正推动大学生由认知认同到情感认同及至行为认同的转变，做到内化于心、外化于行。

四、生活化的途径

赫勒对日常生活的特征做过如下概括：第一，重复性，即重复性思维和重复性实践；第二，规范性，即以给定的规则、规范为准绳并理所当然遵循；第三，经验性，通过模仿、类比他人或已有经验的方式来习得必要的社会规范；第四，实用性，以最少投入换最大产出；第五，情境性，日常语言、日常规则、习惯。① 将红色文化融入社会主义核心价值观的教育嵌入大学生的日常生活，可以参照赫勒的说法，作出相应性安排。

（一）重复性教育

可以将红色文化蕴含的价值编辑成故事、语录等的形式，然后汇集成册，发放给学生。也可以组织学生传唱红色经典歌曲，让学生在浅吟低唱中体会红色文化蕴含的价值力量。

（二）规范性教育

红色文化融入高校社会主义核心价值观教育的生活化，就在于通过制度将好的做法固定化，形成规范化的操作流程和做法，避免人为因素引起的不恰当行为，保证教育过程规范化，教育效果持续改进，最终“形成有利于培育和弘扬社会主义核心价值观的生活情景和社会氛围，使核心价值观的影响像空气一样无所不在、无时不有”②。

---

① ［匈］阿格妮丝·赫勒：《日常生活》，衣俊卿译，重庆出版社 2010 年版，第 8—11 页。

② 《习近平在中共中央政治局第十三次集体学习时强调　把培育和弘扬社会主义核心价值观作为凝魂聚气强基固本的基础工程》，《人民日报》2014 年 2 月 26 日。

（三）经验性教育

中国传统文化特别重视类比，比如将梅花、莲花、竹子与人的品格联系起来，所谓“兰花君子德”“莲之出淤泥而不染”“竹似贤，何哉?”等。红色文化融入高校社会主义核心价值观的教育运用经验性教育就是要通过榜样的力量，引导大学生见贤思齐，不断升华对核心价值观的认识，提高自己践行核心价值观的自觉性。要注意将红色文化融入高校社会主义核心价值观的教育符号化，用可见的实物隐喻代表抽象的价值意义，比如国旗、党旗、党徽等。

（四）实用性教育

红色文化融入高校社会主义核心价值观的教育也要注意在把握目标的基础上力求投入最小的人力、物力和财力成本，取得最好的效果。特别是一些学生的社会实践考察活动，要规划好路线，设计好要求，力求简约实效。不能在开展红色文化涵育社会主义核心价值观的时候做着违背红色精神的事情，或铺张浪费，或形式主义。

（五）情境性教育

红色文化融入高校社会主义核心价值观的教育要注意情景氛围的营造，抓好仪式教育、节点教育。比如在红色遗址等爱国主义教育基地开展教育，在党和国家的一些纪念日开展教育等。

第五节　保持原貌和发展创新相结合

红色文化具有开拓创新的品质。我们所说的狭义的红色文化主要是指新民主主义时期中国共产党领导人民创造的民族的、科学的、大众的文化。在社会主义制度建立之后，尽管红色文化反映的内容、形式等发生了变化，但是红色精神一直存在，根植于中国共产党领导人民建设现代化、实现中华民族伟大复兴的中国梦实践中，并结合时代特征转化为具体的形态，比如“两弹一星”精神、载人航天精神、汶川精神、青藏铁路精神等。

红色文化是与时俱进的，那么红色文化涵育社会主义核心价值观也应该坚持继承和发展的统一。具体而言，包括：

其一，红色文化本原性融入高校社会主义核心价值观教育。所谓的“本原性”就是在课堂教学、新媒体宣传、校园文化营造等过程中，将红色故事的原貌以及蕴含的精神、气质和道义担当复制性描述，在社会实践教育过程中带领学生参观红色遗址，了解当年革命历史发生的过程，了解其真实面貌。一句话，将红色文化原本呈现出来，融入高校社会主义核心价值观教育。

其二，红色文化创造性融入高校社会主义核心价值观教育。所谓的“创造性”主要体现在课堂教学、新媒体宣传、校园文化营造等过程中，将与时俱进了的红色文化及其蕴含的精神、气质和道义担当进行创造性描述。也即是依据大学生接触新事物多、信息面广、思维敏捷的特点，不断创新红色文化融入高校社会主义核心价值观教育的新途径、新方法，增强红色文化融入高校社会主义核心价值观教育工作的时代感。

其三，新时代红色文化融入高校社会主义核心价值观教育。中华民族是一个崇尚创新的民族，称道“苟日新，日日新，又日新”。红色文化具有包容性和创新性，崇高的红色精神和先进的红色价值理念与时代相结合，与人民群众的主体性创造相结合，便会产生出新的时代精神。比如，“载人航天”精神，其内涵是特别能吃苦、特别能战斗、特别能攻关、特别能奉献。它是“两弹一星”精神的延伸，是“祖国利益高于一切”精神的升华，是我国航天领域取得辉煌成就的巨大动力。“青春只有在为祖国和人民的真诚奉献中才能更加绚丽多彩，人生只有融入国家和民族的伟大事业才能闪闪发光。”① 我们

① 《胡锦涛在全国加强和改进大学生思想政治教育工作会议上发表重要讲话强调　进一步加强和改进大学生思想政治教育工作　大力培养造就社会主义事业建设者和接班人》，《人民日报》2005 年 1 月 19 日。

可以将载人航天精神、汶川精神、青藏铁路精神等融入学校社会主义核心价值观教育，开展形式多样、生动活泼的学习教育活动，用新的红色精神教育时代新人。

红色文化涵育社会主义核心价值观不能将原本性、创造性二者割裂开来。如果只强调“原本性”，则容易与时代产生距离感，很难说与大多数学生内心产生共鸣，如果只强调“创造性”，那么红色文化融入社会主义核心价值观的教育又缺乏源头活水。所以，最佳的方式是将二者结合统一于红色文化融入高校社会主义核心价值观教育的部署中，在体现时代性、把握规律性、增强实效性方面下功夫。

第五章

红色文化涵育高校社会主义核心价值观的对策

第一节　重视红色文化资源挖掘、保护和研究

一、挖掘并且保护红色历史文化资源

挖掘和保护红色历史文化资源是利用红色文化资源开展大学生社会主义核心价值观教育的基础。文化能够育人，一般要经过开发挖掘、编纂创作、传播弘扬、学习领悟、实际践行、产生影响和成效评价这样一个复杂的链条式过程，而在这一复杂过程中，挖掘和保护是前提。红色文化形成于革命战争年代，它谱写了中国共产党壮丽的革命史诗，见证了革命先辈不怕牺牲、英勇战斗的革命历程。每一处革命遗址、每一件革命遗物、每一个革命故事、每一位革命人物都是一部厚重的教科书。正因为红色文化记录了鲜活、真实、宝贵的革命历史，又具有多重价值和功能，因此它是宝贵的历史文化遗产。然而，由于距今已有一定年代，中间又受自然或者人为因素的影响，许多革命遗址、遗物、遗迹等都遭到破坏，一些老红军、老战士随着年龄的增长也逐渐离开人世。抢救和保护红色历史文化资源迫在眉睫。

（一）全面挖掘、梳理红色历史文化资源

红色历史文化资源遍布全国各地，丰富且多样，挖掘红色历史文化资源是一项复杂而又细致的工作，需要在国家相关部门的宏观领导下，以各省为基本单位，根据各自的实际情况，制定详细、可行的实施方案。首先，建立全国红色历史文化资源收集机构。各省应调动省内相关部门，组织人员相互配合、分组行动、各司其职，对红色革命遗址、红色建筑、景区、场所等进行清点，获取相对准确、具体的信息；利用走访、采访的方式，收集老革命、老战士所了解、熟悉的红色历史故事，征集红色遗物、故事、事迹、图片、影像。其次，针对红色历史文化资源的不同内容、类型和价值功用等，组织相关部门进行分门别类的梳理，形成红色历史文化资源大数据库。具体又可细分，如根据精神归类，可以将红船精神、井冈山精神、长征精神、延安精神、西柏坡精神等所有红色精神归为一个资源库。这样有利于快速了解红色历史文化资源的存量及分布，提高红色历史文化利用效率。

（二）及时保护和留存红色历史文化资源

红色历史文化资源具有资源特性，且属于不可再生资源，一旦破坏，很难恢复和挽救。当前，尽管红色历史文化资源的保护工作受到重视，但是在我国经济快速发展过程中，红色历史文化资源的利用和保护与地方经济的增长之间的矛盾还常有发生，牺牲红色历史文化换取经济一时发展的现象屡见不鲜。在这种情况下，我们必须怀着时不我待、只争朝夕的紧迫感，秉承可持续发展和保护第一的原则，及时保护红色历史文化资源。

具体来说，要在加大对红色历史文化保护经费投入的基础上，制定相关法律规章制度，遏制以利用红色文化或者经济开发为借口，破坏原生态红色历史文化资源的现象。一方面保护物态红色文化资源，对一些破坏宝贵红色物质遗产的行为作出严厉惩罚，避免类似行为的发生，以免造成更大损失，同时对已经破坏的革命遗址、故居、文物等进行抢救和修复，以防红色文化

遗址消失。另一方面，捍卫红色文化遗产的价值引领功能，杜绝功利化、庸俗化开发利用红色文化资源的行为，如“恶搞”红色经典、红色人物等。此外，有关部门应密切关注红色文化资源现状，做到未雨绸缪，及时补充、完善和重新编订破损和将要遗失的红色文化相关文献、资料。它们是记载文化历史的珍贵史料，必须花大力气保护。

二、强化红色文化价值涵养理论研究

要使红色文化融入高校社会主义核心价值观教育并得到大学生认同，必须立足新时代、新任务、新特点，全面、立体化阐发红色文化的价值涵养功能。

（一）加强红色文化与社会主义核心价值观研究平台建设

创建红色文化与社会主义核心价值观研究平台是有效利用红色文化开展大学生社会主义核心价值观教育的现实要求，政府、高校、教师都有责任。其中，政府具有强大的感召力和影响力，是红色文化与社会主义核心价值观理论研究的主要推动者，应具备责任担当意识和科学规划意识，主动将红色文化涵育社会主义核心价值观的研究纳入国家、教育部和省市社科研究项目以及共青团和青少年研究项目之中，并且给予重点支持。特别是在红色历史文化资源富集区，应该针对红色文化涵育社会主义核心价值观主题展开持续性、系列性研究。高校承担着人才培养、科学研究、社会服务、文化传承创新、国际交流合作五大功能，是红色文化和社会主义核心价值观研究的主体力量。高校可以根据自己承担的历史责任，结合学校办学传统、自身所处的地域优势，成立红色文化与社会主义核心价值观方面的研究机构，重点支持相关课题研究、学术研讨、著作出版，系统研究红色文化涵育社会主义核心价值观的重大意义、基本要素和实践途径，为培育和践行社会主义核心价值观提供理论基础和学理支撑。在有条件的高校，要打造红色文化涵育社会主义核心价值观、革命精神与社会主义核心价值观教育方面的特色智库。目前，黄冈师范学院、井冈山大学、赣南师范大学等利用地域优势分别建立了大别山红色文化研究中心、井冈山精神研究中心、中央苏区研究中心等，具有代表性。另外，有条件的高校可以在硕士和博士学科点设立红色文化与社会主义核心价值观教育研究方向，专门研究红色文化融入高校社会主义核心价值观教育的规律和特点。还有，思想政治理论课教师、学生管理工作者也应该积极探索红色文化与社会主义核心价值观教育的规律，在红色文化融入校园文化、红色文化领航学生成长等具体方面做研究。

（二）拓展红色文化与社会主义核心价值观教育研究的内容

在党的十八大之前，高校的研究主要体现在红色文化与大学生思想政治教育方面，也积累了大量成果。红色文化与大学生思想政治教育的研究和红色文化与社会主义核心价值观的研究相比，前者更宽泛，涉及大学生成长成才过程中思想教育的各个方面；后者更具体，侧重于大学生价值观的塑造。另外，过去学者关于红色文化与大学生价值观养成的研究，也主要侧重于个人层面，没有从国家和社会层面展开。红色文化与社会主义核心价值观的研究，应该着力在以下方面下功夫：

第一，认真梳理红色文化蕴含的价值因素，深化红色文化价值引领、价值塑造功能的研究，找到红色文化融入高校社会主义核心价值观教育的切入点。

第二，深入研究红色文化涵育社会主义核心价值观的学理基础。目前，这是学术界研究的薄弱环节。学术界在“怎么做”方面做了很多工作，在“为什么”方面乏有建树，下一步需要重点攻关。

第三，深入研究红色文化助力社会主义核心价值观教育话语体系构建的一般性规律，也即是红色文化涵育社会主义核心价值观的传播规律。

第四，红色文化与社会主义核心价值观具体层面的衔接研究，这方面工作做得也不够。未来需要深化红色文化与社会主义核心价值观国家、社会、个人不同层面、不同内容的内在一致性和红色文化融入社会主义核心价值观具体层面做法和经验的研究。

（三）丰富红色文化与社会主义核心价值观教育研究的成果

致力于开发红色文化与社会主义核心价值观教育成果，编写相关教材、出版相关著作，使红色文化与社会主义核心价值观研究成果能够发挥立德树人的功能。具体而言，包括红色文化融入思想政治理论课社会主义核心价值观教育案例研究；红色文化融入高校党课社会主义核心价值观教育案例研究；互联网+红色文化+核心价值观教育的规律研究等等，通过将学术研究成果转化为教育教学成果，发挥学术滋养教学的作用。

第二节　发挥课堂教学主阵地作用

一、主导性融入思政课教学

“在高等学校各种教育活动中，课堂教学是最基本、最重要、最稳定的教育活动。课堂教学的内容是人类认识世界和改造世界成果的结晶，具有系统性和感召力。”① 高校要将红色文化融入大学生社会主义核心价值观教育，必须重视课堂教学的主渠道作用。学者采取随机抽样的方法，对华南地区的华南师范大学、华中科技大学等四所高校的大学生进行问卷调查（共发放调查问卷 800 份，回收有效问卷 751 份）发现：表示自己从“思想政治理论课堂”上了解社会主义核心价值观的大学生达 630 人，占总样本的 83.90%，位列第一；表示自己从“网络媒体”上了解社会主义核心价值观

① 教育部思想政治工作司组编：《大学生思想政治教育理论与实践》，高等教育出版社 2009 年版，第 159 页。

的大学生达482人，占总样本的64.2%，仅次于“思想政治理论课堂”，位列第二。[①] 另外一份调查也显示，在接受社会主义核心价值观培育的主要途径方面，大学生的选择分别为“课堂教学”（58.9%）、“报纸杂志等传统媒体”（30.4%）、“家庭教育”（2.2%）、“微信等新媒体”（8.5%）。[②]

思想政治理论课集中体现国家意志和社会主义核心价值观，是帮助大学生树立正确世界观、人生观和价值观的重要途径，体现了社会主义大学的本质要求。习近平总书记在全国高校思想政治工作会议上强调：“要用好课堂教学这个主渠道，思想政治理论课要坚持在改进中加强，提升思想政治教育亲和力和针对性，满足学生成长发展需求和期待，其他各门课都要守好一段渠、种好责任田，使各类课程与思想政治理论课同向同行，形成协同效应。”[③] 这实际上说了两层意思：一是思想政治理论课课堂教学是主渠道，要善于用好课堂教学，改进教学方式和方法，增强学生的获得感；二是要发挥好其他课程的作用，力争形成以思想政治理论课为主、各门课程同向用力的局面，实现全方位育人。

现实情况是，长期以来，思想政治理论课之所以教学效果不理想，源于一种长期得不到纠正的错误教学理念，即重知识传授，轻价值塑造。[④] 在这种情况下，将红色文化融入思想政治理论课社会主义核心价值观教育课堂教学就显得尤为重要了。

（一）精心设计讲授内容

习近平总书记指出：“我们有本事做好中国的事情，还没有本事讲好中

① 参见刘秀峰、陈文婷：《高校社会主义核心价值观传播影响机制研究——基于华南地区四所高校的实证调查》，《武汉理工大学学报（社会科学版）》2017年第3期。

② 参见李恺、陶辛：《新媒体环境下大学生社会主义核心价值观培育研究——基于微信载体的实证调查》，《广西社会科学》2016年第3期。

③ 《习近平在全国高校思想政治工作会议上强调 把思想政治工作贯穿教育教学全过程 开创我国高等教育事业发展新局面》，《人民日报》2016年12月9日。

④ 参见肖贵清、武传鹏：《社会主义核心价值观融入高校思想政治理论课的重要意义及其路径》，《思想教育研究》2017年第3期。

国的故事？我们应该有这个信心！”① 我们也有信心讲好红色文化涵育社会主义核心价值观的故事。具体而言，将红色文化融入高校思想政治理论课社会主义核心价值观教育课堂，体现在以下课程中：

1. “马克思主义基本原理概论”课程

可在第二章（认识的本质及发展规律）第二节（真理与价值），讨论红色文化涵育社会主义核心价值观的科学性；在第三章第二节（社会历史发展的动力）、第三节（人民群众在历史发展中的作用），讨论在追求民族进步和社会发展过程中，人民群众在中国共产党的领导下所书写的红色传奇；在第七章（共产主义理想及其最终实现），渗透社会层面核心价值观以及个体层面核心价值观时，引入红色历史故事，告诉学生共产主义理想的感召力，以及自由、平等、公正、爱国等价值的真理性。

2. “毛泽东思想和中国特色社会主义理论体系概论”课程

可在第二章（新民主主义革命理论），描述革命英雄人物为实现富强、民主、平等等理念的探索历程及彰显的精神品格；在第四章（社会主义建设道路初步探索的理论成果），渗透优秀人物对富强、民主、文明等价值观的追寻及演绎的红色故事；在第八章（建设中国特色社会主义总布局），集中阐释红色文化涵育社会主义核心价值观在国家、社会、个人三个层面的表现，理论与实践、历史与现实相统一，既展示学理性、科学性，又显示生动性、感染性。

3. “中国近现代史纲要”课程

可在第四章（开天辟地的大事变）、第五章（中国革命的新道路）、第六章（中华民族的抗日战争）、第七章（为新中国而奋斗）等处渗透。教师可以编辑红色文化融入“纲要”社会主义核心价值观教育典型案例，按照典型性、感染性的要求或原则，选择红色故事引入富强、民主、公平、正义、法治、爱国等的价值观教育。当然，教师在讲授过程中不一定非要和社

① 《习近平关于社会主义文化建设论述摘编》，人民出版社 2017 年版，第 208—209 页。

会主义核心价值观教育捆绑在一起，但是可以在描述历史事件和历史故事中隐性渗透进去，让学生在历史事件和历史故事的背后感受到价值的力量。

4. “思想道德修养与法律基础”课程

可在绪论（珍惜大学生活　开拓新的境界）、第一章（追求远大理想　坚定崇高信念）、第二章（弘扬中国精神　共筑精神家园）、第三章（领悟人生真谛　创造人生价值）、第四章（注重道德传承　加强道德实践）、第五章（遵守道德规范　锤炼高尚品格）等章节融入红色历史故事，传播社会主义核心价值观。从目前思想道德修养与法律基础章节的设计看，红色文化融入社会主义核心价值观的教育可以体现在大学生思想道德修养教育的各个方面，而且非常契合，特别是类似第四章第三节（继承与发扬中国革命道德）的内容。

在讲授方式上，教师要注意几点：

其一，针对性。红色文化融入高校社会主义核心价值观教育课堂要避免“外在性挂搭”现象，为了“融入而融入”，导致红色文化与社会主义核心价值观教育“强制性捆绑”，效果可想而知。一些处于红色文化历史资源富集区的学校，校领导用行政意志强制推行红色文化“进课堂、进教材、进头脑”，导致很多老师“为赋新词强说愁”，硬性将红色文化融入思想政治理论课教学，结果适得其反。

当前，我国改革进入大发展、大变革、大调整的新时代，世界思想文化交锋，西方意识形态渗透，各种价值观念和社会思潮纷繁复杂，大学生的价值观选择出现盲目性。根据调查，在问及“影响大学生确立社会主义核心价值观的最主要原因”时，52.66%的学生选择“社会不正之风”，19.81%的学生选择“各种媒体传播的负面信息”，19.61%的学生选择“西方价值观念的冲击”，4.53%的学生选择“家庭教育的缺乏”。[①] 比如，有人认为，

① 陈少平、郑铮彬：《大学生社会主义核心价值观教育的现状调查和路径探讨——以福州地区部分高校为例》，《思想教育研究》2015 年第 11 期。

“自由、民主、平等”是资本主义的价值观，社会主义核心价值观将其纳入其中，是向资本主义价值观作出的靠拢与妥协，也有人认为自由、民主、平等等是“具有普适性的价值”，“是资本主义特有的价值，它同样适合中国，中国的核心价值本质上就是美国的价值”。青年学生的身份是多维的，在学校是学生，在家庭是儿女，在社会是公民，在打零工的企业是员工，他们对社会问题、社会矛盾的认识，影响了他们的价值选择、价值判断。

“问题就是时代的口号，是它表现自己精神状态的最实际的呼声。”① 针对这种现象，教师要由当代问题引入，回归革命历史，然后从革命历史走出，回应当代问题，主动消除大学生的理论误区和认识盲点，引导他们正确认识社会主义初级阶段的长期性、中国特色社会主义理论体系的科学性和中国特色社会主义道路与制度的正确性，增强政治鉴别力、判断力。另外，引导大学生运用历史唯物主义的基本方法判断和分析各种信息，帮助他们从盲信、盲从中走出来，形成理性、科学、正确的认识，增强他们的价值自信和践行社会主义核心价值观的自觉性、能动性和坚定性。

其二，科学性。教师应该牢记“学术研究无禁区，课堂讲授有纪律”的基本要求，牢固树立政治意识、红线意识，讲对红色故事、讲好红色故事。而要讲好红色故事，教师必须注意阅读官方的文字记载、权威学者的论述，切莫偏听偏信海外出版的一些著作或者网络上的段子。不可否认的是，当前青年价值观教育面临的难度和挑战前所未有，思想政治理论教育工作者可谓使尽了浑身解数，但是效果并不明显。在此情况下，一些老师为了“取悦”学生，通过“翻墙”软件或者其他渠道获取一些与官方不一致的信息，然后不经过理性分析和鉴别就将之引入课堂教学或者作为与学生闲聊的谈资。这种行为，首先是纪律不允许的，也是违背职业道德的；其次也是红线意识不强的表现，对这种自毁长城的做法必须予以严厉谴责。

其三，艺术性。讲好红色故事，并不仅局限于讲好正面的、高大上的故

① 《马克思恩格斯全集》第40卷，人民出版社1982年版，第289—290页。

事，也要讲好那些反面的、对大学生有启迪的故事。1939 年 5 月 4 日，毛泽东在延安青年群众举行的五四运动二十周年纪念会上对青年讲道："过去中国革命的经验教训怎么样呢？这也是青年要懂得的一个重要问题。"① 前事不忘，后事之师。教师讲好反面的红色故事，同样可以教育学生、启迪学生。

（二）转化话语表达方式

按照福柯的观点，话语也是一种权力关系。它不仅是塑造世界的一种方式，更是人们是与非、真与假、善与恶等价值立场的表达。采用什么样的话语体系，如何表达话语体系是意识形态建设的重要内容。

文化作为人类活动的产物，表现的是人类的现实生产生活方式。伴随着改革开放带来的经济基础、社会结构和阶层结构的变迁，人们对红色文化的认同也随之发生变化。"文化大革命"结束后，全国朝拜革命圣地热潮也消退了。以韶山为例，短短几年内游客人数便由百万之众锐减到不足 1/10，韶 1、韶 2 专线列车变得空空荡荡。曾经参观学习者摩肩接踵的大寨更是门庭冷落。与之形成鲜明对比的是，那些"文化大革命"中被拆毁的著名寺庙道观重建后又变得香火旺盛，游人如织。

在这种情况下，主流话语能不发生变化吗？正如马克思所指出的："思想、观念、意识的生产最初是直接与人们的物质活动，与人们的物质交往，与现实生活的语言交织在一起的。"② 物质条件、实践活动和思想观念的变化，决定了话语体系的转变，而话语体系的转变也反映了整个社会经济基础以及由此决定的人们的思想观念的变化。改革开放以后，"改革"替代了"革命"，"勤劳致富"替代了"阶级斗争"，革命传统教育在新时代悄悄退潮。而人民的业余文化娱乐也在慢慢回到正常的生活轨道上来。虽然此后在

① 《毛泽东选集》第二卷，人民出版社 1991 年版，第 563 页。
② 《马克思恩格斯选集》第 1 卷，人民出版社 2012 年版，第 151 页。

文化领域有过“清理精神污染”的摇摆，但“革命教育”已经远去，经常被提及的是“爱国主义教育”。①

红色文化诞生于中华民族同仇敌忾、抵御外侮的民族危难时期，见证了中华民族争取独立解放历程中的艰难岁月，是革命时代激励人心、鼓舞士气的重要武器，具有斗争性、艰巨性、革命性和批判性。在过去的宣传中，红色文化经常以革命话语的方式呈现，以二元对立的立场解读，具有非黑即白的倾向，而这种表述方式在文化多元的时代则显得苍白和缺少说服力。在新时期，如何在保持历史真实性的基础上推进话语表达体系的时代化是红色文化融入高校社会主义核心价值观教育要解决的问题。

转变话语表达方式，需要：

第一，结合新的国情，赋予革命话语以时代化的意义。今天，中国迈入新时代，社会的主要矛盾已经发生变化，在这种情况下，我们应该把革命文化与当今社会的现实国情联系起来，否则“自力更生、艰苦奋斗”等中华民族引以为傲的革命精神将很快被“过时论”“无用论”掩埋。例如，“自我牺牲”精神在今天，应当是在对个体利益价值形态合法性认可的基础上，强调个人对同样作为个人的“他人”及整体的责任感及负责精神。正如邓小平所说：“我们提倡和实行这些原则，决不是说可以不注意个人利益，不注意局部利益，不注意暂时利益，而是因为在社会主义制度之下，归根结底，个人利益和集体利益是统一的，局部利益和整体利益是统一的，暂时利益和长远利益是统一的。”② 如若片面地强调集体和国家利益，势必形成假、大、空的极左观念，失去革命文化的生命力。再如，革命英雄主义。革命战争年代的英雄主义就是在危难之际、不怕牺牲的情怀和精神。在今天，炮火连天、你死我活的阶级斗争已经过去，革命英雄主义更多地体现在主体责任担当、勇于创新等方面。华为公司提倡攻“城墙口”的精神，而这种精神

① 李光：《解密大陆红色文化产业链》，《凤凰周刊》2013 年第 6 期。

② 《邓小平文选》第二卷，人民出版社 1994 年版，第 175 页。

就是革命英雄主义的精神，这种精神体现的就是责任担当。

第二，从革命话语中汲取元素创造新的话语。例如，在革命运动中，红色文化建构阶级对立和阶级仇恨的革命意识形态，以诉说阶级仇恨、赞美革命阶级亲密情感和积极乐观的革命生活、描绘革命的理想蓝图等方式来达到实现革命情感动员的目的。后由于反右运动扩大化和“文化大革命”中极左思潮的蔓延，人民内部人为地被“阶级”分割开来，激化出很多“阶级矛盾”。今天，中国学者将“阶级”一词的表述转化为“阶层”，更多用“阶层”来区分不同的社会群体。这是革命文化时代化转化的成功实践，它有利于化“阶级对立”为“阶层和谐”，增强社会共建的责任感和成果共享的自豪感。另外，在有条件的学校要加强国际传播能力建设。构建对外话语表达和传播体系，创建融通中外的新概念新范畴新表述，增强红色文化及其价值传播的亲和力和感染力，将红色故事及其蕴含的价值理念、精神传播出去，让外国人听得到、听得懂、听得进。

第三，由书面语言向大众化语言转化。“当前高校传播社会主义核心价值观的主要途径还是理论化、文本化的学术话语、文件话语和权力话语，大学生学习的是价值观的原理、概念等虚化的理论知识，‘三个倡导’的价值观内容和大学生语言、语境脱节，没有抓住大学生的思维特点和行为方式，致使大学生不能正确理解、接受社会主义核心价值观，更不能内化为自己的价值理念。”① 转换话语表达体系，就要将枯燥晦涩的教材语言转化为深入浅出的教学语言，用生动、鲜活、新颖的大众化语言代替枯燥乏味、文件式的书面语言，将严谨系统的科学理论转化为大学生生活实践语言，以对话式、网络式话语形式代替说教式话语风格，因势利导，创造符合大学生需求的话语内容，增强话语解释力与说服力，把课堂内容讲得更形象、更清楚、更明白。具体而言，教师应该坚持三个原则：理论阐释通俗化，即将抽象的

---

① 马娟：《社会主义核心价值观在高校大学生中的传播及影响力研究——基于对广东省30所高校大学生的实证调查》，《思想政治教育研究》2017年第2期。

概念、命题、理论用通俗易懂、喜闻乐见的语言说明，让学生听得懂、记得住；现实问题丰富化，即将现实问题用多样化的例子、事实论证，让学生受感染、有共鸣；逻辑思路清晰化，即大众化语言的表述坚持历史与逻辑的统一，让学生愿意听、听得进、记得住。

第四，由宏大叙事方式向局部、时下叙事方式转化。教师通过宏大叙事的方式将红色文化传递给学生，有利于他们从宏观上把握红色文化的精神特质，并形成整体性、普遍性和规律性的认识，但是也难免让学生有理论空洞、偏重说教之感。为了更好地实现红色文化涵育社会主义核心价值观，教师应该转变叙事方式和风格，加大对具有民族性、区域性、时代性事例的论述，创设历史情境、生活情境、交往情境等。具体而言，教师要根据世情、国情和党情的变化，联系大学生的思想状况，从社会热点难点纠结点入手，引入贴近学生、贴近社会、贴近时代的生动鲜活的红色事例，摆事实、讲道理，用以说明、印证宏大理论的真理性、规律的普遍性，让大学生在内心深处产生共振，进而由此及彼、由具体到一般，对社会主义核心价值观形成强烈认同。

（三）创新教学方法

“能不能把课讲好，把道理讲清、讲深、讲透，讲到学生心坎里去，让学生信服，改革教学方法显得尤为重要。改革教学方法，最重要的是坚持以育人为本，以学生为主体。”① 红色文化融入思想政治理论课教学方法的创新，体现在两大教学模块：教师主导讲授模块，学生主体多元参与模块。

第一模块，课堂教师主导讲授教学，是指在教学活动中以教师讲授为主，通过将教材体系转化为教学体系，彰显理论自身魅力和应用价值。教师首先根据社会主义核心价值观的内涵，将红色故事分类整理，建立针对社会

① 《努力把高校思想政治理论课建设成为学生真心喜爱终身受益毕生难忘的优秀课程——教育部部长袁贵仁与高校思想政治理论课骨干教师研修班全体学员座谈时的讲话》，《思想理论教育导刊》2010 年第 6 期。

主义核心价值观具体内容的红色资源库；其次，将红色历史文化资源库按照课程教学的要求、学生乐于接受的方式进行剪裁，确保红色文化涵育社会主义核心价值观的针对性和契合性；最后，将体现社会主义核心价值观要求的红色文化按照不同思想政治理论课课程的性质融入教学过程，并通过教师通俗易懂的语言、新颖活泼的形式呈现出来，让学生听得明白、理解得透彻、过后有所启迪。所采用的教学方法包括：

其一，启发式。一直以来，高校思想政治教育沿用传统的理论教学方式，采取理论灌输、规范约束、行为说教等外源性方式劝导大学生自我教育、反思、调适，向大学生赋权赋能，从内生性方面建构价值认同重视不够。① 启发式教学也即是要求教师要有问题意识，能够针对预设的问题讲授并留有思考的空间给学生，训练学生的逻辑思维、理论思维和分析思维，锻炼学生观察问题、分析问题和解决问题的能力。比如针对历史虚无主义对革命英雄人物的亵渎现象，教师首先明确要“以子之矛攻子之盾”，将本来的英雄故事去伪存真，帮助学生树立正确的历史观。其次，教师要对这种现象的表现手法及问题症结进行抽丝剥茧的分析，帮助学生运用历史唯物主义的观点揭示本质。有学者概括了历史虚无主义的几种手法，如抓住缺点，无限放大；罔顾事实，求全责备；编造谣言，恶意中伤；戏谑恶搞，冷嘲热讽；好人不好，坏人不坏。② 教师首先把历史虚无主义的手法搞清楚，然后揭示现象背后的政治意图、逻辑混淆和事实违背。再次，教师叙述真实的红色故事以正视听，助力学生追求崇高、拒绝“虚无”。最后，教师可以提出当前历史虚无主义的另外一些表现，让学生自己去思考、判断并形成理性认识。这样，教师的主导讲授是以学生价值观教育中遇到的热点问题为切入点，最后又回归到学生那里，延伸学生的思考，真正体现了教师主导、学生主体。

---

① 参见侍旭：《高校思政教育也应有“供给侧改革”思维》，《光明日报》2016 年 3 月 16 日。

② 祝念峰、王晓宁：《不能放任历史虚无主义攻击诋毁英雄人物》，《红旗文稿》2016 年第 21 期。

其二，案例式。案例式教学也即是从具体案例入手，帮助学生树立认识历史现象及其蕴含的价值选择、价值判断，进而提高学生的认识水平。比如西安电子科技大学在“概论”课中引入《永不消逝的电波》主人公原型李白夫人裘慧英的一篇回忆文章。文章回忆了与李白相识、相知并为革命事业一起奋斗的历程。有教师在教案中写道：

在二十世纪五六十年代，红色影片《永不消逝的电波》曾经风靡一时。这部影片并非凭空杜撰，而是根据相关史实改编而成。剧中主人公李侠的原型，就是我党情报系统的著名烈士、西电杰出校友——李白。

由李白夫人撰写的回忆文章感人至深、催人泪下，是了解中国革命史、中国共产党党史的重要材料。这段材料可以引入“毛泽东思想和中国特色社会主义理论体系概论”课程课堂教学和社会实践教学。

毛泽东在其重要文献《中国革命和中国共产党》中指出，近代社会的性质是半殖民地、半封建社会，帝国主义和中华民族的矛盾、封建主义和人民大众的矛盾，是近代中国社会的主要矛盾。这一矛盾决定了中国革命的敌人是帝国主义、官僚资本主义、地主阶级，而在日本侵华之后，中国革命的主要敌人是日本帝国主义和勾结日本公开投降或者准备投降的一切汉奸和反动派。近代社会的性质和主要矛盾决定了近代中国的两大历史使命：一是求得民族独立和人民解放；二是实现国家的繁荣富强和人民的共同富裕。

从上面的资料可以看出，李白的个人命运与国家命运紧密联系在一起，他所处的大上海，正是帝国主义和国民党反动派统治最集中的地方。帝国主义和国民党统治中国的大城市，通过特务机构密切监视进步人士和革命者的行动，并且用最残忍的手段对付革命者。他们害怕正义、民主、光明，正如病菌害怕阳光，他们用一切手段阻碍进步力量，而最终却螳臂当车。李白烈士的牺牲就是帝国主义特别是国民党反动派犯下的罪行。由此也可以看出，帝国主义和国民党反动派及其爪牙与人民为敌，是革命的敌人，而李白及其他革命者所做的就是为了民族独立和人民解放，为了让人民过上更好的生活。

2013 年修订版的“毛泽东思想和中国特色社会主义理论体系概论”在第六章“社会主义本质和建设中国特色社会主义总任务”的第三节“中国特色社会主义的发展战略”部分添加了中国梦的内容。通过阅读上面的材料，我们可以更深刻地理解中国梦的内涵和意义。

2012 年 11 月 29 日，习近平总书记在参观《复兴之路》展览时指出：“每个人都有理想和追求，都有自己的梦想。现在，大家都在讨论中国梦，我以为，实现中华民族伟大复兴，就是中华民族近代以来最伟大的梦想。这个梦想，凝聚了几代中国人的夙愿，体现了中华民族和中国人民的整体利益，是每一个中华儿女的共同期盼。历史告诉我们，每个人的前途命运都与国家和民族的前途命运紧密相连。国家好，民族好，大家才会好。实现中华民族伟大复兴是一项光荣而艰巨的事业，需要一代又一代中国人共同为之努力。”结合习近平总书记的这段话和上面的材料，我们也可以看出：

其一，实现中华民族伟大复兴，就是中华民族近代以来最伟大的梦想。1840 年鸦片战争之后，先进的中国人曾经进行了积极探索，提出了不同路径的复兴梦。洋务派的“自强求富梦”、农民阶级的“天国梦”、维新派自上而下的“改良梦”、资产阶级革命派的“共和梦”，都曾经轰轰烈烈过，但最终烟消云散，没有完成复兴中华的梦想。而中国共产党成立之后，将马克思主义原理与中国的实际相结合，才真正找到了正确的实现中国梦的道路，那就是社会主义。而李白烈士就是为中国梦的实现而奋斗终生的人。

其二，每个人的前途命运都与国家和民族的前途命运紧密相连。国家好，民族好，大家才会好。李白烈士生活在那个帝国主义的坚船利炮侵略和内部封建腐朽势力统治的时代，这注定了他为国家富强、民族振兴和人民幸福所做的工作充满了艰辛、风险，甚至要以牺牲生命为代价，而李白烈士把个人的前途命运与国家和民族的前途命运紧密联系了起来，在艰难的条件下为中国梦的实现贡献了青春年华。

其三，实现中国梦必须坚持弘扬中国精神。中国精神，就是以爱国主义为核心的民族精神和以改革创新为核心的时代精神。正如鲁迅先生所说："惟有民魂是值得宝贵的，惟有它发扬起来，中国才有真进步"。中国精神是凝心聚力的兴国强国之魂，是实现中国梦的强大精神纽带和精神支撑。而中国精神就包括李白烈士这种公而忘私、舍生取义的革命精神，这是我们宝贵的精神财富。

有个著名的论断：历史选择了共产党。历史不会无缘无故选择共产党。资料显示：全面内战爆发时，国民党军的总兵力为430万人。其中包括：正规军陆军86个军（师）、248个师（旅）约200万人，特种兵36万人，空军16万人，海军3万人，后方联合勤务总司令部所属部队以及其他军事机关和院校共约101万人。以上正规军总共约356万人。非正规军74万人。此时，中国共产党军队没有海军、空军，只有陆军，其总兵力约127万人。其中野战军约61万人，辖有纵队及相当于纵队的师共22个，旅及相当于旅的师共94个。地方部队及后方机关约66万人。① 对比国共两党总兵力，不难看出，国民党军队在数量上具有绝对优势。当然，武器装备上国民党也有绝对优势。

而中国共产党之所以取得了胜利，其中一个原因就是我们有优秀的共产党人。共产党自身具有的品质必须由具体的共产党人来承载，也就是在这些共产党人身上老百姓看到了国家和民族的希望，才愿意追随他们、帮助他们。钱学森就曾说："许多党外人士说，我们是认识周恩来才认识中国共产党的，相信周恩来才相信中国共产党的。"也就是有李

---

① 军事科学院军事历史研究部编著：《中国人民解放军全国解放战争史》第二卷（1946.7—1947.6），军事科学出版社1996年版，第1—5页。

白这样优秀的共产党人，才会让历史最终选择了中国共产党。

教学说明：

课堂教学过程中可以将事例在“概论”课的“新民主主义革命理论”“中国特色社会主义的发展战略”“党的领导是社会主义现代化建设的根本保证”章节的相关内容阐释。李白烈士墓位于上海市虹桥公墓内。可以在实践教学中组织学生开展“红色之旅”，到烈士牺牲的地方及墓地实际考察，查阅当地留存的历史史料，让学生更加深刻地了解历史的本来面目。

这就很好地运用了案例教学法。

其三，研究式。研究式教学包括两个方面的内容：一是教师在由教材体系向教学体系转化的过程中，突出学术研究的思维和逻辑，把基本问题讲透、讲清楚。二是教师提炼出红色文化涵育社会主义核心价值观的一些问题，鼓励学生开展探索性、学术性的研究，营造独立思考、自由探索的良好氛围，培养学生的探究意识和学术思维。在这个过程中，可以启动“名师名家示范课工程”，鼓励教师创新红色文化涵育社会主义核心价值观的方法，提高教学质量。

第二模块，课堂学生主体多元参与教学，是指在课堂教学过程中，教师专门拿出一定课时开展多种形式的课堂教学活动，正面引导、因势利导、深度引导，体现学生的主体性、主动性和参与性。该教学环节充分尊重学生的主体地位，通过搭建学生便于参与、乐于参与的平台，组织课堂讨论、案例分析、情景模拟等，增加互动交流，调动学生的参与热情，让学生在不知不觉中增进对教学内容的理解。教师在此教学环节可以组织课堂讨论。比如将“抗战精神与爱国主义”结合在一起，让学生自己查阅资料、整理文献、形成观点并阐释出来。教师应鼓励学生发表立意高远、见解深刻、言之有理的观点，同时及时发现容易偏执、走入极端的认识并予以纠正。在整个过程中，要突出学生的主体地位，让他们自觉参与、自我表达、自我评判，同时注意发挥教师在问题设计、过程掌控和总结提升方面的主导作用，通过师生之间、学生之间的互动交流达到润物细无声的目的。

另外，需要注意的是，参与式教学必须满足大学生的利益需求、价值需求和情感需求，因为“民族成员的价值认识总是倾向于那些在实践中对他们有益而又必需的对象”①。因此，教师在将红色文化涵育社会主义核心价值观的过程中，应该将课程教学与价值引领、知识需求与利益需求有机统一起来，让理论“落地”“接地气”。同时，要综合运用慕课、微课等多种教学方法以喜闻乐见的形式引导学生乐于学习、深入思考，增进课堂教学的针对性和亲和力。

（四）反对历史虚无主义

历史虚无主义思潮借助多种新兴传播媒体，制造和衍生出各种适合网络传播的表现形态，以所谓“科学”否定英雄和英雄行为，以所谓“假设”否定历史规律和人民选择，以所谓“真相”抹黑领袖人物和历史进步人士，以所谓“人性”否定革命斗争，具有较强的隐蔽性、弱辨析性和时机针对性，从而以标题化、碎片化的方式解构红色文化，消解民众对红色文化的尊崇之心，干扰社会主义核心价值观的培育和践行。②

在将红色文化融入思想政治教育课堂的时候，要坚持正确的历史观和价值观，实事求是，坚决反对历史虚无主义。今天，很多领袖故里的导游在讲解过程中，将历史与神话甚至迷信联系在一起，戏说、歪说、胡说红色历史和红色故事，造成了很坏的影响。这都是不尊重历史事实的具体体现，这不仅不能弘扬和传播红色文化，相反却给红色文化抹黑。具体而言，在以红色文化为载体开展课堂社会主义核心价值观教育的时候，教师要努力避免以下几种倾向：

---

① 王仕民、詹小美：《价值多元语境中的政治认同》，《哲学研究》2014 年第 9 期。

② 参见杨建义：《以红色文化涵育社会主义核心价值观的中国特质》，《思想教育研究》2016 年第 8 期。

其一，神化。英雄人物是人不是神，不能将领袖人物、英雄人物神化。现在很多抗日电视剧的很多桥段都有这一特征。枪打飞机、裤裆藏雷、手撕鬼子、包子炸雷等等，把严肃的历史当成了戏说的故事，把“向历史致敬”偏离到“向收视率致敬”。英雄之所以是英雄，就在于平凡的人在艰难困苦的环境中练就了不平凡的本领，并在险恶的环境中为国家、为民族不畏牺牲、奋勇向前，而“用无限丰富的想象把伪英雄架在虚构的神坛上”，只能使英雄脱离现实，进而被质疑、丢弃。教师在上课过程中，讲授历史故事应该本着实事求是的原则，不能持简单的二元思维，将我们说得全无不是，将敌对方说得一无是处。革命力量与反动力量的对比都是渐进的，都有个过程；英雄人物的产生也不是横空出世的，也有个过程。

其二，矮化。矮化就是把英雄人物的缺点放大，以此将英雄人物拉下神坛，拉到地平线以下。这是历史虚无主义的主要表现形式。现实中，很多教师为了迎合学生的猎奇心理，在讲授红色故事的时候，正能量、主旋律的故事不讲，专门讲一些生活、爱情等方面细枝末节的事情，或者一些所谓的“解密”“探密”的故事，通过得出所谓的与众不同的结论刺激学生的感官，获得学生的“点赞”。这背后的实质是教师缺乏坚定的理想信念，缺乏阵地意识、政治意识和纪律意识，放松了对自我的约束和对思想政治理论课课堂的应有尊重。

二、嵌入性融入专业课教学

新中国成立后，高校思想政治教育的重要特点是始终坚持全过程育人、全方位育人，将培养德智体美全面发展的人才作为教育目标始终没有动摇过。在思想政治理论课和专业课如何同向发力方面，相关文件也多有规定。比如 1987 年 5 月，中共中央《关于改进和加强高等学校思想政治工作的决定》专门提到：“要按照各个学科的特点，引导学生正确认识在校学习与今后工作之间的关系，解决好为谁服务的问题。要努力学习外国先进的科学技术、管理经验和有益的文化，同时要抵制一切消极的东西。哲学社会科学和文学艺术课程，应坚持以马克思主义为指导，努力联系我国改革和建设的实践，把思想政治教育贯穿到教学环节中去。自然科学课程的教学要注意讲述本专业在我国社会主义建设中的成就和当前要解决的重大课题。要把进行辩证唯物主义、历史唯物主义的教育同阐明本专业的理论、方法科学地结合起来，把严谨的治学态度和创新精神统一起来。"① 这段话实际上对哲学社会科学和自然科学在大学生思想政治教育过程中的责任进行了明确界定。但是，遗憾的是，长期以来，很多哲学社会科学和自然科学的教师包括管理者认为大学生的价值观教育是思想政治理论课教师和学生管理者的事情，与他们没有多大关系。所以，2017 年 2 月，中共中央、国务院印发的《关于加强和改进新形势下高校思想政治工作的意见》又专门强调：要加强对课堂教学和各类思想文化阵地的建设管理；充分发掘和运用各学科蕴含的思想政治教育资源，健全高校课堂教学管理办法。这是新时期对这一问题的强化。

实际上，因为大学生的专业技能、专业素养、人文情怀都来自对专业的认知，所以专业教育在某种程度上对大学生价值观的影响更直接。特别是哲学社会科学，绝大部分学科都有意识形态属性，对于帮助大学生坚定正确的政治方向、正确认识和分析复杂的社会现象、提高道德修养和精神境界意义非凡。在专业课特别是哲学社会科学的专业课中融入价值观教育，对大学生思想的影响更直接、更深刻、更深远。比如，针对新闻传播专业的学生，如果教师能将专业课知识的讲授与红色故事、红色歌曲等红色经典的传播案例结合起来，在专业技能的培养中注重专业品格的塑造，在职业规划的引导中注重职业素养的提升，让诚信友爱、公平正义、爱国进步等价值成为大学生专业学习和职业选择中自觉的追求，那么这种教育方式避免了刻板的理论灌输形式，更容易为学生所接受。所以，高校应该注重专业课教师的师德建

① 教育部思想政治工作司组编：《加强和改进大学生思想政治教育重要文献选编（1978—2014）》，知识产权出版社 2015 年版，第 71 页。

设，引导教师将“传道”、“授业”与“解惑”、“教之以事”与“喻诸德”有机结合起来，将红色文化涵育社会主义核心价值观的要求通过专业课教师口头讲授或者身体力行的方式影响学生，让学生在技能学习中慢慢感受爱国、诚信、专注、认真、踏实等品质的力量，并自觉地将之融入自己的专业理解中，转化为职业品格、职业素养。

具体而言，一是红色文化与专业课教材相结合。专业课教师在备课时要有意识挖掘教材中的红色文化资源，同时在授课过程中，将之自然渗透于课堂，发挥专业课的隐性价值观教育功能。另外，要注意结合专业特点融入红色文化。如英语专业，教师在训练学生翻译能力时可以将红色文化内容列为翻译任务；音乐专业可以选取红色歌曲等作为学习内容等。总之，使学生在提高专业技能的同时，思想品质也得以升华。二是有条件的学校专门开设红色文化与价值引领方面的课程，编写相关教材。

三、选择性融入党团课教学

党员、团员作为大学生中的先进分子，自身政治素养、综合素质和德性修养要比一般学生要好，对社会主义核心价值观的理解也更深刻。调查显示，无论是在较高关注度（“非常关注”和“比较关注”）方面还是在较高了解度（“非常了解”和“比较了解”）方面，马克思主义信仰者比非马克思主义信仰者的比例高，学生干部比非学生干部的比例高，党员比非党员的比例高。仅从关注度这一项来看，马克思主义信仰者关注比例为55.2%，比非马克思主义信仰者的26.3%高出28.9个百分点，学生干部比例为41.1%，比非学生干部的25.7%高出15.4个百分点，党员比例为59.1%，比非党员的31.6%高出27.5个百分点。① 在这种情况下，针对党团员的社

① 参见李民、向玉乔、黄泰轲：《湖南省大学生对社会主义核心价值观的认知状况调查报告》，《伦理学研究》2015年第6期。

会主义核心价值观教育要求也要高于一般学生。具体而言，包括：

其一，把红色文化融入社会主义核心价值观的要求融入党团课教材。现在党课教材的一个突出特点就是千人一面，都是党章和党的制度的丰富版，缺乏自身特点和特色。统一化的教材尽管保持了党课的严肃性、权威性，但是也弱化了党课的生动性和感染力，如何将二者结合起来，实现党课的科学性和可读性的统一，成为高校党的组织部门应该考虑的问题。红色文化融入党团课推动大学生的社会主义核心价值观教育成为一种不错的选择。处于红色文化资源富集区或具有红色办学传统的学校，可以巧妙地将本地区、本学校承载的红色故事、红色历史融入党团课教材，通过讲述党的优秀分子的革命理想、革命情怀和奋斗精神，揭示他们为追求自由、民主、平等等价值理念所做的牺牲和创造的丰功伟业，论证红色文化涵育社会主义核心价值观的历史根据和学理依据。这种教材以学生可以亲近的故事做“点睛”，能够增强党团课教育的实效性。

其二，把红色文化融入社会主义核心价值观的要求融入课堂。红色历史是党课教育的重要资源。重视红色历史故事在党课教育中的作用，在党课中传播红色故事是中国共产党党课教育的重要传统。今天，将红色文化融入社会主义核心价值观的要求融入党课课堂，可以采取专题讲授的形式，以区别于一般意义上的将红色文化融入社会主义核心价值观的要求融入课堂的做法。教师要熟悉党的革命历史，能够提纲挈领，把红色故事蕴含的价值理念与当代大学生党团员的价值观养成结合起来，把红色故事蕴含的精神品格与当代大学生党团员的责任担当结合起来，教会他们“思考人生”“感悟人生”“追求人生”，在追求崇高中实现自己的人生价值。

第三节　推进校园价值观文化建设

高校校园文化是指高校人（高校师生、员工及校友）在长期的学术活动、办学实践过程中形成的，以社会先进文化为主导，以师生文化活动为载体，以校园为主要活动空间，以校园精神、价值观念为底蕴，以育人为根本目的的，具有学校特色的物质文明和精神文明的总和。[①] 它反映绝大多数师生的价值追求、思想观念、行为方式、精神风貌等。高校校园文化的核心是价值观文化。价值观文化对于校园文化具有导向作用，能够引导师生情系国家民族、坚定理想信念、涵养德性品质、推进创新发展，它像一种精神黏合剂，让广大师生、员工产生归属感。

一种良好的校园文化对大学生社会主义核心价值观和积极健康心理素质的形成具有潜移默化的影响作用。红色文化是先进文化的重要组成部分，具有价值导向、价值塑造功能，将红色文化融入大学校园价值文化建设，是高校社会主义核心价值观教育的重要途径。将红色文化融入校园文化建设、发挥涵育社会主义核心价值观的功能，需要做好几个“融入”。

一、融入校园物质环境建设

高校物质文化即是高校物质实体的文化，体现在生活场所、建筑设施、文化景观、园林绿化、实验设备以及大学形象标识、师生服饰等方面。优美的校园环境能够润物细无声，净化大学生的心灵、陶冶大学生的情操。结合学校办学历史、校园建筑风格和学校整体育人要求，将红色文化选择性融入校园物质文化建设，通过雕塑、博物馆、展览馆等的形式向学生传递积极向上的思想、价值观，是高校社会主义核心价值观教育的重要方面。

（一）将红色文化融入标志性的校园实物中

如在教学楼、公寓楼、图书馆等区域布置红色雕塑、壁画、横幅、电子

① 参见宋伟：《社会主义核心价值观融入高校校园文化建设研究》，郑州大学博士学位论文，2016 年。

屏幕、宣传橱窗、文化墙等，在校园楼宇、道路、景点的规划、建设、命名以及管理工作方面加入红色元素等。这些红色物化载体与校园自然景观融为一体，学生受教化而不觉。这种融入要注意：首先，选择性。校园文化的颜色可以是五彩缤纷的，并非是单一红色的，也没有必要是单一红色的，一所学校是否要将红色文化融入本校的基础设施、标志物之中，取决于这所学校自身的办学传统、立德树人的总体部署等方面。部分具有红色办学历史的学校，将红色办学历程中的片段通过雕塑、壁画等方式呈现出来，发挥红色校史对大学生价值引领、价值塑造的功能，无疑是可行的。其次，契合性。校园自然环境建设的总体原则应该是天人合一、符合美学原则的，师生置身其中身心愉悦。红色文化元素融入校园文化不能突兀、生涩，而是要与校园文化建设的总体要求和已有的布局协调、统一，不能拍脑袋决策，将红色元素强行"楔入"校园自然环境之中。最后，针对性。学校管理者要考虑红色文化融入学校自然环境的前提问题"为什么要融入"，也即是红色文化融入学校自然环境的目的和意义之所在。比如，要设立一座雕塑，那么这座雕塑之于立德树人的价值是什么，通过它怎么样能够教育学生，培养学生养成哪些价值理念。只有明确了这些，红色文化融入校园自然环境发挥价值引领的功能才有意义。

（二）建好校史陈列室

通过资料记载和实物展示，校史陈列室可以生动形象地反映学校办学历程，激励大学生继承和弘扬学校优良传统。中国的很多大学都有红色办学传统，比如中国人民大学、井冈山大学、北京理工大学、吉林大学（原东北人民大学）、湘潭大学、延安大学、鲁迅艺术学院、中国医科大学等，以及曾经是军校的西安电子科技大学、哈尔滨工业大学、哈尔滨工程大学等。另外，中国大部分学校的校史与革命史有着千丝万缕的联系，也积累了大量的红色历史资源，如何将本校丰富的红色历史文化资源转化为社会主义核心价值观教育资源是高校育人的重要课题。很多学校在创建校史馆的过程中，将红色元素融入其中，并用文字、图片、实物等形式阐释了中国共产党、人民军队与学校办学的密切关系，以及在此过程中所体现的红色精神及价值理念。

厦门大学是中国近代教育史上第一所华侨创办的大学，由著名爱国华侨陈嘉庚于1921年创办。2016年4月，厦门大学革命史展览馆在同安楼举行了开馆仪式。厦门大学革命史展览馆位于思明校区同安楼一楼，分为“八闽革命摇篮”“坚持红旗不倒”“抗日救亡基地”“东南民主堡垒”4个单元，记录了福建省第一个党支部——中共厦门大学支部的建立历程，回顾了厦门大学师生1921—1950年反抗外来侵略、拯救民族危机、坚持党团建设的奋斗历史，彰显了厦大人在爱国民主运动、抗日救亡运动中的责任担当和爱国精神。展览馆将革命史和校史有机结合在一起，是大学生爱国主义教育的重要基地，也是社会主义核心价值观教育的重要场所。

二、融入校园文化活动建设

《教育部关于全面提高高等教育质量的若干意见》要求：“发挥文化育人作用，把社会主义核心价值体系融入国民教育全过程，建设体现社会主义特点、时代特征和学校特色的大学文化。秉承办学传统，凝练办学理念，确定校训、校歌，形成优良校风、教风和学风，培育大学精神。组织实施高校校园文化创新项目。加强图书馆、校史馆、博物馆等场馆建设。面向社会开设高校名师大讲堂，开展高校理论名家社会行等活动。”① 一句话，就是创新载体将社会主义核心价值体系融入大学校园文化。这为红色文化涵育社会主义核心价值观指明了方向。

（一）开展先进典型宣传活动

榜样是有形的正能量，是鲜活的价值观，常言说得好“榜样的力量是

---

① 《教育部关于全面提高高等教育质量的若干意见》（教高〔2012〕4号）。

无穷的”。革命战争年代，曾经出现过张思德、白求恩、刘胡兰、狼牙山五壮士、王二小等英雄人物，社会主义建设时期也涌现出王进喜、雷锋、焦裕禄、邓稼先、钱学森、南京路上好八连等榜样人物，他们将伟大融入平凡，在平凡中书写伟大，感人的事迹激励着社会各个阶层为实现中华民族的伟大复兴而不懈奋斗。

当下，高校开展社会主义核心价值观教育应该坚持“将弘扬传统美德、革命道德与培育选树时代楷模相结合”“正面宣传弘扬先进典型为主与辅之以反面典型的警示教育相结合”“多种类型先进典型的选树与弘扬相结合”“坚持将选树个体楷模与选树群体楷模相结合”① 的基本原则，选树传颂“红色好故事”“时代好故事”，用英雄人物、身边人、身边事教育师生，引导激励大学生崇德向善、奋发有为。厦门大学将建校百年历程中涌现出的杰出人物事迹凝练成“四种精神”，即陈嘉庚爱国精神、罗扬才革命精神、抗战内迁闽西办学的自强精神、以王亚南和陈景润等为代表的科学精神，用以教育学生。上海第二工业大学建校 50 多年来培养了 30 多位全国劳模，100 多位省级劳模，学校通过将劳模精神融入课堂教学、专业实习、氛围建设等方式，打造出了劳模精神育人品牌。通过榜样的思想力量和人格魅力凝聚人、鼓舞人、塑造人，最大限度发挥身边榜样的辐射带动作用，推动高校师生形成与榜样相近的价值理想。

（二）开展理论学习和教育活动

崇尚学术既是大学的一种精神追求，也是大学的一种可贵品质。开展红色经典阅读活动，通过红色经典学习、研读的方式，增强学生对红色文化及其蕴含的价值的理论认知；开展“革命家信与当代大学生道德养成”主题演讲活动，引导大学生了解革命家信背后的故事，增强价值自觉和价值自

---

① 张耀灿：《榜样文化：社会主义核心价值观培育机制的构建》，《学校党建与思想教育》2014 年第 13 期。

信；开展红色文化与社会主义核心价值观诗词、诗歌、段子创作比赛，将个人创作能力的提高与价值观的塑造结合起来，提高大学生对红色文化与核心价值观内涵的认识；开展“社会主义核心价值观大家讲”活动，通过讲革命故事、身边的故事传递正能量。

（三）开展红色经典展演活动

“我们的革命文艺，就是要根据光辉灿烂的现实生活，塑造出各种各样的新的工农兵的英雄人物来，并通过他们所体现的共产主义思想风貌，向人民群众进行革命传统教育和革命前途教育，鼓舞人民群众的革命斗志，推动历史前进。”① 抓好高雅艺术进校园活动，使之成为宣传社会主义核心价值观的有力阵地，做到“教诲与娱乐携手并进”②。激发师生自主创作能力，利用大众文化激活红色文化的当代资源，在时代语境中重塑红色经典，打造一批以爱国将领、革命英雄、科学先驱、道德模范、敬业典型、志愿服务标兵等为原型的歌舞剧、话剧，进行校内外巡演。比如，中宣部、教育部主办的原创大型史诗话剧《雨花台》自 2015 年 9 月 28 日首演以来，已在南京、北京、上海、武汉、广州等地正式演出 40 场，共有 6 万余人次观看。“信仰至上、对党忠诚、舍身为民、勇于担当”的雨花英烈精神，凝结成舞台艺术精品，给党员们上了一堂生动的党课，也使高校青年学子的心灵得到洗礼。另外，2010 年，南开大学成立了全国首个《红旗谱》青年读书会。2012 年，由南开大学自编、自导、自演的话剧《红旗谱》首演，在师生中引起轰动。

（四）举办红色文化价值引领讲堂、讲座

把握红色文化融入高校社会主义核心价值观教育的基本规律，开办

---

① 丹丁：《从塑造正面英雄形象出发——评〈红嫂〉从小说到京剧》，《山东文学》1964 年第 12 期。

② 孙庆珠主编：《高校校园文化概论》，山东大学出版社 2008 年版，第 73 页。

“奋斗的青春最美丽”“与信仰对话”“与人生对话”等品牌讲堂、讲座。结合党的生日、建军节等时间节点，聘请老红军、老八路及其亲属、同事讲解身边的红色历史故事，引导学生正确认识主流意识形态及其价值；邀请优秀志愿者、创新创业者、科技服务团队等红色传人叙述在红色精神引领下如何将个人的梦融入国家和民族的梦、用技术服务国家和人民，启迪当代大学生做好人生规划、扣好人生扣子；邀请一批在马克思主义理论、党史党建、青年教育等方面有造诣的专家做讲座，通过理论宣讲、史实叙述和热点问题解析，帮助学生正确认识世界和中国发展大势、正确认识中国特色和国际比较、正确认识时代责任和历史使命、正确认识远大抱负和脚踏实地，形成观察和分析问题的良好思维习惯，坚定“四个自信”。另外，也可以组建“弘扬红色精神，践行社会主义核心价值观”学生讲师团，鼓励优秀学生在学校、社区、城镇宣讲社会主义核心价值观，借以增强演讲者的认知，增进朋辈之间的学习。

（五）强化仪式教育

所谓仪式，是由国家或社会各部门组织开展的具有象征性、程序性的活动，用来表达和传播一种具有高度精神实质的抽象观念；仪式教育，即行为主体处于庄严神圣又极具感染力的场域，通过富有生命力、凝聚力、感召力的程序和形式，直接体验并接受其价值理念。作为极具庄严性的活动，仪式因为能够建构或提升抽象价值理念的神圣性，在表现抽象的价值理念方面具有自己“独特的优势”。① 特别是在今天，“由于文本的教育枯燥乏味，在效果上远不如生动活泼的庆典仪式，加上现代传媒技术的应用，仪式活动的传播范围极广，公开性与公共性都得到了极大的提高，所以仪式在现代社会中的文化记忆功能不仅没被削弱，反而越来越有增强的趋势”②。

---

① 参见杨巧：《试论社会主义核心价值观教育中的仪式建构》，《教学与研究》2014 年第 8 期。

② 王霄冰：《文字、仪式与文化记忆》，《江西社会科学》2007 年第 2 期。

红色文化融入高校社会主义核心价值观的仪式教育，就是要将红色文化与核心价值观的宣传教育与特殊日期、特殊活动相结合，让大学生在无意中产生对价值观念的认同，在集体氛围的情境下实现自身价值的养成。2001年颁布的《公民道德建设实施纲要》指出，各种重要节日、纪念日，蕴藏着宝贵的道德教育资源，要利用节日开展道德教育。习近平总书记强调："要建立和规范一些礼仪制度，组织开展形式多样的纪念庆典活动，传播主流价值，增强人们的认同感和归属感。"① 这都体现了对仪式教育的重视。

比如在入学典礼、毕业典礼、校庆纪念日等重要节点，组织开展形式多样的红色校史宣传教育活动，凸显校史的价值引领功能，让全校师生通过校史的学习、校训的体悟感受价值的力量、道义的力量和信仰的力量。再如，在12月13日"南京大屠杀死难者公祭日"当天，可以带领大学生去纪念场所扫墓，将概念化的价值观还原为仪式重现历史所传达的中心思想，进而引起大学生情感上的共鸣、引发对价值观的思考，形成共同的集体记忆。

需要注意的是，仪式教育广泛地、持久地、稳定地开展，必须做到系统化、制度化和高效化。所谓系统化，是指仪式教育不是应景教育或者形象工程，相反应是用心安排的精品工程，要体现活动的针对性、层次性和连贯性；所谓制度化，是指仪式教育不是运动式的一阵风活动，完全唯领导意志是从，而是通过制度化的方式确定下来，形成具有可持续性的效应；所谓高效化，是指仪式教育要注重成本收益核算，尽量减少时间、场地及人力等的浪费，提高教育活动的效能。这三点不是孤立的，而是相辅相成、密切联系、浑然一体的，唯有三者完美结合，仪式教育才能真正体现它的价值、发挥它的效力。

三、融入学校校风学风建设

大学校风、学风是大学办学传统、办学精神和办学效能的集中反映，是

---

① 《习近平谈治国理政》第一卷，外文出版社2018年版，第165页。

一所大学在办学进程中逐渐形成并长期坚持的价值、理念和情怀的集中体现，是一所大学生生不息、发展壮大的丰厚滋养。它承载的精神蕴含着一所大学所倡导的价值观，是大学文化的灵魂，师生每日浸染其中而不自觉地践履。它与社会主义核心价值观密切联系，突出体现在校训与社会主义核心价值观的关系方面。

（一）红色文化涵育核心价值观融入校训

大学校训是大学精神的灵魂，大学精神熔铸于大学校训之中。政治学家维尔曾经指出："对某一地区或某个社会集团的认同感，向来是人们忠于自己的政治理想、采取政治行动的一种最强大的动力。"① 大学校训之于大学生的意义也是如此。2007 年，时任中山大学校长黄达人曾做题为《我心目中的中大学生》的演讲，他告诫："校训体现了大学求知、求真、求善的道德感和贡献社会的使命感，这里面闪耀着大学精神的光芒。校训为我们指明了读书、治学、做人的途径，如果我们能够体会到'学问思辨行'其中的逻辑意义，真正做到'博学、审问、慎思、明辨、笃行'，那么也就可以'修身、齐家、治国、平天下'了，如真能如此，那么我们的学生培养目的也就达到了。"②

校训与社会主义核心价值观教育具有同构性。如在语素方面，较多采用多音节语素，如厚德、自由、公正等；在构词法方面，较多采用合成词，如友善、饮水思源、励志图强等；在词语形式方面，较多采用两个字，如笃行、进取、民主、诚信等；在词性方面，较多采用形容词和动词，形容词如自由、公诚、文明、民主等，动词如爱国、进取、励志、敬业等；在词语感情色彩方面，均采用褒义词，表达赞许、肯定和积极向上之意等。

校训与社会主义核心价值观教育具有契合性。红色文化滋养大学校训形

---

① ［英］维尔：《美国政治》，王合、陈国清、杨铁钧译，商务印书馆 1981 年版，第 27 页。

② 黄达人：《我心目中的中大学生》，《中山大学报》2007 年 5 月 15 日。

成，是很多大学校训形成的源泉。通过查阅“985 工程”大学校训发现“爱国”“敬业”“团结”“自由”“包容”“诚信”“至善”等词语占校训关键词的 30%，而这也与社会主义核心价值观理念相通。在爱国方面，上海交通大学校训中的“爱国荣校”、国防科学技术大学校训中的“强军兴国”、中国农业大学校训中的“解民生之多艰”都是从革命时代来的，是爱国主义的生动体现；在敬业方面，重庆大学校训中的“勤学业”、西安交通大学校训中的“精勤求学”、北京理工大学校训中的“学以精工”，都隐含了专心致力于学习或工作的意思。而吉林大学、同济大学、大连理工大学、华东师范大学校训中的“求实”，电子科技大学校训中的“求实求真”，天津大学、湖南大学、中国人民大学校训中的“实事求是”，武汉大学、华中科技大学校训中的“求是”等，则既是社会主义核心价值观的应有之义，也是培育和践行社会主义核心价值观的基本要求，更是红色文化的精魂。

这样，红色文化、社会主义核心价值观、大学校训就有了必然联系。红色文化融入大学校训教育对于高校师生具有无可比拟的可亲近性、可触摸性和可接受性。可以说，大学校训作为重要载体在高校社会主义核心价值观教育中具有得天独厚的比较优势，不同的大学校训彰显着大学治理各具千秋，社会主义核心价值观教育各有特色。

（二）红色文化涵育核心价值观融入校风、学风

红色文化蕴含崇高的革命精神和优良的革命作风，是大学校风、学风建设的优质资源，如红军在长征过程中体现的乐观、顽强、不放弃、不畏艰险、不惧强敌等优良作风，可以通过丰富多彩的校园红色文化活动渗透于校风、学风中，激励大学生刻苦钻研、顽强拼搏，并保持勤俭节约的生活作风。另外，还可以将党领导红军所坚持的民主集中制、集体主义等理念融入高校校风、学风建设中。大力弘扬这些精神和价值，有利于大学生端正学习态度、保持积极向上的精神风貌，有利于学校形成民主治校、开放办学的氛围。

将红色文化融入高校校风、学风，要注意处理好继承和创新的关系。比

如爱国主义。爱国主义是一个历史范畴，其具体内容、形式、推动力量，是随着历史条件和历史阶段的变化而变化的。比如，在鸦片战争以前的封建社会阶段，爱国主义主要表现为反对昏庸腐败的封建专制，推进爱国主义运动的社会力量是农民；鸦片战争以后，爱国主义主要表现为对外反对帝国主义列强侵略，捍卫祖国的主权独立和领土完整，对内反对同列强相勾结出卖国家利益的反动统治阶级，推进爱国主义运动的社会力量是农民、工人和新兴的民族资产阶级。新时期，在和平与发展成为时代主题的背景下，爱国主义的内容和形式又呈现出新的特点，主要体现在社会各阶层紧密团结，在共产党的领导下汇集中国智慧、凝聚中国力量，努力实现中华民族伟大复兴的中国梦和“两个一百年”奋斗目标，主要社会力量是农民、工人和知识分子。

四、融入学生理论社团建设

高校学生社团是学生为了实现共同意愿和满足兴趣爱好需求，自愿组成的，按照其章程开展活动的群众性学生组织。它在加强校园文化建设、提高学生综合素质、引导学生适应社会、促进学生成长成才方面发挥着重要作用。高校学生社团是新形势下凝聚学生开展社会主义核心价值观教育的载体。当问及“你认为高校应该如何开展社会主义核心价值观教育”时，据调查结果显示，排在前三位的是：46.6%的学生认为要“增加社会主义核心价值观主题的学校社团活动、社会实践活动”、42.3%的学生认为要“多利用校内论坛、讲座、新闻宣传”、38.1%的学生选择“以讨论、辩论等互动方式改进思想政治理论课、党课教育模式”。[①] 近年来，随着我国教育事业的蓬勃发展，学生社团在高校中也占据了自己的一席之地，影响力也越来越大。红色社团在社团蓬勃发展的今天异军突起，成为社团大军中的“轻

① 陶韶菁：《大学生对社会主义核心价值观的认知现状调查与对策分析》，《思想理论教育导刊》2016 年第 8 期。

骑兵”。

红色社团是“高校红色理论学习型社团”的简称。它是在高校党团部门直接指导下学生自发组织起来学习、宣传、研究马克思主义、毛泽东思想、中国特色社会主义理论的学生社团总称。红色社团在众多社团中扮演着不可或缺的重要角色。从构成人员来说，社团成员是一些具有上进心和使命感，有志于理论学习和传播的青年知识分子；从社团研究的内容来说，它专注于研究和学习马克思主义、毛泽东思想和中国特色社会主义相关理论，有助于引导学生坚定政治立场；从人才培养来说，社团为学校和国家团结培养了一大批对党和社会主义抱有坚定信念，并具备较高理论素质的青年马克思主义者。

目前，全国高校红色社团发展已经形成规模，几乎每所高校都成立了红色理论社团，社团成员数量也在不断上升。红色社团遍布全国高校，由于学校性质、办学历史、学生规模等的不同，开展的活动也不尽相同，但是总体来说主要分为以下几类。其一是组织学生阅读马克思主义理论和中国特色社会主义理论方面的经典著作。清华大学学生马克思主义学习研究协会成立读书社，确立办社宗旨为“唯真”。其二是举办学术研讨会。大连海事大学中国特色社会主义理论学习研究会举办了“马克思主义中国化的历史进程和理论成果”“中国的国际地位”“聚焦宝岛台湾”“科学发展观之我见”“社会主义新农村的思考”“大学生人生规划的探讨”“情系南海国土，增强海权意识”等50余场学术、时政研讨会。其三是定期邀请专家讲座。复旦大学红色理论社团定期邀请学校政治学、马克思主义哲学、思想政治教育等优势学科的专家学者以及学生工作部、关工委等部门负责党建工作的资深教师参与“双周沙龙”“聆听大师”“经典阅读”等品牌活动，在师生互动中不断提高理论水平。其四是红色主题社会调研活动。山东大学学生红色理论社团联盟开展“重走革命路，重温爱国情”活动，赴陕北革命老区开展党史文化专题学习调研。

不过，尽管国内高校红色社团呈现出迅速发展的趋势，但是也还存在一定问题。其一，会员招新困难，中途流失严重。很多同学加入社团以后，由于专业课程繁忙，加之社团管理松散，半途退社的情况比较严重。其二，社团管理缺乏专业指导。有些红色社团是在学校党团组织的领导下形成的，没有专业教师指导。社团的学生组织者缺乏专业理论素养和理论社团管理经验，无法带领社团朝正规的方向发展，并激发活力。其三，红色社团受到重视不够，社团经费不足。最典型的是，马克思主义理论的学习离不开对大量书籍和文献的阅读，购买书籍是红色社团必不可少的需求。另外，红色社团还要组织成员走出去考察社会，而这都需要经费。目前，大多数红色社团经费不足。未来需要做的是：

1. 明确红色社团的功能，确立红色社团在学生组织中的地位

加强红色社团建设，最主要的是要明确红色社团的功能，及其在学生社团中的重要地位。红色社团是传播社会主义理想信念、提高大学生综合素质的有效载体，它应在高校社团中居于重点地位。红色社团应该通过组织经典读书会、理论宣讲、知识竞赛、演讲比赛等活动，带领大学生积极学习马列经典和中国特色社会主义理论，营造崇尚理论、学习理论的良好氛围；通过微博、微信等自媒体及网站，以青年易于接受的方式传播马克思主义中国化的最新成果，推进习近平新时代中国特色社会主义思想进头脑。另外，构建社团之间的联动机制，发挥理论社团对兴趣性、娱乐性社团的思想引领功能。

2. 提升红色社团水平，强化红色社团的规范化建设

在组织上，红色社团必须有优秀的指导团队。以浙江大学（学生）中国特色社会主义理论体系研究会为例。其理事会由浙江大学党委领导组成，秘书处由浙江大学党委组织部、党委宣传部、学生工作部、教师工作部、团委、思想政治部的指导教师组成，队伍庞大，层次高。在活动内容上，必须以学习马克思主义和中国特色社会主义相关理论为主，切忌脱离主题。在规章制度上，应该有健全的规范制度来约束社团成员，做到有组织、有纪律。陕西师范大学马列理论读书社先后制定和修订了《学生马列理论读书社章程》《中国特色社会主义理论体系学习中心组制度》《读书社工作推进计划》

等6项制度，从而使理论学习活动走上了制度化、常规化轨道。

3. 打造红色社团品牌文化，提升红色社团的社会影响

打造红色社团品牌，首先应该确定红色社团独有的文化、理念及发展规划，体现红色社团在社联中的独特地位。其次，要适应时代要求，推进红色社团活动开展的多样性。红色社团应该抓住机遇，借助网络和新媒体的力量，大力宣传红色社团的理念、文化，并及时宣传当代中国的战略和政策。最后，要走出校园、走进社会，开展实践调研活动。可以将红色精神的弘扬与学术科技、创新创业、文化娱乐、社会实践、志愿服务、体育竞技结合起来，创新红色文化价值引领的形式，拓展以社团为载体将红色精神融入社会主义核心价值观教育的途径和方式。

4. 构建红色社团发展的保障体系，推动红色社团发展的可持续性

红色社团的发展离不开学校和全体师生的共同努力。首先，学校要积极扶持红色社团的发展，为社团指派具有专业知识和协调管理能力的老师。其次，学校要加大红色社团的经费投入，为社团发展提供物质保障。除此之外，学校还应该为红色社团提供专门活动场地。

第四节 创新主题社会实践活动

实践是人类存在的基本方式，也是社会得以发展的前提条件。它既是一切价值观念产生的根源，也是检验价值观念是否科学的根本标准。这正如欧内斯特·芒德尔所深刻指出的："广大群众通过与社会主义者交往而获得的与他们对资本主义现实的日常体验不同的、具有决定作用的经验，显然是从社会主义者的实践中，而不是从他们的理论中感受到的。"① 同样的道理，

① 转引自［俄］戈尔巴乔夫、勃兰特等：《未来的社会主义》，中央编译局国际发展与合作研究所编译，中央编译出版社1994年版，第135页。

实践是思想转化为素养的基础和中介，只有在实践中不断地体验、分析、比较、鉴别，大学生才能不断深化对价值观的认识，才能提高行为能力，实现知—信和信—行的两次飞跃。

社会实践是大学生课堂教育的延伸，是大学生了解历史、熟悉民情、知识报国的直接平台，是大学生磨炼意志、砥砺品行、涵养德性的重要方式，对大学生获得理论知识印证并实现价值观内化具有重要作用。2004 年，中共中央、国务院颁布《关于进一步加强和改进大学生思想政治教育的意见》（以下简称《意见》）。这是新时期党适应新任务新要求而对思想政治教育工作做的新指示，是继 1987 年之后党中央对高等学校思想政治教育工作的又一次全面部署。《意见》对社会实践在新时期思想政治教育中的地位进行了全面阐述。主要体现在：（1）将“坚持政治理论教育与社会实践相结合”列为加强和改进大学生思想政治教育的基本原则之一，提出既要重视课堂教育，又要注重引导大学生深入社会、了解社会、服务社会；（2）将“深入开展社会实践”作为新形势下拓展大学生思想政治教育的首要有效途径，总结了其在立德树人方面的积极作用；（3）对新形势下高等学校的社会实践教育进行了总体布置。首先，在总体目标方面，明确提出“建立大学生社会实践保障体系，探索实践育人的长效机制”①；其次，在具体保障措施方面，把社会实践纳入学校教育总体规划和教学大纲之中，规定学时和学分，提供必要经费，理顺管理体制；再次，在实践形式方面，列举了社会调查、生产劳动、志愿服务、公益活动、科技发明和勤工俭学等。《意见》最大的贡献是，提出探索社会实践的长效机制，并从管理体制、学分安排、经费支出等方面予以保障，标志着社会实践教育教学进入制度化、规范化轨道。

为了贯彻落实《意见》，中宣部和教育部要求高等学校在学生形势与政

---

① 教育部社会科学司组编：《普通高校思想政治理论课文献选编（1949—2008）》，中国人民大学出版社 2008 年版，第 205 页。

策教育中注意结合“三下乡”“青年志愿者”等活动。2005年两部门又联合颁布了《关于进一步加强和改进高等学校思想政治理论课的意见》，明确了在思想政治理论课中贯彻社会实践教学的要求，提出：“高等学校思想政治理论课所有课程都要加强实践环节。……围绕教学目标，制定大纲，规定课时，提供必要经费。”① 同年，中宣部、中央文明办、教育部、共青团中央四部门专门颁发《关于进一步加强和改进大学生社会实践的意见》。这是党和政府针对大学生社会实践教育的第一个文件，充分显示了对社会实践在高等教育中地位的肯定和重视。该文件的鲜明特点表现在：（1）确立了社会实践的基本布局，即以了解社会、服务社会为主要内容，以形式多样的活动为载体，以稳定的实践基地为依托，以建立长效机制为保障；（2）明确了社会实践教学的要求，强调把实践教学“落实到每一个部门、每一门课程和每一位教师，体现在专业培养计划、课程教学大纲和教师的岗位职责中”②；（3）具体了大学生社会实践的形式，包括社会调查、生产劳动、社会服务、科技发明、勤工助学、“红色之旅”、“三下乡”、“四进社区”等；（4）阐释了保障大学生社会实践长效机制的具体措施，包括管理体制机制创新、社会实践基地建设、实践经费落实以及领导机构设置等。特别值得一提的是，首次提出把大学生社会实践教育作为重要指标，纳入高等学校党的建设和教育教学评估体系。

需要特别指出的是，四部委文件将“红色之旅”作为大学生社会实践的一种形式单独列出来，指出：“要组织大学生到革命纪念地、改革开放前沿和经济社会发展成效显著的地方学习参观，了解中国革命、建设和改革开放的历史和成就，增强大学生对党的感情，对中国特色社会主义的热爱，激发他们全面建设小康社会、实现中华民族伟大复兴的责任感。要充分发挥博物馆、纪念馆、展览馆、烈士陵园等爱国主义教育基地的教育

① 教育部社会科学司组编：《普通高校思想政治理论课文献选编（1949—2008）》，中国人民大学出版社2008年版，第206页。

② 《关于进一步加强和改进大学生社会实践的意见》（中青联发〔2005〕3号）。

作用。学习参观要突出教育主题，增强教育效果，力戒形式主义。"[①] 这既提出了高校开展"红色之旅"的具体内容，也明确了高校开展"红色之旅"的具体要求，为红色文化融入高校社会主义核心价值观教育奠定了基础。

随着四部委文件的出台，高等学校开展社会实践教育和活动有了科学依据和操作规范，接下来要做的是结合本校实际开展具有特色的社会实践教育教学活动。为了落实思想政治理论课的社会实践教学，教育部于 2011 年出台了《高等学校思想政治理论课建设标准（暂行）》，将社会实践教学列为 B 类指标，即基本指标，并从教学计划、学分、专项经费、校外实践教学基地建设、学生覆盖面等方面进行考察。这标志着社会实践已经纳入教育教学评估体系之中，成为常规化的教育活动。

一、开展体验式的主题社会调研活动

克服大学生社会实践教学过程中存在的问题，避免红色文化融入社会主义核心价值观社会实践教育的形式化、趋同化、无序化，就必须创新和改进社会实践教育教学的内容、形式，在把握时代特征、社会生活主题和学生期望的基础上，构建具有时代特色、地域特色、学校特色和学科特色的社会实践育人模式。具体而言，该模式包括三大板块的内容，即变动主题社会实践教育、恒定主题社会实践教育和社会实践基地教育。通过互相支持、相互衔接的三大板块的社会实践育人活动，既突出社会实践教育的时代性，又注重社会实践教育的独特性，全面提高社会实践教育的实效性。

（一）变动主题社会实践教育

所谓变动主题社会实践教育，是指根据时代特征、国家生活主题及核心

① 《关于进一步加强和改进大学生社会实践的意见》（中青联发〔2005〕3 号）。

价值观教育的要求，以我国改革开放和现代化建设的实际问题、以我们正在做的事情为中心，着眼于马克思主义理论的运用，着眼于对实际问题的理论思考，着眼于新的实践和新的发展，确立每年社会实践教学的主题，然后围绕该主题开展丰富多彩的社会实践活动。

年度社会实践教学主题的选择必须符合三个原则：其一，与国家生活主题密切相关，也即近期党和政府倡导、宣传的，攸关国家富强、人民幸福与民族复兴的基础性、创新性、战略性思想、路线、政策；其二，与社会主义核心价值观教育的要求相关，集中反映社会主义核心价值观教育的目标和要求；其三，与学生生活高度相关，也即不宏观、不抽象，让大学生觉得熟悉、亲切，有参与的兴趣和期待。学校及相关部门可以根据以上原则，通过集体讨论的方式，最终确定本年度的社会实践主题，然后围绕该主题确立社会实践教学的组织形式、操作规范、考核办法，并在对学生座谈访谈的基础上最终形成社会实践教学方案。

比如，2016 年社会实践教育主题可以是“长征精神与当代青年的成长成才”，社会实践教育形式可以是社会调研。围绕该主题可以设计一些体现问题意识和现实关切、具有可操作性的调研方向或题目，鼓励学生以个体或者团队形式到长征沿线城市、农村或红色遗址、博物馆等展开调研，并写作主题明确、著述规范、格式统一的调研报告。鼓励学生在调研报告中采用视频、图片等多种表现形式，丰富社会实践教学成果形式。最终，通过变动主题的社会调研活动，一方面，强化学生对长征精神的理解和中国革命历史的认同，增强民族自豪感和自信心，增强对中国共产党领导的社会主义事业的信心；另一方面，学生通过了解长征故事更深刻地理解公平、正义、爱国、平等等的内涵，深刻理解中国共产党的理想追求，增强学生的历史认同、文化认同感。

又如，广泛开展志愿服务活动，不断赋予红色文化涵育社会主义核心价值观以时代内涵。结合各地各校实际，组织开展以“传承红色精神，践行社会主义核心价值观”为主要内容的志愿服务活动。鼓励学生利用寒暑假和节假日，开展文化、科技、卫生“三下乡”等主题社会实践活动，在技术服务国家和人民的过程中感受富强、民主、爱国等价值观念。深入推进大学生志愿服务西部计划，鼓励和引导毕业生到西部、到基层、到偏远山区、到祖国最需要的地方去建功立业，续写红色故事。积极联系爱国主义教育基地和城市社区、农村乡镇、工矿企业、驻军部队、社会服务机构等，组织学生开展社会主义核心价值观理论宣讲活动，在参与式观察和服务式体验中增进对社会主义核心价值观的理解和认同。

（二）恒定主题社会实践教育

恒定主题社会实践教育是指根据本校所在区域的人文地理特征、学校自身的历史传统和学科特点以及学生的学历层次等，确立相对固定且有特色的社会实践主题，每年组织学生围绕该主题开展基于问题、项目和案例研究的深入、持久的社会实践活动。它是一所学校社会主义核心价值观社会实践教育具有特色的重要载体和表现形式，具有继承性、连续性和创造性，由专业老师带队，由具有创新意识、探索勇气、合作精神的学生组队参与。通过组织持续的恒定主题社会实践活动，开展前瞻性、战略性和对策性的研究，可以充分发挥大学生在地方经济发展、精神文明建设、区域生态保护、校园文化营造等方面的作用，形成具有一定品牌和特色的社会实践教学成果。

要发挥恒定主题社会实践教育的作用，必须注意：其一，主题必须是与国家战略相关的重大理论和现实问题，并且这些问题能够激发大学生的参与意识、创新意识和责任意识，体现他们自身的特长和价值；其二，角度、内容、方法等必须具有一定创新性，既有对以往工作的继承，又有新的推进和发展，体现所学有所用和学有所成；其三，成果必须有精品意识，是理论与实践的有机结合，体现一定的理论深度和广度，且常做常新，不断焕发出生机活力。

比如，地处东北的高校，可以以“发扬抗联精神，振兴老工业基地”

为主题确立若干调研题目，组织学生深入企业、社区和政府管理部门，全面了解东北工业发展的历史、现状及存在问题，探讨老工业基地振兴的对策。学校可以根据自身的学科特点，调查学科相关行业企业的情况，具体调查对象可以是不同所有制形式的企业，调查内容可以涵盖产业结构升级、清洁生产、企业文化建设、社会保障等。可以制定中长期调研计划，持续多年围绕该主题进行不同方面不同角度的研究，力争全面、深刻地反映调研对象，为地方决策提供服务。再如，有些高校在革命老区，可以以“留住活历史”为题，组织学生采访革命、建设和改革过程中重大事件的参与者，通过口述历史的形式记录下红色故事，揭示其中蕴含的价值理念，并结集出版。这有利于大学生将红色精神的继承和发展结合起来，在服务国家和民族的过程中体会价值引领、价值塑造的意义，在成长成才中品味社会主义核心价值观的内涵。

（三）社会实践基地教育

社会实践教育基地是保证社会主义核心价值观教育稳定性、可持续性的重要途径和方式。根据社会主义核心价值观教育的内容和要求，联系具有代表性和具有教育意义的各类博物馆、纪念馆、展览馆，以及城市社区、新农村、现代企业等，设立大学生社会主义核心价值观实践育人基地。

社会实践基地的选择不能随意化，不是越多越好，也不是名气越大越好，而应该是从社会主义核心价值观教育的要求出发，坚持三个原则。其一，典型性。红色遗址、革命纪念馆、领袖故居众多，不可能都挂牌作为社会实践育人基地，必须从中选择最具有代表性和说服力的。其二，相关性。即与教育内容、教育要求高度相关，能够通过对社会实践基地的参观、学习，深化大学生对社会主义核心价值观的认识。其三，互利性。既要发挥社会实践基地对教师研究、学生成长的积极作用，也要发挥教师和学生对社会实践基地建设的扶持作用。

（四）处理好课程社会实践教学与学生组织开展的社会实践活动的关系

目前，在高等学校中承担社会实践组织和管理工作的有马克思主义学院、团委、学生处等单位。那么，马克思主义学院与学生组织开展的社会主义核心价值观教育实践活动二者的关系是什么呢？首先，二者具有很大的一致性，包括：（1）在目标上，立德树人，促进大学生了解社会、了解国情，增长才干、奉献社会，锻炼毅力、培养人格，增强社会责任感，做社会主义事业的建设者和接班人；（2）在内容上，都面向丰富多彩的现实社会生活，囊括政治、经济、文化、社会、生态等多个方面，覆盖农村、城市社区、企业、政府、博物馆、展览馆等多个层面；（3）在形式上，都包括社会调查、生产劳动、志愿服务、公益活动等社会实践活动，都以调研报告、考察报告、心得体会等形式展现社会实践成果。

然而，作为课程社会实践教学和学生组织开展的社会实践活动还是有不同之处。（1）性质不同。前者是课程教学体系的一部分，后者是学生培养过程中的一个环节，二者不属于同一个范畴。（2）侧重点不同。前者主要通过开展与课程相关的社会实践活动，增进大学生对中国特色社会主义道路的认同，坚定他们的理想信念，增强他们的价值自信；后者主要是通过开展社会实践教学活动，增加大学生对国情的了解及认识、分析问题的能力，侧重于综合素养的提高。（3）管理方式不同。前者主要由任课老师负责组织，学生在老师的指导下开展社会实践活动，后者则主要是以学生自发的形式为主。（4）考核方式不同。前者作为课程教学的一个环节，学生的表现计入成绩，后者则是学生培养的一个环节，不以成绩计。

学校要加强顶层设计和整体部署，协同推进课程社会实践教学与学生组织开展的社会实践活动，在整个学校形成社会实践育人的合力，推进红色文化融入社会主义核心价值观实践育人效果的最优化。

二、举行朋辈互助型的主题学习活动

同伴是大学生获得生活经验和社会信息的主要来源。因为成员间具有较高的心理认同感、较强的内聚力以及较为一致的生活方式，故他们较容易接受对方的影响。成年以后，同伴在确立生活目标及价值观念方面会逐渐取代父母和教师的影响。朋辈互助型的主题学习活动遵循朋辈交往和成长的基本规律，坚持自我教育与利他教育相结合的原则，能够激发大学生的内在动力，调动自我学习、自我教育的积极性。调查研究发现："越能得到同伴群体间相互的理解与支持，就越能满足大学生交往的需要、归属的需要及尊重的需要，从而为大学生社会主义核心价值观的形成创建良好的心理环境。"①用朋辈互助的学习方式开展红色文化融入大学生社会主义核心价值观教育活动，可以采取以下方法：

（一）开展红色经典阅读活动

理论认同是价值认同的前提，价值认同是理论认同的深化和升华，价值主体只有在感受理论科学性和真理性的基础上，才有可能形成政治认同、价值自信。当前，存在的问题是：其一，从教育者的角度看，对大学生红色经典书目阅读和学习的要求少。通过收集高校开列的大学生必读书目，发现马列经典淹没在技能类、通俗性的著作之中，所占比重少且地位不突出。如在北京大学、清华大学、复旦大学推荐书单中，马列经典著作只分别占到16.7%、2%、4%，且排列在书单末尾。其二，从受教育者的角度，新媒体环境下浅阅读、休闲性阅读、功利性阅读、碎片化阅读、图像化阅读、数字化阅读成为主要的阅读方式。据相关机构调查发现：对于"功利性读书"，

① 郭曰铎、张荣华：《大学生社会主义核心价值观认同度与践行意愿影响因素调研》，《理论学刊》2016年第1期。

58.41%的大学生持“默认”态度，有11.62%的大学生“非常赞同”功利性读书。① 一句话，大学生缺乏对红色经典阅读的兴趣。

朱德曾经回忆说：“我对共产主义和布尔什维主义的兴趣，是在自己读了有关俄国革命的书籍后引起的，唯一的其他影响是跟留法归国学生的几次谈话。”② 可见，读书之于青年人理想信念和价值观选择的重要性。马克思主义经典著作是高校社会主义核心价值观教育的本源和基础，学习经典、体悟经典对于大学生加深对红色文化的认识、坚定政治信仰和价值自信，具有重要意义。通过组织经典读书会、讨论会等形式，品读经典、感悟经典、体验经典，帮助大学生在浮躁的社会中保持冷静的思考和理性的判断，找到人生成长的基点，明确自己价值追求的根本出发点和落脚点。

（二）开展丰富多样的交流、对话和自我教育活动

根据践行社会主义核心价值观的要求，结合当前大学生思想领域容易混淆和模糊的热点问题，开展以红色文化与社会主义核心价值观为主题的师生对话、专家问答等活动；邀请老红军、老八路或者英雄模范的子女讲家风、讲信仰，并组织学生进行研讨，增进学生对红色文化及其蕴含的价值的思考；围绕历史虚无主义的一些问题展开讨论，通过成果展示、质疑答辩、教师总结等多个环节，提高学生的阅读能力、分析能力、合作能力和表达能力；学生自发组织学习小组，定期开展相关经典著作学习心得的讨论，在相互学习、交流中提升认识。

另外，随着手机的普及运用，“微传播”成了信息发布和传递的重要渠道。“微传播”的主要形式包括微博、微信、微电影、微小说、微广告等。作为一种全新的传播方式，“微传播”集合了自我传播、人际传播、

---

① 岳修志：《当代大学生阅读问卷调查分析》，《大学图书馆学报》2011年第4期。

② ［美］尼姆·威尔斯：《续西行漫记》，陶宜、徐复译，解放军文艺出版社2002年版，第106—107页。

组织传播、大众传播的特点，其具有多样化、即时性、互动性、开放性特征，“深刻改变着青年群体的思考方式和交流方式”①。各种信息即时发布、分享与评论大大增加了大学生交流和沟通的机会。目前，存在的问题是，学生之间微传播的内容主要集中在生活、情感、娱乐等方面，涉及社会主义核心价值观等主流意识形态问题的内容少。未来需要做的是，学校或教师把握“微时代”大学生思想政治教育的规律，结合大学生善于创造、勇于创新的特点，调动他们的积极性和创造性，将红色文化融入社会主义核心价值观的教育“化解”“演绎”为“微内容”，通过一个故事、一张图片、一个视频、一个符号等多样化的活泼的“微”形式，吸引大学生关注、讨论和评论红色故事、中国故事和身边的故事，并从中对标崇高，自觉受益。

（三）创建学生宣讲社会主义核心价值观的新形式

有条件的高校可以组织马克思主义理论方面的研究生或者热爱理论宣传的学生，组成“红色文化与核心价值观”宣讲团，在校内外开展社会主义核心价值观宣讲。比如中国地质大学（武汉）以马克思主义理论专业学生党员为主，组织了“红色之声”宣讲团，在全校 19 个学院（课部）开展以红色文化为主题的社会主义核心价值观宣讲，收到了积极的效果，被评价为：“时代性强烈，创新性明显，主体性突出，可推广性强。”② 此外，学生社团可以通过建立相关网站平台，定期上传“红色故事”、讲解“红色人物”、宣讲党的大政方针等，宣传红色文化、红色精神和核心价值观。

---

① 于安龙、刘文佳：《微文化对大学生社会主义核心价值观教育的影响及对策》，《中国青年研究》2014 年第 11 期。

② 教育部思想政治工作司组编：《培育践行社会主义核心价值观高校案例（第二辑）》，中国书籍出版社 2015 年版，第 86 页。

（四）指导学生开展互助型的红色旅游活动

红色旅游是一种体验式、参与式、教研式的革命传统教育活动，参与者能够在自己所看、所听、所讲、所走、所读中切实体验到红色文化所产生的教育价值，在潜移默化中认同和接受爱国、平等、法治、敬业、诚信等价值理念。学生可以自己设计一些红色旅游路线，开展一些特色活动，如重走红军路、到革命旧址重温入党宣誓、吃一顿红军餐等，把对红色精神的体悟、社会主义核心价值观的体验融入“游学”过程中，在边走边学中增进理解、强化认同、增进自信。

第五节　创建特色网络教育平台

一、基本原则

（一）破与立相结合

随着经济全球化和互联网技术的发展，西方各种文化思潮涌入，并与中国传统文化和当代文化不断交流、碰撞和交锋，给青年学生带来了思想上的困惑。一方面，大学生主动或者被动接收到的信息容量大、覆盖面广，为他们的学习和生活带来了便捷，改变了他们的生活方式和生存状态；另一方面来自四面八方的信息内容芜杂、良莠不齐，导致处于青春期、喜欢追赶潮流、推崇个体意识、富有批判精神的青年学生陷入选择困境之中，很容易被错误思想误导。经过问卷调查发现，大学生在阅读国内外新闻时，69.60%的调查对象最关注政治变革与政治事件，其中四分之一的调查对象选择从国外网站了解这些新闻。大学生关心政治的热情非常高，希望了解世界时事，开阔自己的视野，但是了解信息的渠道太复杂，对各类信息又缺乏科学的甄选方法和应有的政治敏锐性和辨别力，极易盲听、盲信、盲从，脱离正确的认识轨道。

针对这种情况，红色文化融入高校社会主义核心价值观的教育要坚持“破”与“立”的统一。具体而言，包括：

其一，“立”就是通过正面宣传教育，使社会主义核心价值观成为大学生如影随形的价值遵循。“多重温我们党领导人民进行革命的伟大历史，心中就会增添很多正能量。”① 要大张旗鼓、声威壮大地宣传红色文化的价值引领功能，并将之与青年学生社会主义核心价值观的培育和践行结合起来，改变主流价值观在某些领域“失语”“失声”的状态。

其二，“破”就是排除干扰，消除对社会主义核心价值观培育和践行的不利因素。面对种种干扰，红色文化的宣传要有针对性，要以毋庸置疑、无可辩驳的证据，诉诸客观真理和客观历史规律，从历史制高点和价值制高点，对历史虚无主义、“普世价值”“意识形态终结论”“淡化意识形态论”“历史终结论”等错误观点进行批驳，揭露“矮化”“丑化”中国的做法，帮助大学生认清中国国情，树立民族自尊心、自信心和自豪感。

（二）传承与发展相结合

红色文化融入高校社会主义核心价值观教育既要说好红色故事，更要续写红色故事；既要用过去的红色故事进行社会主义核心价值观教育，也要用续写的红色故事进行社会主义核心价值观教育，即传承与发展相结合。要避免两种情况：其一，一味复古，“薄今人爱古人”或“以古人映射今人”，只说过去的红色文化和红色故事，然后用改革开放前的历史否定改革开放后

---

① 资料汇编：《习近平谈弘扬优良传统、传承红色基因》，光明网，2015 年 4 月 16 日，http：//theory. gmw. cn/2015-04/16/content_ 15392247_ 2. htm。

的历史。习近平总书记针对如何看待“前后两个三十年”问题指出：“我们党领导人民进行社会主义建设，有改革开放前和改革开放后两个历史时期，这是两个相互联系又有重大区别的时期，但本质上都是我们党领导人民进行社会主义建设的实践探索。中国特色社会主义是在改革开放历史新时期开创的，但也是在新中国已经建立起社会主义基本制度、并进行了20多年建设的基础上开创的。虽然这两个历史时期在进行社会主义建设的思想指导、方针政策、实际工作上有很大差别，但两者决不是彼此割裂的，更不是根本对立的。不能用改革开放后的历史时期否定改革开放前的历史时期，也不能用改革开放前的历史时期否定改革开放后的历史时期。要坚持实事求是的思想路线，分清主流和支流，坚持真理，修正错误，发扬经验，吸取教训，在这个基础上把党和人民事业继续推向前进。”① 这已经作出了结论。其二，只说今人，将今天的任何成绩都归功于红色精神的传承，这也不客观。现在很多高校在宣传红色文化的时候，将红色文化抬得太高，将学校所有的成就说成红色精神的作用，这也是不对的。

（三）显性与隐性相结合

价值观教育的效果如何，取决于教育者与教育对象的互动关系，而这种互动关系又取决于教育方式和方法是否有科学性、艺术性和趣味性。在过去很长一段时间里，一些教师片面地将社会主义核心价值观教育的正义性理解为价值观教育的刚性，强化政治性灌输而忽略学理性阐释，注重显性教育手段的使用而轻视隐性教育方法的运用，这种意识形态化、刻板化的价值观教育方式，容易导致随信者众而智信者少，无法起到价值观教育的真正作用。

因此，教师或者管理者在推进红色文化涵育社会主义核心价值观中，要创新教学方式和教学手段，改变过去单向度一味说教的做法，在基于互相尊重和

---

① 《习近平在新进中央委员会的委员、候补委员学习贯彻党的十八大精神研讨班开班式上发表重要讲话强调　毫不动摇坚持和发展中国特色社会主义在实践中不断有所发现有所创造有所前进》，《人民日报》2013年1月6日。

相互分享原则基础上开展与学生的对话与交流，实现社会主义核心价值观从“灌输”式的显性传播到“渗透”式的隐性传播的转变。最终通过涓涓细流式的隐性教育方式，逐渐提高学生自觉运用马克思主义立场、观点、方法观察问题和分析问题的能力，理性甄别、辨识各种社会思潮的能力，以及筛选、加工和整合各类信息的能力，帮助学生形成稳定的价值心理意识和心理结构。

（四）线上与线下相结合

中国互联网络信息中心（CNNIC）第43次《中国互联网络发展状况统计报告》显示：截至2018年12月，中国网民规模达8.29亿人，互联网普及率达到59.6%；手机网民规模达8.17亿人，占比98.6%；网民以10—39岁年龄段为主要群体，比例达到67.8%。随着互联网的发展，创新“互联网+社会主义核心价值观教育”的新思路、新途径、新方法成为必需。调查发现，在关于“最希望学校通过何种方式开展社会主义核心价值观教育”的调查中，各类新媒体已成为最受大学生青睐的教育平台①；关于大学生喜欢的社会主义核心价值观学习途径，排在前三位的依次是网络、学校课程、电视，约有三分之一的学生（29.0%）是通过网络了解社会主义核心价值观的。②

未来红色文化融入高校社会主义核心价值观教育必须及时调整着力点，把网上的舆论引导和网下的宣传工作结合起来，既能“键对键”，又能“面对面”，“网上网下形成同心圆”。特别是要根据不同热点事件反映出来的价值倾向进行有效话语引导，“不仅让高校师生熟记内容、明确要求，更要让社会主义核心价值观融化在师生心灵里、铭刻在脑子中，成为整个高校的群体意识”③。

---

① 参见陈少平、郑铮彬：《大学生社会主义核心价值观教育的现状调查和路径探讨——以福州地区部分高校为例》，《思想教育研究》2015年第11期。

② 参见李民、向玉乔、黄泰轲：《湖南省大学生对社会主义核心价值观的认知状况调查报告》，《伦理学研究》2015年第6期。

③ 王滨、韩红蕊：《思想政治教育视阈下价值判断和价值行为的整合研究》，《思想政治教育研究》2016年第5期。

二、主要途径

2000 年 9 月，教育部出台《关于加强高等学校思想政治教育进网络工作的若干意见》，标志着从教育主管部门层面开启了“互联网+思政”的大幕。今天，占领网络教育制高点，打造红色文化涵育社会主义核心价值观网络阵地，已成为应对互联网对意识形态安全的挑战、拓展大学生社会主义核心价值观教育路径的重要选择。

（一）建立红色文化与价值引领主题教育网站

红色文化与价值引领主题教育网站是网络思想政治教育的重要载体，是大学生获取红色文化信息、进行红色文化学习、交流、讨论的直接平台，同时也是高校加强大学生社会主义核心价值观教育的有效载体。2012 年 3 月教育部颁布的《关于全面提高高等教育质量的若干意见》就明确提出：“创新网络思想政治教育，建设一批主题教育网站。”① 党的十八大以后，党和政府关于推进高校思想政治教育的系列文件，也都提到了这一内容。建立优秀的红色文化融入社会主义核心价值观主题教育网站需要注意以下三点。

1. 明确主题教育网站指导思想

首先，要确立方向意识。马克思主义是红色文化形成的直接来源，指引着红色文化发展的方向。建立主题教育网站应当以马克思主义和马克思主义中国化的最新理论成果为指导，以立德树人、培养社会主义合格建设者和接班人为目标。在策划和建设红色文化与价值引领主题教育网站的过程中，要将马克思主义的立场、观点和方法融入网站的各个板块中，并将关于马克思主义理论学习的内容置于网站的显眼位置，确保网站的建设和发展与新时代中国的政治方向、政治路线、政治道路保持一致。

---

① 《教育部关于全面提高高等教育质量的若干意见》（教高〔2012〕4 号）。

其次，要树立阵地意识。认真研究红色文化涵育社会主义核心价值观的切入点、突破口和路径，研究当前网络意识形态安全遇到的新问题新矛盾，研究当前价值观领域的新动向新态势，把主题教育网站办成红色文化与价值观教育的信息化平台、与时俱进的学习平台、思想交流和分享的互动平台。

最后，要遵循传播规律。认真研究互联网传播规律，积极研判互联网传播的新趋势，以网络为载体用简单的故事论证深刻的道理，用通俗的语言阐释抽象的话语，增强内容供给的有效性，占领先进价值和文化的网络高地。

2. 丰富主题教育网站的内容和形式

其一，丰富主题教育网站的内容。首先，科学设立主题教育网站的板块。按照大学生培育和践行社会主义核心价值观的具体要求，遵循“知—情—意—行”的基本逻辑和规律，结合学校的办学特点、红色历史资源优势、大学生的心理接受规律，确立网站的基本内容构成，突出红色文化涵育高校社会主义核心价值观的温度和亮度。其次，精心设计主题教育网站各板块的内容。网站的主要内容应该包括：时事动态，将区域红色历史资源与国家时政热点、学校动态、学生关注点相结合，创设富有特色的红色滚动新闻；理论研究，展示学校开展红色文化涵育社会主义核心价值观研究的新成果；教学研究，展示学校将红色文化融入高校思想政治理论课教学的经验和做法。此外还有红色文化融入校园价值观文化建设的新成果、新时代的红色故事及榜样人物事迹介绍、其他学校做法介绍等。最后，丰富主题教育网站内容的展示形式。比如理论学习方面，既可以是专家解读的形式，也可以是文件展示的形式，还可以是学习心得的形式，力求多样化。

其二，创新主题教育网站的形式。突破红色网站纯文字介绍的形式，积极开发相关红色软件、编写红色电子教材、创设红色网站链接，融大量图片、视频、音频、动画于一体。同时，还可以创设红色文化与社会主义核心价值观理论教育专栏、论坛、留言板等多种形式，以更立体、更鲜活、更丰富的表现形式弘扬爱国主义、革命英雄主义和集体主义精神，唤醒人们内心深处的情感，借此强化社会主义核心价值观的传播与认同。

另外，近年来，博客、微博、微信等的碎片化传播，知识、信息爆炸的全方位冲击，网络话语的“虚拟、杂糅、拼贴、戏仿”，成为一种独特的社会文化现象。① 这警醒我们：利用主题教育网站开展红色文化涵育社会主义核心价值观，要有问题意识、底线意识和责任意识。当前，各种敌对势力把互联网作为渗透、煽动和破坏的重要工具，借助网站论坛、聊天室、虚拟社区、新闻跟帖等多种方式，散布资产阶级自由化言论，攻击党的路线方针政策；利用热点和敏感问题，蓄意制造谣言，煽动社会不满情绪，破坏正常社会秩序。针对这种情况，主题教育网站要旗帜鲜明、敢于亮剑，定期对舆情进行研判，然后从红色文化中汲取智慧，做有针对性的回应，营造积极、健康、向上的氛围。这种回应包括两个层面：其一，针对历史虚无主义关于英雄人物、红色故事的歪曲、“抹黑”，要做历史性分析，还原历史本来面目以正视听；其二，针对一定时期涌现的负面的、苗头性、倾向性的网络信息，要敏于捕捉并发现其中的问题，从红色文化资源中汲取营养，间接地给予回应。

3. 加强主题教育网站的监管

与其他形式的网站相比，红色主题教育网站的建设要求更高，对网站管理者的要求更严格，特别是在当前网络意识形态安全斗争日趋激烈的条件下。高校应该“真正成为运用现代传媒新手段新方法的行家里手”②，坚持高校党委对网站的主导权、管理权，将正确的政治方向和舆论导向贯穿于主题网站；坚持“积极利用、科学发展、依法管理、确保安全”的原则，强化网络平台的规范管理；深化高校网络媒体监管体制改革，建立党委领导、宣传部门、技术部门及专家等协同治理、权威高效、统筹兼顾的治理结构。另外，加强大学生网络素养教育，培养他们对网络信息的分析、辨识以及健康使用网络的能力，发展和传播健康向上的网络文化。

---

① 参见张再兴等：《网络思想政治教育研究》，经济科学出版社 2009 年版，第 337 页。

② 《习近平在全国宣传思想工作会议上强调　胸怀大局把握大势着眼大事　努力把宣传思想工作做得更好》，《人民日报》2013 年 8 月 21 日。

（二）发挥新媒体价值引领助力功能

当代大学生被称为“互联网原住民”一代，互联网已经融入大学生的学习和生活，成为他们不可或缺的一部分。特别是在信息科学技术迅猛发展的今天，手机已成为一个综合性极强的多媒体工具和大学生随时随地获取信息和知识的主要方式。我们通过设计问卷在西安电子科技大学做调查，发现：100%的大学生都拥有自己的微信号；97.68%的大学生都有自己关心的公众号；94.76%的大学生通过微信公众号了解自己喜欢的知识；98.35%的大学生通过微信群获取相关通知、新闻和信息；97.23%的大学生希望开辟课程公众号以了解更多的学习资讯；92.24%的大学生表示，如果学校相关组织开设灵活多样的微信公众号平台，他们会关注。以微博、微信为代表的新媒体已成为最受青年大学生追捧的社交工具。

通过对西安交通大学、西北大学、西北政法大学、陕西师范大学、西安电子科技大学和培华学院六所学校开展问卷调查，我们发现：56.23%的大学生认为所浏览的自媒体中关于社会主义核心价值观教育的内容缺乏时代化、生活化的气息，绝对权威正确的理论和观点与自己的学习和生活缺乏利益关联性和共鸣性；62.78%的大学生认为所浏览的自媒体关于社会主义核心价值观教育的内容与他们的需求有很大差距；72.64%的大学生认为本校以自媒体为载体开展社会主义核心价值观教育不够。

这样，一方面，大学生希望学校的社会主义核心价值观教育能够适应互联网发展趋势和自媒体时代要求改进“配方”“工艺”和“包装”；另一方面，当前新媒体时代大学生社会主义核心价值观教育尚未适应这种要求提供新“配方”“工艺”和“包装”。理想和现实的差距要求高校必须适应自媒体时代大学生成长成才和学习教育规律、社会主义核心价值观教育规律，创新红色文化融入高校社会主义核心价值观教育的方式。

1. 激发多元主体

发挥高校管理者、专家学者、辅导员等的作用。构建以学校官方微博

（信）为核心、学校相关职能部门官方微博（信）为基本构成的微博（信）群，搭建学校核心价值观教育的“权威发布”平台。协调推动名师微博（信）、社团微博（信）、班级微博（信）、校友微博（信）建设，形成点面结合、以点带面新格局，信息交流及时、舆情把握全面、教育引导有力的校园微博（信）群，构筑学校核心价值观教育的“民间发布”平台。通过多主体的共同努力，构建社会主义核心价值观发生作用的强大场域，提高社会主义核心价值观的辐射力。

2. 开拓多种形式

其一，高校可以与当地手机运行平台和各大通信公司建立合作关系，将红色文化融入手机软件，如将红色文化渗透在手机短信、阅读、音乐、游戏中，使红色文化及其价值理念以一种隐性、有趣、亲切的形式与大学生相见。其二，高校可以利用手机集短信、微信、QQ 等多种功能于一身的优势，举行红色短信有奖大赛，对编辑优秀红色短信的大学生予以奖励，调动大学生参与红色文化活动的积极性。同时高校可以建立学校公共微信平台和 QQ 群，在其中宣传红色文化精神和核心价值观，大学生自己也可以在其中发表对红色文化和核心价值观学习的见解与成果，分享自己考察革命遗址的体会和感受。

3. 把握宣传时机

在特殊节日、重大活动和非常时期，针对网络上的“过激言论”“虚假信息”以及价值观的“西化”“淡化”“俗化”倾向，高校可以发挥自身文化优势、学科优势和社会影响，通过官方微信发出专业声音、正面声音和权威声音，引导大学生和广大网友成为社会主义核心价值观的代言人。①

（三）建立虚拟数字化教育展厅

树立“红色经典、现代表述”的理念，在“融入”和“渗透”上用心

---

① 参见宋欣阳：《大学生社会主义核心价值观的“微信陪伴”策略研究——基于上海 13 所高校官方微信的调研》，《思想理论教育》2015 年第 7 期。

思、下功夫。通过创设价值判断“拟态环境”，引导师生在参与中发挥自己的主观能动性，不断了解、体悟、内化，进而从对社会主义核心价值观的模糊认知中走出来，形成正确的价值判断和价值选择。把握数字信息资源井喷式增长态势，利用数字信息资源对红色文化进行积累、记忆和文化再现。通过现代传媒技术手段和新颖的陈列展示手法，将传统静态展示拓展为动态展示，将红色革命文物深刻的思想内涵以图文声像并茂的形式灵活展现在人们面前，增强红色文化的形象感染力和价值吸引力。例如，井冈山大学井冈山精神展览馆利用声、光、电等现代技术，展示革命历史文物、红色旧址照片，模拟战争场景，通过形象具体的画面让大学生近距离地感受井冈山红色革命历程。

高校还应该与博物馆、图书馆、文化馆、青少年宫等合作，开展生动活泼、形式多样的红色文化文艺活动，为广大学生提供优秀的文化产品。

第六节　强化制度保障体系建设

毛泽东曾指出：“人是生活在制度之中，同样是那些人，实行这种制度，人们就不积极，实行另外一种制度，人们就积极起来了。”① 邓小平也说：“制度好可以使坏人无法任意横行，制度不好可以使好人无法充分做好事，甚至会走向反面。”② 由此可见，制度建设的重要性。“核心价值观认同的主体是现实生活中的人，而人们对核心价值观认同与否最直接的评判标准就是其所产生的效果，即能否享受价值观所带来的发展与幸福，亦即价值观的现实有效性问题。这种现实有效性除了取决于个人意愿、能力素质外，更主要取决于能否实现价值观的制度化，即从制度上紧紧地守住这些价值观，

① 逄先知、金冲及主编：《毛泽东传》（四），中央文献出版社 2003 年版，第 1434 页。

② 《邓小平文选》第二卷，人民出版社 1994 年版，第 333 页。

使人们享受到蕴含着核心价值观精神的国家制度所带来的好处。”① 红色文化融入高校社会主义核心价值观教育并实现知—情—意—行的递级转化，必须构建包括规章、法律、政策等在内的，集法律性、合规律性、可操作性于一体的制度体系并且通过体制机制创新保证制度落实。否则，红色文化融入高校社会主义核心价值观的教育会沦为领导拍脑袋的运动式的活动，等活动结束便又尘封了。这种运动式的教育活动完全形式化、表面化，很难引起师生的共鸣，更遑论入脑入心了。

一、领导制度

（一）构建顶层设计机制

高校党委作为学校领导核心，应当站在历史的高度把握全局，认识到在当今复杂的社会环境下红色文化涵育社会主义核心价值观的重要性和迫切性，并作为一项重要的战略工作来抓。一方面，将红色文化涵育社会主义核心价值观的教育提到党委领导工作议程予以重视，努力开拓高校社会主义核心价值观教育的大格局；另一方面，建立红色文化融入高校社会主义核心价值观教育的领导负责制，制定决策程序和规范。由高校党委书记做第一责任人，分管领导协助管理，形成权威化、层次化、秩序化、全面化且有实效性、长期性的领导工作机制。

（二）构建示范引导机制

“德高为师，身正为范。”高校教师要率先垂范，“用自己的行动倡导社会主义核心价值观，用自己的学识、阅历、经验点燃学生对真善美的向往，使

① 郭建群：《大学生社会主义核心价值观认同建构的调查与思考——基于福建省 6 所高校的实证研究》，《高教论坛》2016 年第 1 期。

社会主义核心价值观润物细无声地浸润学生们的心田、转化为日常行为，增强学生的价值判断能力、价值选择能力、价值塑造能力”①。红色文化融入高校社会主义核心价值观的教育是关于人的教育，而关于人的教育则必须重视榜样的作用，所谓“上行下效”。各级领导干部应该做社会主义核心价值观践行的模范，通过自身对红色精神的传承、核心价值观的践行，做“有理想信念、有道德情操、有扎实学识、有仁爱之心”的好老师。管理者和教师要处理好言传与身教之间的关系，努力把真理的力量和人格的力量统一起来，感染和带动普通学生，达到以一小部分影响一大部分，最终形成点面相统一的效果。

（三）构建协同推进机制

社会主义核心价值观教育不是一个空洞的口号，也不是一个抽象的符号，而是一个系统工程，需要各部门、各主体协同推进。红色文化融入高校社会主义核心价值观的教育除了高校党委承担重要责任外，还需马克思主义学院、宣传部、学工部等各级行政部门的协调配合，以及校共青团、学生社团等的辅助。最终，形成各司其职、奖惩有度、齐抓共管的常态化运行模式。

二、保障制度

（一）建立红色文化融入高校社会主义核心价值观教育的激励约束机制

“要发挥政策导向作用，使经济、政治、文化、社会等方方面面政策都有利于社会主义核心价值观的培育。要用法律来推动核心价值观建设。各种社会管理要承担起倡导社会主义核心价值观的责任，注重在日常管理中体现

---

① 习近平：《做党和人民满意的好老师——同北京师范大学师生代表座谈时的讲话》，《人民日报》2014 年 9 月 10 日。

价值导向，使符合核心价值观的行为得到鼓励、违背核心价值观的行为受到制约。”① 在开展深入调研、集中讨论、仔细分析，并考虑高校现实因素的基础上，制定明确可行的激励约束制度。把思想引导与利益调节、精神鼓励与物质奖励统一起来，通过表扬、激励的方式，引导广大师生认同和践行社会主义核心价值观；通过批评、惩处的手段，匡正有悖于社会主义核心价值观的言谈举止和不良倾向。通过制度的构建和执行，将社会主义核心价值观融入党建思政、精神文明、日常教学、学生教育之中，贯穿于学生主题生活会、党团日、班会之中。

（二）建立红色文化融入高校社会主义核心价值观教育的经费保障机制

俗语道：“兵马未动，粮草先行。”红色文化融入高校社会主义核心价值观教育同样如此，它需要坚实的物质保障，否则难以开展。高校要建立一整套红色文化涵育社会主义核心价值观的经费投入和管理制度，保障教育经费的合理、科学、高效使用。学校要专门设立红色文化涵育社会主义核心价值观经费账户，定期审核账目。

三、评价制度

（一）制定红色文化涵育高校社会主义核心价值观的评价原则

为了克服红色文化融入高校社会主义核心价值观教育评价可能出现的任意性和主观性，需要在公开、民主的基础上制定一定的原则作为指导。本着实事求是的精神，通过对广大师生的问卷调查或座谈访谈获取真实、准确、

---

① 《习近平在中共中央政治局第十三次集体学习时强调　把培育和弘扬社会主义核心价值观作为凝魂聚气强基固本的基础工程》，《人民日报》2014 年 2 月 26 日。

有效的信息。另外，尤其值得注意的是，评价指标的设计要以学生的获得感为主，体现红色文化涵育社会主义核心价值观过程中大学生价值观的变化及效应。同时，构建评价效应的反馈机制。根据评价结果查找红色文化融入高校社会主义核心价值观教育存在的“短板”，然后有针对性地查漏补缺，使红色文化融入高校社会主义核心价值观教育各环节紧密连结，密切配合，形成持续、有效前进的闭路循环。

（二）确立红色文化涵育高校社会主义核心价值观的评价标准

既要看物质成果标准，又要看思想成果标准；既要制定静态标准，侧重于对结果的考评，也要制定动态标准，侧重于对过程的考评；既要进行定量分析，也要进行定性分析。一句话，评价标准要科学、全面、客观、系统。切忌：其一，简单化，随便选取几个指标或者几个方面进行测评；其二，片面化，为了政绩工程选择一些有倾向性的指标或者人群进行调查。简单化或者片面化带来的结果是，红色文化涵养高校社会主义核心价值观的教育无法反映真实的情况，难以达到应有的效果。

第六章

红色校史涵育社会主义核心价值观的实践探索①

第一节　问题提出

西安电子科技大学前身是 1931 年诞生于江西瑞金的中央军委无线电学校，是毛泽东等老一辈革命家亲手创建的中国共产党及红军第一所工程技术学校。曾先后在江西瑞金、陕西延安、河北获鹿、张家口办学，1958 年迁至西安，1959 年被中央确立为全国重点大学，1966 年从军队序列转为地方建制。20 世纪 60 年代曾以“西军电”享誉海内外。1988 年更名为西安电子科技大学（以下简称“西电”）。学校先后培育出 120 多位党和军队高级领导干部、19 位牵头国家重大任务的院士以及 20 多万扎根祖国大地特别是西部地区、服务国防和电子信息行业的行业引领者和骨干。本章将以西电为例，对红色校史涵育社会主义核心价值观的实践进行阐释。

西电是中国高校中仅有的少数几所具有红色基因的重点大学。它自成立

① 特别说明：本章部分材料由朱伟、傅超、杨舒丹、秦明、李波等提供，部分内容参照了校内外媒体报道，在此向各位专家、记者和老师表示深深的谢意。

起便与中国革命史、人民军队发展史和中国共产党通信史紧密相连，在中国革命的关键节点上发挥了技术服务国家和人民的独特作用，被誉为科学的“千里眼”“顺风耳”，红色影片《永不消逝的电波》中主人公李侠的原型即是西电杰出校友李白，红色电视剧和现代京剧《张露萍》的主人公即是被称为“红色女谍”的西电杰出校友张露萍，电视专题片《走近王诤》的主角王诤则是西电的首任校长。毛泽东曾为学校题词“全心全意为人民服务”“艰苦朴素”并三次接见全校师生，更是党中央和中央军委关怀学校的见证。此外，周恩来、朱德、聂荣臻、邓颖超、彭德怀等老一辈革命家也曾多次关心学校办学和学员业务发展。可以说，西电八十余年的办学史就是传承红色精神、办人民满意大学的奋斗史，它蕴含着丰富的红色历史资源，承载着独特的红色文化、红色精神和红色符号。今天，“全心全意为人民服务”已经成为学校的办学宗旨，而“艰苦朴素”则成为西电精神的重要表述，红色文化传承和创新成为学校办学的一大亮点。

社会主义核心价值观正式提出于 2012 年，但是关于爱国、平等、法治等的教育则远早于此，可以说自中华人民共和国成立以来，社会主义核心价值观的教育一直是学校教育的灵魂。西电继承了革命战争年代的优良传统，将“政治坚定”“技术精明”“体格健壮”① 作为人才培养的目标，将思想政治教育工作置于学校各项工作的核心地位，重视学生价值观的塑造。尤其值得书写的是，西电重视自身红色历史资源的挖掘和利用，将红色历史融入大学生价值观教育是学校思想政治教育的一大特色。党的十八大以来，学校在总结以往经验的基础上，深刻把握社会主义办学规律、高等教育规律、思想政治教育规律和青年成长成才规律，创新立德树人工作，做好红色校史涵育社会主义核心价值观的大文章，形成了大学生社会主义核心价值观教育的西电特色。

---

① 中国工农红军通信学校的校歌歌词如下：“一个红色的技术人员，一定要做到三个条件：政治要坚定，学习马克思列宁主义武装我头脑，技术精明，精明还要精明，学习工作联系最要紧，体格健壮才能战斗顽强，通信学校同志要努力。”

红色校史涵育社会主义核心价值观工作所针对的现实问题是：

一方面，红色文化引入高校社会主义核心价值观教育不够。也即是将红色文化作为社会主义核心价值观教育的有效载体和手段引入高校不够，没有激发红色基因发挥其价值引领和价值塑造的功能。在国情世情党情发生深刻变化的新时期，大学生群体价值观方面出现理念信念淡漠、价值观模糊、奋斗精神缺乏等消极现象，而高校存在着应对这些现象创新手段不够、载体供给不足、实效性不强等现实问题，红色历史文化作为社会主义核心价值观教育的有效手段没有被激活。

中国的红色历史文化资源十分丰富，可以说遍地都是。国家发展改革委发布的“全国红色旅游经典景区名录”，共有 300 处全国红色旅游经典景区收录其中，包括天安门广场、中国国家博物馆、中国人民革命军事博物馆、中国共产党第一次全国代表大会会址纪念馆、嘉兴市南湖风景名胜区（中共一大旧址）、南昌八一起义纪念馆、延安革命纪念馆等知名爱国主义教育基地。这是国家划定的知名红色旅游区域，地方性的知名红色旅游区域或红色遗址更是数不胜数。汉中城固县是川陕革命老区县、陕西省首批命名的历史文化名城，仅在这个县的红色遗址就有城固县革命烈士纪念碑、西北联大区队部古路坝分队遗址、红四方面军过柳林渡口遗址、红四方面军衡家大院驻地遗址、红二十九军第二游击大队遗址、红二十九军第三游击大队遗址、红四方面军升仙村战役遗址、小河口会议遗址等。一个县就有如此多的红色遗址，何况整个陕西省乃至整个国家呢。

习近平总书记指出，“文物承载灿烂文明，传承历史文化，维系民族精神，是老祖宗留给我们的宝贵遗产，是加强社会主义精神文明建设的深厚滋养。”① 他强调：“要系统梳理传统文化资源，让收藏在禁宫里的文物、陈列在广阔大地上的遗产、书写在古籍里的文字都活起来。”② 红色历史文化是

① 《习近平对文物工作作出重要指示》，新华社，2016 年 4 月 12 日。

② 《习近平在中共中央政治局第十二次集体学习时强调　建设社会主义文化强国　着力提高国家文化软实力》，《人民日报》2014 年 1 月 1 日。

中华文化的优秀组成部分，是社会主义先进文化的重要源头，如何激发红色基因、创新社会主义核心价值观教育载体是新时代立德树人的重要课题。目前，高校在社会主义核心价值观教育方面还存在着载体趋同、方式单一、形式单调等问题，在引入红色历史文化创新社会主义核心价值观教育方面还做得不够，特别是很多处于红色历史资源富集区的学校，这方面工作做得还不够。

另一方面，红色文化融入高校社会主义核心价值观成效不够。即红色文化作为社会主义核心价值观教育的有效载体和手段被引入学校后，贯穿、渗透和融入不够，没有达到激发红色基因发挥其价值引领和价值塑造的应有效果。表现为：

其一，传统红色文化教育落地转化不够。教育内容只有融入教育对象的学习生活，才有可能入脑入心入行。然而，当前高校进行的红色文化教育普遍存在三个不够。一是红色历史文化资源丰富，但从教育教学角度进行系统整理不够，转化为当代大学生成长的教育教学资源不够。二是利用外部资源多，挖掘整理利用学校自身特色资源少，落地转化不够。红色资源是中国共产党领导人民在长期的革命斗争实践中创造的宝贵财富，它不但包括革命遗址、纪念馆、博物馆、展览馆、烈士陵园等场所和资源，也广泛存在于许多高校自身的发展历程之中，但目前各高校开发利用普遍存在重外部轻自身，尤其是轻落地转化的问题。三是红色物态文化标志多、红色主题实践活动多、思想政治教育中讲得多，但与专业教育结合不够。红色文化教育只有通过课程再造，将教育内容不但贯穿到思想政治理论课中，更要贯穿到专业课堂中，才能更加丰富核心价值观的现实来源。

其二，传统红色文化教育实际效果有限。红色文化教育必须具有感染力、亲和力、说服力，才能让学生真学真信真懂。当前，高校普遍重视开展红色文化教育，但贯穿、渗透、融入的程度还比较有限。一是未能贯穿人才培养全过程，未能作为学校教育教学的基本内容和人才培养目标。二是未能将红色文化渗透到教育教学各方面，往往停留于课堂教学或环境育人方面，很难发挥红色文化育人的整体效能。三是未能解决好与当代大学生的成长环境及心理特点的有效结合，难以做到使大多数学生入脑入心入行，容易流于形式。

第二节　基本理念

2012年以来，西电提出：推动“三个回归”——向教育本质回归、向办学本质回归、向科研本质回归；建立“两个体系”——基于激励和引导学生自我发展的教育教学体系，基于服务国家需求和解决问题导向的创新创造科学研究体系。“三个回归”“两个体系”针对的核心问题是中国特色社会主义进入新时代，高校应该“培养什么人、怎样培养人、为谁培养人”的问题。

围绕“培养什么人、怎样培养人、为谁培养人”这一中心问题，立足于学校蕴藏的丰富红色校史资源，以提高社会主义核心价值观教育的针对性和实效性为主线，以增强大学生“四个自信”“四个认同”为目标，学校深入挖掘以红色校史为主的红色文化资源并将其创造性地转化为教育教学资源，将红色校史文化中的“人、物、事、魂”有机嵌入社会主义核心价值观教育各环节，贯穿于人才培养的全过程、渗透于教育教学的各方面、融入学生的内心与行动，形成了传承红色基因、涵育家国情怀的人才培养模式。

一个中心：高校社会主义核心价值观教育的目标，说到底就是一句话：培养社会主义事业的建设者、接班人，它所针对的核心问题是“培养什么人、怎样培养人、为谁培养人”。习近平总书记在全国教育大会上强调：“培养什么人，是教育的首要问题。我国是中国共产党领导的社会主义国家，这就决定了我们的教育必须把培养社会主义建设者和接班人作为根本任务，培养一代又一代拥护中国共产党领导和我国社会主义制度、立志为中国特色社会主义奋斗终身的有用人才。这是教育工作的根本任务，也是教育现代化的方向目标。”① 我们办中国特色社会主义大学，我们对学生进行社会主义核心价值观教育，必须紧紧围绕着这个中心不动摇。

两个转化：积极推动“两个环节”的转化。第一个环节，将红色校史文化资源创造性转化为内容丰富、生动活泼的社会主义核心价值观教育教学资源；第二个环节，将教育教学资源通过多种载体、多种形式和多种方法创造性转化为大学生的理论素养、德性修养和坚定信仰。

其一，将红色校史文化资源创造性转化为内容丰富、生动活泼的社会主义核心价值观教育教学资源。红色校史是静态的，表现为档案、史志、文章和著述等，而高校要传承红色基因、承担起立德树人的使命，就需要通过现实的载体将静态的校史激活为动态的校史。西电在将红色校史融入社会主义核心价值观教育过程中，首先注重的是红色校史资源的挖掘、整理和分类。早在 20 世纪 80 年代，学校就组织专人到总参等部门查阅资料，到校史相关人物那里采访，得到了很多一手资料。比如，早期无线电培训班或中央军委无线电通信学校的学员名单，就是靠采访到的学员不断回忆积累起来的。学校建立了档案馆、校史馆，专门保管相关档案、照片或实物，也是资料搜集的一个方面。其次，就是将已经汇集起来的校史资料进行创造性应用，或应用于研究，或应用于教育教学。特别是党的十八大以来，高校大学生思想政治教育工作越来越受到重视，红色校史在新时代焕发出新的活力。思想政治理论研究和教学工作者、学生管理部门和党团组织都从红色校史中汲取营养和智慧，创新大学生社会主义核心价值观教育的形式，取得了诸多成绩。

其二，将红色文化教育资源通过多种载体、多种形式和多种方法创造性转化为大学生的理论素养、德性修养和坚定信仰。通过课堂教学、校园文化建设和社会实践活动等载体或途径，采用启发式、案例式、讨论式、考察

① 《习近平在全国教育大会上强调　坚持中国特色社会主义教育发展道路　培养德智体美劳全面发展的社会主义建设者和接班人》，《人民日报》2018 年 9 月 11 日。

式、体验式等方法，并借助互联网平台，全面推进红色校史融入社会主义核心价值观教育落小、落细、落实，润物细无声地嵌入大学生的日常生活，影响大学生的价值选择、价值判断和价值遵循。

三个环节：其一，知识认知。就是通过开展红色校史文化涵养社会主义核心价值观的教育，增强学生对红色校史和社会主义核心价值观相关知识的了解。其二，情感认同。就是通过开展红色校史文化涵养社会主义核心价值观的教育，增强学生对红色校史和社会主义核心价值观的认同，增强文化自信和价值自信。其三，自觉践行。就是通过开展红色校史文化涵养社会主义核心价值观的教育，激励学生将红色校史和社会主义核心价值观的知识和情感认同内化于心、外化于行。三个环节不是分割的，而是环环相扣而依次递进的。

第三节　相关举措

构建“四位一体”载体，创新“四个结合”方法，打造“四大保障”体系，将红色校史文化融入社会主义核心价值观教育教学全过程。

一、“四位一体”载体

（一）学术研究

1. 校史整理

西电自1931年建校至今已有近90年的历史，其中与新民主主义革命和社会主义革命重叠的历史有25年。革命战争年代，学校随着中央转战多地，资料的保存是非常困难的，所以当时能够流传下来的校史资料并不是很多，也不完整，今天能够得到的资料大都是通过后期搜集得到的。

改革开放以来，随着国运的昌盛和社会秩序的稳定，党和国家开始重视历史资料的挖掘、整理工作。在中央红军通信史方面，也有些成果。最突出的成绩是，1995 年解放军出版社出版了《通信兵 · 回忆史料》（1—3）。这套书被列为中国人民解放军历史资料丛书，收录了李强、张沈川、王诤、涂作潮等回忆文章 196 篇，共 113 万字，书中王诤、曹丹辉、刘克东、孙俊人等人的回忆文章对于我们深入了解西电红色校史具有重要参考价值。另外，1991 年中国人民解放军总参谋部通信部编研室编辑、中共党史出版社出版的《红军的耳目与神经——土地革命战争时期通信兵回忆录》，收录了李强、张沈川、涂作潮、王诤、刘克东、秦华礼等人撰写的回忆文章 46 篇。王震在“序言”中提到：“通信兵编辑的这本选集，可以慰藉先烈，激励幸存者，启迪教育青年一代，更加珍惜来之不易的革命成果，为建设革命化、正规化、现代化的军队，更加奋发努力”。可以说，这本书是《通信兵 · 回忆史料》（1—3）的前奏，书中的文章后来都收录到《通信兵 · 回忆史料》中了。在这之前，原邮电部邮电史编辑室编辑了《难忘的战斗岁月——革命战争时期邮电回忆录》（人民邮电出版社，1982），收录了王诤等人的部分回忆文章，算是最早的红色通信史著作。另外，《历史天空的红色电波》（上、下）（长城出版社，2013）、《红色摇篮——中国工农红军通信学校历史回顾》（总参谋部通信部，2006）、《红色电波——华东通信战士回忆当年》（上海三联书店，2005）、《丹心永辉——曹丹辉纪念文集》（文汇出版社，1997）、《怀念王诤》（电子工业出版社，1992）等作品的出版，为深入了解西电红色校史提供了依据和参考。王诤曾经三次出任学校校长，《怀念王诤》中有多篇文章记录了王诤当年创办无线电训练班并关爱学校发展的事迹，为我们了解学校的红色基因提供了一手资料。

依据这些现有资料，并通过派人到通信部查阅资料、采访获得口述资料等方式，西电红色校史的研究工作取得重要进展。取得的重要成绩包括：

（1）出版《光辉历程》（1—4）。这套书于 2006 年由陕西人民出版社出版。由中国人民解放军军事科学院原副院长、中将姜思毅，中国人民解放军总参谋部通信部原主任、少将江文，中国人民解放军军事科学院战争理论和战略研究部副部长、少将、博士生导师齐德学，中共上海市委原第二书记、市人大常委会原主任、红军无线电训练班（西安电子科技大学前身）第一期学员、中国人民大学教授、博士生导师彭明等担任顾问，学校党委书记李立和党史专家董建中任主编，中国人民解放军总参谋部通信部编研室副主任刘淑娟、中国人民解放军总参谋部通信部原后勤部副部长苏非、陕西省中共党史研究室副主任姚文琦等担任特约编审，可谓阵容庞大，大咖云集。这套书收录了在西电学习、工作过的学员、教员等写的回忆录，其中包括西电的早期创建者王诤、曾三、刘寅等，早期学员胡立教、林青、秦华礼、钟夫翔等。它的特点是：其一，党史、革命史和校史紧密联系，有机统一。这套书按照土地革命时期、抗日战争时期、解放战争时期、抗美援朝时期四个时间段独立成册，每一册的第一部分内容均为历史背景描述，比如第一册的历史背景描述分别为董建中教授撰写的《土地革命战争时期概述》和李学诗教授撰写的《解读土地革命——从幼年走向成熟》；第二册的历史背景描述分别为董建中教授撰写的《抗日战争时期概述》和董建中、李学诗教授撰写的《解读抗日战争》；第三册的历史背景描述为董建中教授撰写的《全国解放战争时期概述》和李学诗、施亚寒撰写的《解读全国解放战争》；第四册的历史背景描述方式与以往有所不同，选择了相关文献，包括《毛泽东：关于组成中国人民志愿军的命令》《金日成、朴宪永请求中国出兵援助朝鲜的信》《毛泽东对战争形势的分析和决策》《毛泽东对战局发展的分析和指示》等。这种撰写方式自觉地将西电发展史放到中国共产党党史、中国革命史的进程中去考察，一方面有利于人们更深刻地理解校史；另一方面也方便读者阅读。其二，内容丰富，资料翔实。撰写稿件的人既包括学员，也包括教员，涵盖的时期从土地革命到抗美援朝，涉及的重大事件包括长征、西征、抗战、解放、抗美援朝等，煌煌四册，蔚然大观，是研究西电革命史、校史不可多得的一手资料。其三，语言平实，可读性强。因为是回忆性的文章，不像学术论文那样引用繁复，故语言生动活泼，很接地气，也适合阅读。

（2）出版《中国革命战争时期军队通信教育史》。1982 年，中共中央提出要抓紧时间抢救历史资料，要求各部门各地方整理编写党史、军史、行业史、厂史、校史、地方志等。时任电子工业部副部长的刘寅（我军通信兵种创建人之一，曾任无线电训练班教员）部署此项工作，安排西电（当时校名为中国人民解放军西安军事电讯工程学院）负责搜集、编写革命战争时期我军的通信教育史。刘寅指名要熟悉通信兵历史和通信兵老同志的时任学校党委书记朱仕朴①负责此项工作。

随后，朱仕朴立即组织了一个工作班子，开始搜集和整理史料的工作。因为许多历史事实没有文字档案可查，只有通过逐个访问的形式进行，也因此获得了很多堪称“绝版”的史料。把材料汇集起来后，由刘嘉相②主笔，整理编辑，历近 20 载，六易其稿，终于成书。《中国革命战争时期军队通信教育史》出版后受到普遍好评，军事科学院军事历史研究所在审读意见中指出：这一成果弥补了人民解放军军战史中通信发展史篇的空白，是进行革命传统教育和培育当代军人核心价值观的好教材。这本书的特点是：其一，多方搜罗，资料新。本书很多资料均来自工作组的访谈，填补了空白。比如当时就读无线电培训班的各期学员名单，就是靠多个被访谈者回

① 朱仕朴（1918—1992），又名林彬，四川通江县人，1933 年参加红军，1936 年入党。曾任川陕苏区少共组织部秘书，少共省委秘书长，参加二万五千里长征。到陕北后，赴山西抗日前线，在 129 师 769 团 3 营 9 连任掌旗员，1937 年调延安通校学习。毕业后任 359 旅电台报务主任，陕甘宁边区电台区队长，西北野战军通信科副科长、副处长。1955 年后历任驻越南军事顾问团通信顾问，重庆通校校长，军事电信工程学院副院长，西北电讯工程学院党委书记、顾问，1984 年离休，1992 年病逝。

② 刘嘉相（1929— ），山东青州人，早年就读于天津国立北洋大学（现天津大学）电机工程系，抗美援朝时期参军到我校。曾任学员、宣传干事、校刊编辑、校党委秘书、校党办主任等职，并编写校史多年，1990 年 1 月退休。刘老在校史资料整理、研究方面居功至伟，曾自费编辑、印制相关资料，目前已经出版的关于西安电子科技大学校史的资料，要么是他主持编写的，要么是参照他的著述编写的。刘老退休多年，住在学校北校区老家属楼一楼，房子破旧，采光也不好。笔者曾经多次拜访刘老，老人谈到校史时的文化自觉、历史自觉以及使命担当，总让人感动不已。

忆起来的，弥足珍贵。其二，内容比较全，体系新。不仅涉及党早期的通信教育工作情况，还包括发展到后来的八路军、新四军以及晋察冀军区、华东军区、山东纵队、东江纵队、一二〇和一二九师等的通信人员培训工作情况，内容丰富，有利于从整体上了解中国人民解放军通信教育史。其三，编制统计表，方式新。在书的附录部分，编制了1928—1949年军队通信人员培养情况统计表，对中国人民解放军通信教育的形式、载体、学院人数、起止时间、地点甚至人员姓名进行了仔细考证，有助于读者阅读。

可以说，二十年艰辛不寻常。这本书是西电对中国革命史、中国人民解放军史研究所做的重要贡献，也是西电红色革命传统教育的优秀教材。

（3）出版纪念迁校60周年校史丛书。在纪念西电迁校60周年之际，由西电往事工作组①组织编著、西安电子科技大学出版社出版的校史系列丛书《谈往鉴今——西电往事访谈录》《科学的千里眼顺风耳——西安电子科技大学与抗战》《深切关怀　殷殷厚望——西安电子科技大学题词集萃》《西安电子科技大学校舍变迁图集》出版。丛书从口述史、西电与抗战、校舍变迁、题词故事等方面以图片与文稿相结合的方式，对学校历史进行了回顾和解读。其中：

《谈往鉴今——西电往事访谈录》共收录了迄今已发表在“西电往事”栏目的40余篇稿件，采用口述历史的形式，以离退休老同志和校友的革命和工作经历为视角，展现了西电人80多年来跟随党中央、跟随中央红军，服务中国革命、国家战略和国防建设，发展电子信息高等教育的艰辛创业之

① “口述历史——西电往事”是本科教育质量提升工程重大课题“西电红色文化传承与社会主义核心价值观教育”的子课题。该课题以向与共和国同行，为中国革命、建设和改革贡献终生的西电老前辈致敬为基本出发点，以尊重历史、还原历史、记录历史为基本原则，以红色历史资源创造性转化为教育资源为主要目标，通过发挥离退休老同志和校友热爱学校、了解学校的优势，做好红色历史资源的收集、抢救工作，建好西电红色文化资源库和数字校史馆。2014年，在校长郑晓静等领导的支持下成立西电往事工作组，工作组由档案馆牵头，党委宣传部、机关党委、离退休处、图书馆、马克思主义学院、校友总会等单位联合组成。

路。该书图文并茂，内容翔实，体例新颖，语言生动，是非常可贵的教育材料。

《科学的千里眼顺风耳——西安电子科技大学与抗战》集中展示了西电与抗战的故事，包括四个部分：历史地位、艰苦办学、投身抗战和烽火群英。本图集内容丰富，采取图文并茂的形式，展示了抗战中学校师生的革命精神和革命贡献，以此激励师生弘扬西电精神，践行社会主义核心价值观，培养爱国情怀和不忘初心、奋力前进的精神。这本书可贵之处在于，记录了一个学校在国家危难之时的使命担当，反映了一个学校在大时代中独有的家国情怀，是大学生爱国主义教育的鲜活资料。

《深切关怀　殷殷厚望——西安电子科技大学题词集萃》收录了毛泽东主席等国家领导人给西电的题词。本书按照时间顺序分为三个部分：民族重托（1931—1958）、砥砺前行（1958—1988）、扬帆远航（1988—　），全面展示西电承蒙国家的深切关怀、殷殷厚望和责任担当。本图集通过展示建校以来各级领导给学校的题词，挖掘红色传统文化，传承西电精神，讲好西电故事。

除此之外，学校还编辑出版了《西北电讯工程学院校史（1947—1987）》(西北电讯工程学院出版社，1987)、《流金岁月》（西安电子科技大学出版社，2001)、《忆激情岁月，颂美好生活》(内部稿，2012)、《往事话西电》(内部稿，2017)。这些著作的出版为开展红色校史融入社会主义核心价值观的教育奠定了基础。

2. 育人研究

2012年以来，依托学校马克思主义学院，成立文化与价值研究院和红色文化研究教育中心，深入挖掘学校八十余年办学历程中所承载的红色符号、红色文化和红色精神，分析党史、国史、学科发展史多维视角下西电红色校史的时代价值和意义，探寻西电红色校史涵育社会主义核心价值观发挥价值引领、价值塑造功能的学理性基础和长效机制，为红色校史融入社会主义核心价值观教育提供理论指导和学理遵循。“西电红色文化与社会主义核心价值观育人模式研究”项目瞄准社会主义核心价值观教育的实效性难题，以西电红色文化为特色、以社会主义核心价值观为统领、以立德树人为目标，在红色西电口述历史，西电红色文化、西电精神与红色办学思想，西电红色文化传承与社会主义核心价值观教育，西电红色文化传承与思想政治教育，西电红色文化传承与校园文化建设五个方面开展创新研究。该项目致力于将西电红色文化资源创造性地转化为社会主义核心价值观教育教学资源，从“立德修身、崇德励学、正德明心、厚德笃行”四个层面，构建价值引领、文化传承、德性涵养、实践育人体系，探索具有鲜明西电特色的社会主义核心价值观教育模式。

目前，项目的研究取得了系列进展。还将规划出版《永不消失的电波——西电红色校史》《西电红色记忆——人物篇》《西电红色记忆——故事篇》《红色文化传承与社会主义核心价值观教育》等系列丛书。已经取得的成绩见表 6-1。

表 6-1　主持相关研究课题

主持人	课题类型	课题名称
夏永林、刘建伟	西安电子科技大学校长基金	西电红色文化与社会主义核心价值观育人模式研究
刘金龙	教育部人文社会科学研究专项（中国特色社会主义理论体系研究）（16JD710040）	红色文化资源创造性转化为社会主义核心价值观教育资源的路径和推进机制研究
刘建伟	陕西省教育科学规划课题（SGH17H049）	高校以红色历史文化为载体开展社会主义核心价值观教育研究
刘建伟	中央高校基本科研业务费专项基金（2015）	社会主义核心价值观的红色文化滋养及话语体系表达
刘建伟	陕西省社科界重大理论与现实问题研究项目（2016Z055）	陕西红色文化资源创造性转化为社会主义核心价值观教育资源的路径和推进机制研究
刘建伟	陕西省大学生延安精神教育研究课题重点项目（YAJS15001）	高校运用延安精神涵育社会主义核心价值观的学理支撑及长效机制研究

表 6-2 出版著作及发表论文

著 者	名 称	出版社或杂志	时 间
陈鹏联等	《红色文化与价值引领》	西安电子科技大学出版社	2017 年 3 月
杨震	《依托“红色资源”，深化社会实践育人功能》	《高校辅导员》	2010 年第 3 期
田雨	《浅析红色校史在高校党建工作中的有效利用》	《世纪桥》	2012 年第 11 期
	《立足青年实际 弘扬优良传统 用社会主义核心价值体系引领大学生健康成长——西安电子科技大学大学生思想政治教育工作掠影》	《高校辅导员》	2013 年第 2 期
夏永林	《西电红色办学资源嵌入思政课的价值与路径研究》	《中国电子教育》	2015 年第 2 期
杨舒丹、王庆毅	《校史编研创新工作初探——以西安电子科技大学为例》	《新常态下的档案工作新思维》	2015 年 8 月 1 日
韦统义等	《“高科技”的红色档案及当代价值》	《兰台世界》	2016 年第 20 期
刘金龙	《红色文化转化为社会主义核心价值观教育文化的推进机制及问题分析——评〈红色文化与社会主义核心价值体系建设研究〉》	《中国教育学刊》	2016 年第 10 期
刘金龙	《红色文化资源转化为社会主义核心价值观教育资源的路径探讨》	《科教导刊（上旬刊）》	2016 年第 11 期
刘金龙	《社会主义核心价值观中的红色基因及对高校思政教学的启示》	《高教学刊》	2016 年第 19 期
赵伯飞等	《“红色经典”文学审美的史诗性解读》	《山西财经大学学报》	2016 年第 S2 期
韦统义	《陕甘宁边区红色体育大众化的生成及当代价值》	《山东体育学院学报》	2017 年第 1 期
郑晓静	《在文化建设中融入红色元素》	《陕西日报》	2017 年 12 月 7 日
夏永林、郭雨晴	《文化自信视域下革命文化的时代化表达》	《西安电子科技大学学报（社会科学版）》	2018 年第 2 期

续表

著 者	名 称	出版社或杂志	时 间
程霞、李方圆	《历史虚无主义对大学生传承红色文化的影响及对策》	《文化创新比较研究》	2018 年第 26 期
李垣	《红色文化传承与绿色生态发展——“红绿交融”的社会主义生态文明建设》	《延安大学学报（社会科学版）》	2018 年第 5 期
费菲	《红色文化资源与高校人才培养初探——以西安电子科技大学微电子学院为例》	《学周刊》	2019 年第 4 期

（二）课程教学

将红色故事有机融入思想政治理论课、专业课和通识课，构建红色文化涵育社会主义核心价值观的课程体系。

1. 思想政治理论课教学

创建西电红色历史文化网络资源库，按照课程性质、教学要求和学生期望等进行再加工，有选择地有机融入课程教学，创建思想政治理论课“341”教学新模式。

（1）“三个着眼于”。

以“三个着眼于”为主题开展红色校史文化融入思想政治理论课的教学改革，服务大学生成长成才。一是着眼于思想政治理论课教材体系向教学体系、知识体系向信仰体系转化；二是着眼于增强大学生的道路自信、理论自信、制度自信和文化自信，引导大学生坚定理想信念，自觉践行社会主义核心价值观；三是着眼于增进大学生对伟大祖国的认同、对中华民族的认同、对中华民族文化的认同和对中国特色社会主义道路的认同。

（2）“四个环节”。

红色校史文化资源转化为思想政治理论课教学资源并非是生搬硬套的拿

来主义，而是在坚持科学性、时代性和针对性的统一基础上合目的性的再加工、再创造过程。它坚持课堂教学、社会实践教学、学生自主学习和朋辈互助学习“四位一体”，做到“认知—内化—践行”的完美统一。

①课堂教学环节。首先，确立红色校史文化资源梳理、编辑的三个原则，包括：典型性原则，就是要选择有代表性的“人、物、事、魂”进行编辑；契合性原则，就是要将红色校史文化资源合目的性，抓好其与思想政治理论课教学的结合点；感染性原则，就是要通过史料的再加工、再创造突出其所蕴含的正能量。其次，通过集体备课和专题讨论的形式，将红色校史为主的红色文化资源有机嵌入各门思想政治理论课，并按照教学重点、难点和热点要求撰写教学大纲、教学方案，力争做到不交叉、不重复、不牵强。最后，通过多种教学形式将教学目标和要求贯彻到课堂教学过程中。通过不断探索，编写了红色校史融入本科生四门思想政治理论课的教学大纲、教学方案。最终，将红色文化承载的“人、物、事、魂”通过教师的有机融入起到画龙点睛的作用，让学生在可亲近、可触摸中感受理想信念的力量、爱国求是的价值、艰苦奋斗的豪情。

比如“思修”课以“红色故事与理想信念教育”为主题，通过演讲比赛的形式将红色人物故事化、时代化，让学生在红色故事的浸染中感受理想的力量、信念的价值和信仰的魅力；“纲要”课以“红色通信史与中国革命史教育”为主题，将红色通信史融入近现代史教学之中，让学生徜徉在专业发展史、校友奋斗史中自觉激发其爱国主义精神和艰苦奋斗的精神；“概论”课以“红色文化的当代价值”为社会实践主题，开展了大型主题社会实践调研活动，通过在政府、企业、居民、学生中调研红色文化融入日常生活的状况，深入了解红色文化的道理力量和价值引领功能；“原理”课则将红色故事做成小卡片，让学生结合所学原理解读卡片，在活泼生动的案例品读中，增进他们的理论认同、价值自信。

②社会实践教学环节。始终重视社会实践教学是西电的办学传统。早在

延安通校时期，理论与实践相结合就成为当时办学的突出特色。学员不仅在课上锻炼动手能力，练习收发报技术和手法，还参与了大量的课外教学实践活动，真正做到了知行合一、学以致用。比如，学员当时创造性地解决了通信材料来源问题，“最大限度地用木材代替非金属材料”①。经过多次试验，他们把存放多年的梨木做管筒绕上铜线、涂层蜡，做出了完全符合要求的高频电路线圈。学员在新华通讯社与广播电台实习时，不仅负责翻译和抄收国内外新闻，还攻克了技术难关，帮助新华社首次实现面向国际进行广播，当时美国政府在旧金山就收到了来自延安的英文广播，还将延安红军的消息加入每日新闻通报中。之后，学校在人才培养上一直重视理论与实践的结合，“知行合一、学以致用”成为学校教师与学生的共同信念与行动。

构建政府、学校、企业、社会等合作育人的机制，推动学生参与社会实践的长效化。组织了“大学生关注的‘中国梦’十大议题”“大学生对习近平系列重要讲话精神学习和认知状况”“梦想与道路——身边的中国”“传统文化、红色文化与价值引领”等系列主题调研活动；规划出版《“梦想与道路——身边的中国”大学生优秀社会实践报告文集》《“红色文化与价值引领”大学生优秀社会实践报告文集》；开辟了延安中央军委三局旧址、中央军委无线电通信学校（学校前身）旧址、全国青少年井冈山革命传统教育基地、西安八路军办事处、毛泽东敬览馆等多处红色文化学习和体验基地；开展了“瑞金情”“长征志”“重走红色办学路”等“红色之旅”主题社会实践活动。

③学生自主学习环节。选定红色经典文献供学生自主学习和阅读，并根据践行社会主义核心价值观的要求，结合当前大学生思想领域容易混淆和模糊的热点问题开展师生对话、专家问答等活动，让大学生在经典传承中感受思想的力量、经典的价值。

---

① 朱仕朴主编：《中国革命战争时期军队通信教育史》，电子工业出版社 2012 年版，第 165 页。

通过网上“西电红色故事会”“西电红色人物志”等形式，传播红色文化和红色精神；通过网上“励志访谈”“优秀红色传人”“身边的好校友”评选等形式，选树学生中的优秀典型，用榜样的人格魅力和感人事迹教育影响学生；建立“西电小喇叭”“西电学堂”“红旗飘飘”等学生自媒体平台，讲述和传播社会主义核心价值观。

④朋辈互助学习环节。发挥学生在教学活动中的主动性和自觉性，构建以问题为导向的讨论小组，通过成果展示、质疑答辩、教师总结等多个环节，引导学生围绕具体问题互助学习，提高学生的阅读能力、分析能力、合作能力和表达能力；成立由思想政治理论课教师作为指导教师的马克思主义理论研究社团，通过定期组织经典读书会、学术沙龙、专家讲座等形式，提高学生集体学习的积极性，增进学生的理论分析能力和政治判断能力。

(3)“一个阵地”。

发挥网络阵地作用。整理老一辈革命家、科学家的口述资料及实物资料，建成覆盖音频资料、照片资料、文字资料和研究资料四大板块的资料库，形成包括“半部电台起家”“永不消逝的电波”“长征路上办学”等重大历史事件，王诤、李白、张露萍等杰出人物事迹，毛泽东、朱德等老一辈革命家与西电等内容的专题网络资料库和网站。建立西电红色文化传承主题教育网站“西电往事——永不消逝的电波”，通过“网络化”“故事化”“时代化”的方式全方位展示红色校史文化蕴含的精神气质、道义力量。

2. 其他课程教学

将思政课程和课程思政完美结合起来，实现高校大学生社会主义核心价值观教育的同向同行。很多教师在讲授专业课知识的时候，自觉地引入西电人自己书写的通信故事，引导学生知历史、懂国情、树新风。典型的事例有：

(1) 通信工程学院的探索。

通信工程学院是以现代电子信息、通信理论与前沿技术为主导方向，培养高层次人才和开展科学研究的基地。通信与信息系统是国务院首批批准的硕士、博士点，通信与信息系统、密码学是国家重点学科，军事通信学为省部级重点学科，通信工程学院办学水平、人才培养质量在全国位居前列。它是西电的“王牌”，学院发展史就是大半个校史，延续了最正统的红色血脉。

运用红色通信史故事教育学生是学院学生思想政治教育的一大特色。在全国高校思想政治会议之后，学院更是强化了整体部署，将专业教育与思政育人紧密结合，创新“专业思政”新模式。一些专家学者纷纷走向讲台，叙说西电人创造的红色传奇。刘淑华博士讲述流星余迹通信技术，不仅讲专业知识，而且讲专业发展史，突出刘增基、李赞等西电人的积极探索及家国情怀、使命担当，学生听了之后深受鼓舞。

王杰令副教授讲授“电磁场与电磁波”课程，就地取材，以本学院的知名教授李云松始终面向国家重大工程开展研究，其所研制的图像压缩技术运用于嫦娥一号、嫦娥二号、神舟七号、天宫一号等成果为案例，讲授了西电人与航天精神的内在联系，深深感染了学生。“每次听王老师的课都感觉爱国热情瞬间被激发，身上的责任感和使命感油然而生。”这是听课学生的体会。

在通信工程学院，像王杰令副教授一样探索课程思政建设的教师不在少数。参与课程思政项目的田闽老师感触颇深：“专业课加入思政元素后，充分激发了学生上课的积极性，同学们的抬头率也得到了明显的提高，最关键的是可以帮助学生形成正确的世界观、人生观、价值观，大大增强了学生的社会使命感和主人翁意识。”教学相长、学思结合，开创了立德树人新篇章。

通信工程学院还通过搭建“课程思政教学平台”，整合思政教师、专业课程教师、学生辅导员、班主任和公司企业一线专家队伍，组建多学科背景互相支撑、良性互动的课程教学团队，实现了知识传授与价值引领的有机统一。

（2）朱娟娟副教授的探索。

朱娟娟，空间科学与技术学院副教授，主要研究方向为视频图像处理、人工智能系统、模式识别、空间探测等，主要讲授《信号与系统》等专业课程。曾获全国青年教师信号与系统讲课竞赛一等奖、国家级微课竞赛三等奖、“陕西省课程思政教学能手”称号等，是课程思政的优秀实践者。

朱娟娟针对高校思想政治教育面临“孤岛”，思政教育与通识教育、专业教学不能融会贯通的状况，认真思考如何结合专业特色，从知识点的含义、应用等问题入手，小处见大，贯穿课程育人。经过长时间的探索，她形成了自己开展课程思政的见解和经验。她创建“基础知识和技术应用”相结合的教学模式，在相关教学环节融入红色元素：开展科学家精神讨论、行业发展介绍、知识案例实践等活动，提高学生应用知识解决问题的能力，发现专业科学的真善美；开展专业实习等活动，锻炼学生的意志品质，培育健康积极的科学精神。通过案例式、启发式教学，推进传授知识和塑造价值的统一，激发学生对所学专业的自豪感、所从事行业的自信心以及助力中国梦的使命感。

在2018年7月举办的陕西高校“思政课教师大练兵”活动中，朱娟娟讲授的是信号与系统中的“卷积”知识点。她从生活日常和科研实践中的余音绕梁、股票均线、雷达测距、图像处理、卷积神经网络等实例入手，讲授卷积在人工智能领域的应用，激发了学生的学习兴趣；融入西电校友包为民院士、吕跃广院士的事迹，加入了科学家精神讨论、行业发展介绍、知识仿真实践等，引导学生制定科学的职业规划，将个人的发展与国家和民族的命运联系起来，在实现中国梦的过程中成就个人梦。她的课程得到专家的一致好评。

（3）潘伟涛副教授的网文。

潘伟涛副教授，通信与信息系统专业硕士生导师，ISN国家重点实验室网络与交换团队成员，主要研究方向为通信系统中网络与交换相关的FPGA开发及芯片设计。沸沸扬扬的“中兴事件”出现之后，他在朋友圈写了一篇文章，题为“一个通信集成课教师眼中的中兴事件与选课”。原文部分内容摘录如下：

对于我们在校读书的学生而言，我认为还是很有必要树立正确的态度对待这件事情，承认差距，不卑不亢，踏踏实实地储备基础知识，小则可以创业致富，大则可以技术报国。要有家国情怀，只要有民族和国家在，就不能仅仅为自己的个人利益考虑，还要把自己未来的职业和发展跟国家的需要紧密地结合在一起。咱们学校的保院士、郑书记、郝院士、段院士，每次讲话都强调一定要把自己的研究跟国家的需要紧密地结合起来！这是身为一名普通西电人的责任和义务，更是做一名有理想、有追求、有担当的“三有”西电人的责任和义务。

一、选课的必要性

我们的集成电路课程，是通院唯一的一门介绍芯片设计全流程的课程，这里面帮着通信专业的同学介绍芯片是如何一步步设计出来的。在每年的第一节课上的前面几页 PPT 上，我都会把世界上最新的半导体领域分类的企业排名给大家展示出来，一个目的是告诉大家，目前几乎所有的芯片设计巨头都是跟通信相关的，另外一个目的就是让大家看到差距，在这些巨头中大陆的企业太少太少。给大家强调，学通信必须要懂一点集成电路，否则眼界实在是有限，毕业出去后甚至无法跟别人交流。讲到一些 foundry 厂、wafer、最小线宽、工艺线之类的名词都听不懂，还谈何做通信芯片，更谈不上报国。另外，在国外，很多通信专业的学生都学微电子，西电专业划分很细，强烈建议同学们选一下集成电路课程。目前新兴的人工智能、机器人行业等等，都需要掌握跨学科的知识技能，在这种跨度上来看通信和微电子就是一个方向。

最后，也是最重要的，通信行业仍然是目前最有可能也是最有希望做出芯片的专业，反过来，如果通信的研究能够达到做出芯片的地步，也代表着真正具有了核心技术，反过来推动通信行业的发展。

二、选课的紧迫性

目前学校在芯片设计上的现状是，前几天的优研面试，问一个西电学生是否听过 FPGA，回答说没听说过，更别提什么硬件描述语言之类的。

在这门课上，我重点介绍的也是硬件开发语言和软件开发语言的重大差别，这门课，也是唯一一门可以实实在在地接触到软件和硬件紧密关系的课程，从本质上理解为什么有硬件和软件之分，C 语言最终在硬件上是如何运行的，硬件上比如 CPU 是如何执行指令的，指令在芯片上是什么样子，什么是芯片上的寄存器等等，这一切的一切，对于打下良好的软硬件概念基础，具有非常重要的意义。

再说说 FPGA，这门课会反复地强调，硬件描述语言跟软件编程语言的重要差异，会彻底改变采用软件思想设计硬件电路的坏习惯，并且必须具有搭建仿真环境的习惯。在微电子领域，FPGA 不过是 ASIC 设计流程中的一个验证阶段而已，但对于通院的学生，却绝不仅仅如此。FPGA 可以实现咱们通信专业任何一门专业课上的几乎所有知识点。调制解调、计算技术网络通信、交换等等，这也是为什么现在见到的芯片几乎都是通信芯片的原因。可以想象，一个通信专业的学生毕业后竟然连芯片是怎么做的都不了解，还谈什么专业发展。

在这门课上，FPGA 就是一个具有非常重要价值的工具，我会给大家讲解各种 PC 后面接口的时序，如何编写 FPGA 代码跟 PC 机上网口、串口、PCIE 接口、VGA 接口等进行交互，让你自己从网口截获一个数据帧，亲自去分析数据链路层和物理层帧的结构，进而去分析西电校园网登录的 PPPoE 协议应该如何去破解，自己通过串口去配置 FPGA 里面的寄存器等等，有了各种接口的学习，加上上位机软件的开发，就可以去验证或者加速任何你想做的算法和通信协议等等！这是一种非常非常重要的本领！我希望每位同学都能够掌握好，就如同前些年必须要会用 ARM 芯片一样。这远比传统的通信实验课上去学习别人芯片怎么用有意义得多，因为我们是做芯片的，要远比学习如何用芯片有价值得多。这才是核心技术，也只有通过 FPGA 这样的平台，才能接触到这些最核心的东西，也只有接触了最核心的东西，将来才能够做出来自己的核心芯片。这些都是相辅相成的。可惜，现在很多学生，急功近利，没有这么高的眼界和远见，把一些最有价值的东西给忽略了。

再说FPGA，有了FPGA，才开启了人工智能领域的大规模应用，在某些情况下，一个数千元的FPGA开发板达到的加速效果可以远超一台数百万元购买的高性能多核并行计算机。因此，掌握FPGA接口电路的设计，可以为以后在各种场景下对某些特定算法的FPGA加速提供操作系统与FPGA交互的渠道。这门课上会详细地介绍FPGA开发语言的规范性写法，这在目前市面上的参考书中是找不到的，也是十几年来调试FPGA经验的积累，同时也会介绍各种不规范写法所带来的危害和不稳定因素。

同学们，选集成电路设计课才有资格去谈芯片设计，才有能力去解决目前国家面临的芯片困局！……只有自己真正的强大了，才能说话有声音，才能不被人欺负。

这篇文章不仅普及了集成电路课程的专业知识，还以“中兴事件”为切入点，呼吁广大同学将自己未来的职业和发展跟国家的需要紧密地结合在一起，做一名有理想、有本领、有担当的“三有”西电人。该篇网文一经刊发便引起了不小的轰动，搜狐新闻网以“西安电子科技大学老师：选好课也是爱国”为题进行了报道，澎湃新闻网等不少专业的新闻媒体也对此文进行了转载报道。课堂之外在网络空间中通过自己的专业知识开展核心价值观教育，潘伟涛副教授走在了前面。

（三）文化熏陶

近年来，西电将红色元素有机嵌入校园文化之中，形成了红色传统基因与蓝色科技理性相融合的校园文化建设格局。

1. 红色校史融入校园物质文化

“西电红”不仅是学校的标准色之一，更是每个学生从开学典礼起就烙下的最初印记。学校竖立“全心全意为人民服务”、老一辈革命家题词碑，竖立王诤、李白等人物雕塑和“长征路上办学”红色故事雕塑，着力打造红色校园人文景观。学校启动实施了科学家、知名校友和校史照片挂像工程。“大学里的大楼，绝不应该仅仅只是钢筋水泥的冷硬建筑，而是要赋予它生命，让普通的墙壁、过道都能够‘开口说话’，要让身处其中的学子，能够时时处处地感受到大学的文化气息，传递出学校的精神力量。”时任校长郑晓静①如是说。

截至目前，学校已分别在公共教学区域、图书馆大厅、行政办公楼悬挂科学家画像和校园文化活动照片 690 余幅、院士校友挂像 17 幅和学校历史照片挂像 75 幅。

这些照片用画面凝固和讲述办学精神，生动诠释着西电“全心全意为人民服务”的办学宗旨和“大师、大爱、大为、大气”的办学理念，成功固化了“厚德、求真、砺学、笃行”的校训和“团结、勤奋、求实、创新”的校风，充分体现了“艰苦奋斗、自强不息、求真务实、爱国为民”的西电精神内涵，大力彰显着“崇尚学术、追求卓越”的治学风范和“团结、和谐、包容、进取”的西电风尚。“深化文化育人机制改革，就是要大力弘扬西电精神，凸显文化育人的功能，让大家每天见到的都是健康、积极、向上和美好的事物，让大学生潜移默化地接受情操的陶冶、人格的升华，让他们真正感受到西电精神的存在。”②

建立了西电校史馆、档案馆和信息博物馆。三馆既互相独立、各自展示，又互相补充、相映生辉。

---

① 郑晓静院士于 2012 年 7 月至 2017 年 11 月任西安电子科技大学校长，2017 年 5 月至 2019 年 2 月任党委书记，其间曾有一段时间兼任书记和校长。以下出现职务称谓之处皆为当时任职。

② 吕扬、王朱丹：《西安电子科技大学实施挂像工程传承西电精神》，《陕西日报》2015 年 4 月 25 日。

（1）校史馆。

校史馆是学校文化建设的一项重要工程，是弘扬学校优良传统、展示学校辉煌成就的良好载体。建设和利用好校史馆，是扩大学校对外影响的重要窗口，也是教育师生、感染师生、激励师生、凝聚人心的重要载体和精神源泉。

2011 年 10 月，西电校史馆开馆。校史馆以时间为线索，以史实和史料为根据，共分为“序厅”“校史钩沉”“今日华章”三大部分。通过大量照片、实物资料和部分珍贵的历史档案，以及文字说明、图表、沙盘模型等，较为充分地展示了学校 80 多年的光辉历史，重点介绍了学校的历史沿革、特色办学之路、目前的办学条件以及所取得的丰硕成果等情况。

同时，学校决定启动校史馆升级改造工程，旨在深入实施大学文化建设计划，挖掘西电红色文化资源，发挥文化育人功能，提高人才培养质量，更好地讲述西电故事、留存西电记忆、传承西电精神、弘扬西电文化。

（2）档案馆。

西电档案馆馆藏始于 1931 年，共有两个全宗档案，包括党群类、行政类、教学类、科研类、基本建设类、仪器设备类、产品生产类、出版物类、外事类、财会类、声像载体等 11 个门类。截至 2015 年底，共计 89497 卷（盒），排架长度 1659 米。

馆藏珍贵档案有：毛泽东为学校的两次题词影印件，以及周恩来、朱德、聂荣臻、董必武等老一辈无产阶级革命家为学校题词的原件和影印件，江泽民和其他党和国家领导人的题词，党和国家及军队领导人彭德怀、贺龙、叶剑英、邓颖超、王震、李岚清等来校视察时的照片等。

近年来，围绕学校大学文化建设计划，档案馆协同校党委宣传部、机关党委、校友总会、离退休工作处、图书馆、马克思主义学院等共同启动“红色资源库的挖掘与建设”项目。项目启动以来，取得了一系列成果：建成“永不消逝的电波——西电往事”网站；采访了 40 余位离退休老同志；顺利开展口述历史访谈工作；启动《西电大事记（1931—2011）》的编撰工作；开展《西电学人自传》编写工作等。

（3）电子信息博物馆。

西电电子信息博物馆于2016年10月筹建，2017年10月27日正式开馆。馆中收藏了电子科学技术发展历史上近5000件代表性实物，从中精心挑选了600余组、1300余件展品向观众展出。博物馆分为序厅、通信厅、雷达厅、计算机厅、电子元器件厅、电子测量仪器厅、未来厅、室外展区八个部分，室内展区面积1600平方米，室外展区面积800平方米，集陈列收藏、科普教育、教学科研、文化传承、公共服务等功能于一体。

建立电子信息博物馆，旨在利用传统实物展示和现代数字化、多媒体等手段，全面、客观、准确地记录世界特别是中国电子信息发展的重要人物和事件，展示电子信息发展的历史脉络和文化变迁。电子信息博物馆已成为西电亮丽的新名片，是西电与各友好捐赠单位的友谊陈列馆，也是一代代中国电子信息学科方向科技工作者为民族独立、国家富强、人民富裕前赴后继奋斗的先进事迹纪念馆。博物馆追溯了电子科学技术发展的历史脉络和文化变迁，多视角全方位呈现了电子科学技术发展的历史和我国军事电子事业发展的历程。电子信息博物馆建成以后，刘延东、陈宝生、胡和平、王永康等国家和省市领导人都参观过。

2. 红色校史融入学校精神文化

（1）基于学校红色传统凝练西电精神相关表述。

具有中国特色的大学治理的灵魂是价值引领、价值塑造，一所大学能否办成人民满意的大学，表面上是看是否具有学术水准的导向、关注需求的自觉、鼓励驱动创新的能力、服务社会的意识，而深层次的则是这所大学所秉承的办学理念和办学传统是否与本国的历史文化相适应、与本国的主流价值观相契合、与大众普遍的需求相一致。一所大学有没有生命力，就是看这所大学在治校历程中是否一直坚持与社会主流价值相一致的理念。当年毛泽东在陕北公学毕业同学的临别赠言中说："陕公是有许多不能使人满意的地方，我们不在乎像其他学校那样照着书本一章一章地来上课，而在乎学习一种作风，一种方向。陕公的校长和教职员，他们都是从艰难困苦的斗争中出来的，所以你们在陕公里可以学习到一个方向——政治方向，同时又可以学习到一种作风——工作作风。”① 他说的就是校风建设的重要性。

西电从红色瑞金走来，延续着最长的红色血脉，红色基因已经融入学校的办学宗旨、办学理念、西电精神、西电校训、西电校风、治学风范和西电风尚等，成为西电精神相关表述的灵魂。相关表述为：

办学宗旨：全心全意为人民服务；

办学理念：大师、大爱、大为、大气；

西电精神：艰苦奋斗、自强不息、求真务实、爱国为民；

西电校训：厚德、求真、砺学、笃行；

西电校风：团结、勤奋、求实、创新；

西电风尚：团结、和谐、包容、进取；

治学风范：崇尚学术、追求卓越。

红色校史是西电精神、西电校训、西电校风的源头，其与社会主义核心价值观具有高度一致性。

以西电精神为例。从社会主义核心价值观和西电精神的表述可以看出，二者具有很强的一致性、互补性，表现在：

其一，艰苦奋斗、自强不息是践行社会主义核心价值观的力量源泉。艰苦奋斗、自强不息是国家富强、民族振兴、人民幸福的重要精神支撑，也是贯穿于西电办学史的精神力量。纵观西电红色校史，先是“半部电台起家”“长征路上办学”，后辗转多处，历经多次院校学科调整，为国家建设和社会进步作出了重要贡献，这都是艰苦奋斗、自强不息精神的真实写照。可以

① 《毛泽东　邓小平　江泽民论青少年和青少年工作》，中央文献出版社、中国青年出版社 2000 年版，第 13 页。

说，西电的办学史就是一部自力更生、坚忍不拔、披荆斩棘的奋斗史、创业史。艰苦奋斗、自强不息精神具有超越时代的生命力，是践行社会主义核心价值观的不竭动力。

其二，求真务实是践行社会主义核心价值观的本质要求。求真务实是一种世界观和人生观，也是一种对待生活和工作的态度。“求真”，就是“求是”，也就是实事求是，认识、把握事物的本质，遵循事物的规律；“务实”，则是按照规律办事，脚踏实地、亲身实践。西电自瑞金办学起，始终坚持科学研究的求真精神，民主治校的务实作风，在遵循教育规律、人才成长规律基础上办让人民满意的大学。今天，在践行社会主义核心价值观的过程中，也必须坚持求真务实的品质和作风。

其三，爱国为民是践行社会主义核心价值观的立足点。爱国为民是西电办学的光荣传统，西电的发展与民族的前途、国家的命运密切相连，在中国革命、建设和改革的不同时期、不同节点都发挥了重要作用。西电首任校长王诤将军一生信念坚定、正直坦荡，将个人的成长进步与民族的命运紧密联系在一起，与中国革命同行、与共和国同行，创造了通信史上的诸多传奇，谱写了技术服务人民和国家的辉煌篇章，是爱国为民的典范。爱国为民是弘扬和践行社会主义核心价值观的基本出发点，如果抛却了这一点谈社会主义核心价值观，无异于丢掉了灵魂。

2015 年 11 月发布的《西安电子科技大学章程》明确规定：学校始终践行“全心全意为人民服务”的办学宗旨，大力弘扬“艰苦奋斗、自强不息、求真务实、爱国为民”的西电精神，改革创新、内涵发展，打造电子与信息科学领域创新人才的培育基地，基础研究和应用基础研究及高新技术研发的创新基地，努力成为推动国家信息化建设、国防现代化建设与区域经济社会创新发展的重要力量；学校坚持社会主义办学方向，坚持立德树人，努力培养爱国进取、创新思辨，厚基础、宽口径、精术业、强实践，具有国际视野的行业骨干和引领者。

“全心全意为人民服务”是毛泽东为西电的题词，被确定为学校的办学宗旨，一方面显示了学校办让人民满意的社会主义大学的情怀，另一方面也显示了学校对红色文化传统的重视。“艰苦奋斗、自强不息、求真务实、爱国为民”的西电精神，既是对长征精神、延安精神的继承，更是长征精神、延安精神的升华，是红色文化与西电办学传统、办学实际相结合的产物，某种程度上弘扬“艰苦奋斗、自强不息、求真务实、爱国为民”的西电精神，就是弘扬苏区精神、长征精神和延安精神。

“坚持立德树人，努力培养爱国进取、创新思辨，厚基础、宽口径、精术业、强实践，具有国际视野的行业骨干和引领者。”这是西电人才培养的目标。立德树人是西电办学的优良传统。“政治要坚定，技术要精明，体格要健壮”，是红军通校时期校歌中的话，是当时对通校学员的基本要求，而这与当今我国“德智体美全面发展”教育方针的要求一脉相承。另外，人才培养的第一要求是“爱国进取”，这也是西电红色校史的真实写照，可以说，西电的历史就是技术服务国家和民族的历史。西电的校歌名字为《与共和国同行》，其中写道：“星星之火，照耀着我们，照耀着我们的忠诚。红色电波，辉煌着我们，我们的传统。肩负使命，千锤百炼，我们和共和国，我们和共和国同行。团结勤奋，求实创新，厚德求真，励学笃行。我们是光荣的西电科大人。向着太阳拥抱光明，向着太阳拥抱光明，永远向着太阳。艰苦奋斗，传承着我们，传承着我们的校风。英才摇篮，奋发着我们，我们的豪情。开拓创新，走向未来，我们和共和国，我们和共和国同行。绿色校园，百年树人，时代青年，勇攀高峰。我们是新世纪西电科大人。祖国强盛民族复兴，祖国强盛民族复兴，铸造祖国强盛。”这不是爱国进取的最好注解吗？

（2）开展红色文化与价值引领主题思想大讨论。

2014 年 11 月 27 日，学校在南校区举办了纪念毛主席为学校题词“全心全意为人民服务”65 周年座谈会暨弘扬西电红色教育传统、践行社会主义核心价值观专题研讨会。校党委书记陈治亚、校长郑晓静，以及老教授代表、青年教师代表、干部代表、学生代表等 50 余人齐聚一堂，共话“全心全意为人民服务”题词。陕西省委党校党史教研部副主任吴永教授，同来自学校各学院、职能部门的代表就“弘扬西电红色教育传统，践行社会主义核心价值观”论题畅谈了体悟、分享了经验。同时，党委宣传部和马克思主义学院联合推出了“红色传统与当代育人模式”征文活动。围绕西电红色办学史及其蕴含的基本精神、西电学科发展史及其蕴含的基本精神、西电红色文化传承与中国梦教育、西电红色文化传承与社会主义核心价值观教育、西电红色文化传承与学校思想政治教育、西电红色文化传承与校园文化建设以及西电精神、西电校训、西电校风内涵及其现代阐释等主题展开讨论，共收到稿件356件，在整个学校营造起了红色文化与价值引领主题讨论的氛围。

校党委书记陈治亚提出：要不断丰富题词精神的思想内涵，打造红色传统教育的载体。他说，首先我们要加大宣传力度，让更多人知道，我们是老一辈党和国家领导人亲切关怀过的学校；其次，要挖掘红色传统文化，讲好西电故事，传承好西电精神，让全心全意为人民服务成为全体师生的理想追求，让每个西电人都有自豪感，都深受教育、深受激励，让它成为学校深入学习、培育和践行社会主义核心价值观，推动校园文化建设的重要载体，继续发挥经久不息的永恒魅力。

2017年8月15日，习近平总书记给第三届中国“互联网+”大学生创新创业大赛“青年红色筑梦之旅”大学生回信。得知“青年红色筑梦之旅”实践团收到习近平总书记回信后，学校组织师生收看了当天的新闻联播，并立即连续召开多场座谈会，热议回信精神。校党委中心组召开扩大会议，深入学习习近平总书记给“青年红色筑梦之旅”大学生的重要回信内容。学校党委要求师生学习习近平总书记回信精神，认真贯彻落实习近平总书记回信要求，把习近平总书记回信精神转化为推动学习工作的强大动力，加快推进学校一流建设，认真做好第三届中国“互联网+”大学生创新创业大赛各项准备工作，认真筹备好学校第十二次党代会，以优异成绩迎接党的十九大胜利召开。各党委组织广大师生认真学习领会习近平总书记回信精神，运用座谈会、集中学习会、报告会等多种形式，教育引导师生坚定理想信念，锤炼意志品质，不忘初心、不辱使命，始终牢记“全心全意为人民服务”的办学宗旨，时刻谨记自身的价值追求，做好新时期党和国家事业发展的“鲁班石”①，把激昂的青春梦融入伟大的中国梦。

同时，学校下发了《西安电子科技大学关于学习贯彻习近平总书记给“青年红色筑梦之旅”大学生重要回信精神的通知》，要求全校师生充分认识习近平总书记回信的深刻内涵和重大意义，紧密结合工作实际贯彻落实习近平总书记回信精神，迅速掀起学习宣传贯彻习近平总书记重要回信精神热潮。下发了《西安电子科技大学关于开展“做有理想有追求有担当的西电人”大讨论的实施意见》，要求全校上下以回信精神为指导，以创建一流大学为目标，通过大讨论，进一步激发广大学生立志成长为德才兼备、创新思辨的行业骨干和引领者的责任感和荣誉意识，进一步引领广大教师争做有家国情怀的学术前沿开拓者和学生成长指导者的信念，进一步激励广大干部职工强化服务意识，增强爱岗敬业的服务自觉性。

随之，全校迅速掀起了学习习近平总书记回信精神热潮。马克思主义学院推出喜迎十九大党员教师精彩公开课活动，将回信精神和学校落实回信精神书写的西电故事融入思政课教学，教育学生坚定理想信念，锤炼意志品质，扎根中国大地了解国情民情，在创新创业中增长智慧才干，在实现中华民族中国梦的伟大奋斗中实现人生价值；学校党委宣传部派出记者深入课堂，集中聆听了《思想道德修养与法律基础》和《中国近现代史纲要》课，陆续推出《帮助大学生扣好人生第一粒扣子》《创造有价值的人生》《成长成才重在开拓境界》等现场采访稿件，将学校思政课实现回信精神“三进”的现场体验，生动分享于全校师生，进一步扩大了活动的覆盖面和影响力；空间科学与技术学院举行“星空访谈”，邀请制导与控制专家包为民院士、

---

① 长征途中，由西电教员和毕业学员组成的军委二局在情报信息搜集和发送方面成绩显著。毛泽东高度评价他们的工作：“长征有了二局，我们好像打着灯笼走夜路”；“你们是革命的鲁班石”。

中国航天第五研究院总工程师陈泓、东南大学毫米波国家重点实验室副主任崔铁军教授等畅谈“三有”，分享航天科技梦；通信工程学院举行升国旗暨国旗下宣誓仪式，激发学子牢记西电校训，秉承西电传统，做新时期“三有”西电人；网络与信息安全学院以班级骨干、党员对接宿舍形式开展学习交流活动；物理与光电工程学院以线下集中学习和线上自主学习相结合方式开展活动……将解决思想问题与解决实际问题相结合，各学院以系列教育实践活动引导师生将个人梦融入中国梦。

9 月初，学校启动了“做有理想有追求有担当的西电人”大讨论。为营造好大讨论活动氛围，宣传部特开设“做三有西电人”专题，向学校一线教学科研骨干教师和广大干部等约稿，围绕“做有理想有追求有担当的西电人”表观点、谈感受、展视野、话情怀，分享西电人的“三有”故事。陆续推出了《“长江学者”张进成教授：做有仁爱之心的好导师》《“国家优青”韩根全教授：勇于攀登科研“苍龙岭”》《“青年千人”常晶晶教授：进步或源于实验室一小步》《“青年千人”陈渤教授：研究工作应追赶科技前沿》《夏永林教授：做思想政治理论课改革路上奔跑者》《邵晓鹏教授：用正确的方法做正确的事》《孙伟教授：做无愧于变革时代的教育者》等近 20 篇署名文章，在专家教授中进一步达成共识，为学校“双一流”建设注入新活力。

学校领导高度重视大讨论的开展，10 月 12 日，党委书记、校长郑晓静院士参加雷达信号处理国家级重点实验室电子所党支部民主生活会扩大会议，集体学习回信精神，开展主题讨论。在会上，她勉励教师将个人命运同西电命运、国家命运相关联，不畏艰难，勇于创新，产出不可替代的成果。12 月 5 日，陕西省召开座谈会，重温习近平总书记在全国高校思想政治工作会议上的重要讲话精神，郑晓静做了题为《在文化建设中融入红色元素》的发言①，指出：

---

① 郑晓静：《在文化建设中融入红色元素》，《陕西日报》2017 年 12 月 7 日。

西安电子科技大学用教师和学生易于接受的方式，春雨润物般把思想政治建设融入教学教育、融入学生成长成才的全过程。

加强和改进党对思政工作的领导，夯实队伍基础和基层党组织建设。学校成立了党委教师工作部，配齐建强思政和党务工作队伍，培养了一批专家型党务工作骨干和业务党建“双带头人”，调整部分系主任、所长担任支部书记，给他们压担子、提要求；增加学院管理编制，每个学院都设置组织员，配合做好党务和党建等工作，同时选优配齐学院党委副书记；优化党支部设置，加强师生党支部建设，牢固树立“党的一切工作到支部”的鲜明导向；将“党支部把好人才引进入口关”制度化规范化，党支部负责对拟引进或试用期教师的思想政治状况进行考察评估，并具有否决权。

通过“领导带头学、支部集中学、党员自主学”等多种形式，党委书记带头，校、院（系）领导纷纷走上讲台讲党课，成为学校“思政教育”的主讲老师。学校将党史、校史、学科发展史与思政课有机融合，探索用红色校史文化培育社会主义核心价值观教育的有效途径；利用互联网，教师自发推出了“老夏说课”等思政教育的新产品、新载体，仅校内点击量就超过150万次；在学校主页策划了以讲述校史故事和传递正能量为主旨的“西电故事”系列报道400余篇；实行思政课教师“集体备课”，将重大校史事件，创造性融入思政教育教学过程。

因时而进、因势而为开展教育实践活动，切实增强师生理想信念教育。习近平总书记给“青年红色筑梦之旅”大学生回信后，启动了“学习总书记回信精神，做有理想有追求有担当的西电人”大讨论；将光荣革命传统和丰富红色文化资源融入大学生成长成才全过程，在文化建设中融入红色元素，实现红色文化覆盖校园各个角落、贯穿学习生活；建成了“全心全意为人民服务”“长征路上办学”等红色主题雕塑，在公共区域悬挂近千幅校史照片，建起了有着浓郁红色情怀的电子信息博物馆等，先后推出《长征组歌》《黄河大合唱》，排演原创话剧《永不消逝的电波》，让价值引领、文化熏陶像空气一样无所不在、无时不有，真正引导师生争做“有理想有追求有担当”的西电人。

发言回顾了西电用红色文化擦亮学校姓党、爱国、为民的底色的做法和经验，提纲挈领而富有启迪，彰显了西电人的初心意识和家国情怀。

（3）红色主题高雅艺术进校园。

其一，红色歌曲。红色歌曲是红色文化的重要组成部分，是红色精神的重要体现，在新民主主义革命和社会主义建设时期曾经发挥了重要作用，至今当我们唱起这些红色歌曲时仍会充满了勇往直前、为国家和民族不懈奋斗的力量。成千上万首红色歌曲串连出我党的奋斗足迹。从井冈山时期的江西民歌、延安时期的信天游，到满怀豪情歌唱国家解放的时代歌曲，不同时期不同地域的歌曲彰显了党所倡导的价值观，是激励革命者前进的力量，也是今天我们建设中国特色社会主义的精神动力。

红色经典史诗《长征组歌》创作于 1965 年，以艺术的形式再现了长征艰难的历程，被誉为我国音乐史上具有里程碑意义的重要作品。2014 年 6 月学校决定排演《长征组歌》，由校团委主办，艺术教育中心指导，大学生艺术团合唱团、交响乐团 200 余名师生参与排练。经过半年的筹备，2014 年 12 月，《长征组歌》在学校北校区大礼堂隆重公演。应陕西校友和社会各界的邀请，艺术团先后赴西安交通大学、长安大学、解放军西安政治学院、解放军边防学院、西安航空职业技术学院等高校进行巡演，赢得了社会各界广泛好评。2016 年，在建党 95 周年、红军长征胜利 80 周年、建校 85 周年之际，《长征组歌》被列入教育部“高雅艺术进校园”活动，同时被陕西省委宣传部列为陕西省大学生艺术精品展演剧目。艺术团用艺术的形式接受并传承长征精神，用行动去打造高校弘扬民族精神的品牌阵地，用歌声承载青春记忆和青春责任。

“一路雪山草地，一路战斗学习，终在延安窑洞迎来胜利曙色，半部电台起家，小布祠堂授课，红军无线电事业星火传扬。”音乐会在反映西电建校史的配乐诗朗诵《我从瑞金走来》中拉开序幕，它实际上也反映了西电精神与长征精神不可分割的关系。可以说，某种程度上《长征组歌》也就是西电精神、西电品格和西电历史之歌。西电版《长征组歌》既是一个高水平的艺术作品，也是一项生动的教育活动，它集艺术和教育于一体，已成为高校社会主义核心价值观教育的知名品牌和有效载体。它得到《中国青年报》《中国科学报》和陕西电视台、陕西省教育厅官网等60余家媒体的报道，赢得了广泛的社会赞誉。

表6-3　《长征组歌》公演情况

时　间	地　点	观众群
2014年12月	西安电子科技大学北校区	3000名师生
2015年1月	西安人民剧院	2000余人
2015年6月	陕西省蒲城县文化中心	1000余人
2016年6月	西安交通大学	1000余名师生
2016年8月	解放军西安政治学院	1000余名师生
2016年9月	西安电子科技大学南校区	10000余名师生
2016年9月	长安大学渭水校区	1000名师生
2016年10月	西安航空职业技术学院	1000多名师生
2016年11月	解放军边防学院	1000多名官兵
2016年11月	西安电子科技大学北校区	3000名师生
2017年6月	渭南师范学院	500余名师生
2017年6月	西北工业大学	1000余名师生
2018年5月	西北农林科技大学	2000余名师生
2018年5月	咸阳师范学院	8000余名师生

在演出现场，许多观众被歌声感染，流下了激动的泪水，许多师生、群众表示：“西电科大的《长征组歌》唱出了老一辈无产阶级革命家的精气神，让大家感受到了那种革命理想高于天的精神以及不怕苦难的伟大境界”，“长征精神的主旋律就是艰苦奋斗，从不放弃革命的希望，即使在最

为痛苦、最为磨难的时候，依旧有信念坚持下去。”①

其二，红色话剧。党的十八大以后，校团委着手精心打造话剧《永不消逝的电波》。该部话剧将红色文化基因之“历史母体”融入校园文化的“现实土壤”，是学校为讲好西电故事、传承西电精神、汇聚各方力量、涵养一流建设的“西电情怀”所精心打造的校园文化精品。

2018 年 1 月 8 日，大型原创话剧《永不消逝的电波》在学校北校区上演。②《永不消逝的电波》分为三幕：第一幕以中央苏区面临蒋介石的大军围剿，半部电台截获敌人情报却无法将信息传达到各个部队为背景，无线电队队长王诤一筹莫展之际，却意外从老乡的手中得到了一部电台，事情才得到了转机。随后在漫漫长征路上，王诤领导的军委无线电通信学校又写就了“长征路上办学”的传奇故事。第二幕演绎了抗日战争进入相持阶段，延安内有饥荒、外有国军重围，大量人才外逃。拥有留学经历却出身特殊的延安通校教员唐奕也在这个时候提出离开，回到曾经逃脱的四川老家，其中的缘由却无法明说。而在剧情跌宕中迸发的一句句温情对白，尽显延安通校办学时的恶劣环境和一代代人才为其建设前仆后继的大无畏精神。第三幕则是以我党优秀的地下工作者、瑞金中央军委无线电学校电讯班学员李白烈士为原型，演绎了他与妻子裘慧英，共同坚守十年，在上海和延安之间架起了一座电波桥梁，一次次与国民党斗智斗勇的故事。歌舞升平下暗藏杀机，与赵局长等穷凶极恶的国民党兵卒缠斗，保护我方情报安全。黎明前不惧敌寇，在知道要走到生命尽头时，他毫不犹豫英勇就义。其中还表现了以延安通校第三期学员王建平为代表的地下工作者的战斗生活，展现出一位位地下工作者的铿锵之声，展现了延安通校为新中国成立所作出的巨大贡献。最后，所有演员依次在舞台上喊出自己的入党年月和誓言，嗓音自信而又洪亮，使观众

---

① 《西安电子科技大学〈长征组歌〉陕西首场公演受关注》，陕西省教育厅网站，2015 年 1 月 20 日。

② 参见《原创话剧〈永不消逝的电波〉公演讲述西电科大红色历史》，央广网，2018 年 1 月 9 日。

们深刻体会到了作为站在新时代地平线上的青年应有的理想信念与责任担当，演出在经久不息的掌声中落下帷幕。

该话剧鲜活地反映了西电自成立起便与中国革命史和中国共产党通信史紧密相连，在中国革命的关键节点上（红军长征、半部电台起家、延安通校、抗日后方支援、渡江作战、解放战争的关键战役）发挥技术服务国家和民族的独特作用的历史。它以西电丰富的红色历史教育资源为积淀，通过学弟演学长的方式，展现出了一代代西电人心存家国、志在四方，与共和国同行的担当精神、奉献精神和家国情怀。

话剧展演后，在学校师生中引起巨大反响，经过进一步的雕琢、完善，必将会成为西电奉献给社会的又一精神“大餐”。

其三，红色影视。红色影视是指反映我党领导革命和建设题材的，具有时代特点、弘扬主旋律、传播正能量、对人民群众有重要影响的电影、电视、纪录片等。它作为社会主义意识形态传承的载体之一具有独特魅力，深深吸引了当代青少年，在大学生社会主义核心价值观教育中发挥着重要作用。

研究生光影文化之旅是由学校党委部署、研究生工作部主办、机电工程学院承办的研究生社会主义核心价值观教育品牌活动。自 2018 年 3 月启动以来，已先后面向全校研究生放映了《建党伟业》《李保国》《勇士》等院线影片，受到了广大研究生的一致好评。它区别于一般的观影活动，每次邀请一位导看嘉宾，在观影前对电影演绎的故事、诠释的内涵进行解读，并结合时代对青年的要求提出希望。将静态的红色电影动态化、时代化，发挥其当代育人魅力，这是研究生光影文化之旅的初衷。

比如，为庆祝中国共产党成立 97 周年，缅怀革命先烈为共产主义事业所持有的崇高信仰和不懈追求，增强师生党员责任感与使命感，学校于 2018 年 7 月 1 日晚在北校区文化活动中心放映了电影《建党伟业》。学校教职工党员、离退休党员及学生党员集体观看影片，学校党委书记郑晓静院士出席并发表讲话。

影片放映前，郑晓静首先与现场观众分享了《建党伟业》影评。她介绍了影片内容、导演及演员表演，提到：该部影片是导演兼制片人韩三平的力作，影片通过演员的精彩演绎，向观众全景式地讲述了辛亥革命、护国战争、五四运动等历史事件，再现了毛泽东、李大钊、陈独秀等第一批怀抱着共同理想的优秀青年人在风雨飘摇的时代思考如何救亡图存、再造中国，如何在中国大地缔造一个全新政党的历程。她依此延伸，强调：理想信念是一个民族砥砺前行的不竭动力，红色经典剧目的重演，就是告诉广大党员和研究生不忘初心、砥砺前行，怀着青年强烈的责任感与使命感，将自己的命运与国家的命运联系在一起，挥洒青春汗水，在学习中成长、在成长中进步。

这种红色电影教育形式新颖，效果良好。观影结束后，马克思主义学院党委书记夏永林教授这样评价这次观影活动："对党员来讲就是一堂特殊的党课，对于学生而言就是一堂特殊的思政课。通过影片的观看，重温党的建立与奋斗的历程，进一步明确了党的初心和使命，明确了我们每一位党员的责任与使命。"学生党员孙梓涵感叹道："《建党伟业》不仅仅是一部电影，更是一部党史活教材。作为一名学生党员，我们应当时刻发挥党员的模范先锋作用，以更加饱满的热情投入到学习工作中去。"学生党员李桂林说："影片让人热血沸腾，两个多小时的影片带领观众们重温了党的光荣历史，缅怀了革命先烈，再一次接受了革命传统教育与爱国主义教育，坚定了信念、振奋了精神、鼓舞了干劲。自己在今后的学习生活中将勤勤恳恳、兢兢业业，在不断的学习与实践中为党和国家交一份合格答卷。"①

观影活动后，学校又开展了"传承红色文化，弘扬时代精神"红色影片观后感征文活动暨"研究生光影文化之旅"影评征集活动，进一步激发学生的深度思考，将教育效果长久化。

---

① 姚宜之：《西电组织党员重温红色经典影片〈建党伟业〉》，西安电子科技大学新闻网，2018 年 7 月 5 日。

（4）融入学风建设。

网上曾有个段子，是真实的故事：兄弟学校领导来西电参观，看见实验室楼道里有被褥，问之，乃知是西电学生为科研节约时间，把被褥搬过来。彼时，把床垫文化传之四海的华为还没在任正非的酝酿中。毕业于西电的雷达对抗专家、中国工程院院士张锡祥回忆母校教风学风，说："首先是教师都非常有名、都很敬业。当时，给我们上专业课的都是非常有名的教师。他们有的是参军后调到军委工校的，有的是大学毕业了直接留校任教的，还有的是从浙江大学、中山大学等名校调过来的。在张家口，周围环境比不上大城市，条件还很艰苦，这些教师却从来没有因为从大城市到了山沟而闹情绪。当时雷达还是新兴学科，好多老师都没有学过这门课程。因此，在专业课学习过程中，毕德显院士亲自给我们讲雷达原理，丁鹭飞教授给我们上雷达实习，保铮院士给我们讲脉冲技术，蔡希尧教授也给我们上过课。名师授课，终身受益，他们渊博的知识、敬业的精神让学生佩服不已！"

中国电子学家、中国科学院院士，西电土生土长的校长保铮的名言是：科研工作者必须具有优良的学风，我们提倡"三严"——严肃、严格、严密。保铮主张做"顶天立地"的学术，他总结西电传统的影响时说："学校是在部队里、在战争环境中成长起来的，虽然转业有几年了，但那些革命的优良传统还在。比如说为人民服务的意识，较强的纪律性和艰苦朴素精神等等。这些传统，现在在我们西电还起作用。"

在西安高校中，流传着一句话：学在西电。"学在西电"是西电的一张名片，这张名片的背后是西电的传统。有人统计，截至2013年，共有17位校友或在西电工作过的专家当选两院院士①，如果加上近几年入选的院士，这一数字恐怕超过了20位，在全国位居前列。这其中一个重要的因素就是勤奋踏实的学风。西电教授肖国镇（已故）在学校从教53年。他表示，西电与地方院校不同之处，是曾作为军队学校，要求比较多、比较严，学生很

① 张行勇：《人才培养的"西电现象"》，《中国科学报》2014年2月13日。

守纪律，老师、学生历来崇尚老老实实做人，浮夸的人和事很少，踏实学习、做科研的人多。年逾七旬、曾获全国第二届“高等学校教学名师奖”的孙肖子教授认为：“西电人有部队的奉献精神传统，做事不讲条件、踏踏实实干事、一定要将事做好的风格。”

2017 年 11 月，学校图书馆主办“学在西电——讲述西电人的笔迹”展览。内容包括学习笔记、教案、实验报告、手绘挂图、板书、论文、作业、手稿等。展览精选了其中的 69 份笔迹作品，分为：前言，西电笔迹——院士之光，笔尖上的艺术——梁昌洪教授笔迹艺术展，中国密码学界的传奇——“二王一肖”笔迹展，桃李不言、下笔生辉——教师及校友笔迹展，“人工多媒体”——历史积淀的优良教风，那些年的毕业论文——手写论文展，我的笔迹、记录在西电的日子——在校生笔迹展，结语，心迹 · 手记留言区，共 10 部分。这次笔迹展折射出西电人在我国电子与信息领域发展史和高等教育史上留下的光辉印记，以鲜活的形式传递出西电 80 多年办学史中深植于师生灵魂深处的“全心全意为人民服务”的办学宗旨、艰苦奋斗的使命意识、自强不息的创新意识和求真求实的笃行意识。这让同学们在摸得着看得见的氛围中，感受到西电内在的精神传递，心灵得到洗涤和细雨无声般的教化和引导。中央及地方各大媒体做了报道，在教育界和知识界引起很大轰动。

进入 21 世纪，尽管环境变了，但是重视学生学习纪律、强化学生业务能力一直是学校管理的重要内容。学校制定《西安电子科技大学关于加强和改进本科生学风建设的实施方案》，通过严格执行课堂考勤点名制度，严抓到课率、听课率、作业完成情况，将教师的参与度纳入年底考评内容，充分发挥教师在课堂管理中的主体作用；严格作息制度，严格课堂纪律，严肃考风考纪，严格过程监管。“学在西电”的优良传统一直得以传承、发扬。柳传志在西电 80 周年校庆大会上的讲话中指出：“大学生活，给我留下了深刻的记忆，也在我身上打下了深深的西电烙印。这种烙印转化为不达目的誓不罢休的执着，不屈不挠、奋斗不止的顽强意志，‘困难无其数、从来不动摇’，成为我们迎接挑战、不断前进的动力源泉。”就是在这种精神的指引下，柳传志将当年的北京计算机新技术发展公司发展为今天的联想集团。近五年，西电毕业生中赴军工企业就业的比例稳定，其中研究生为20%左右，本科生在5%—8%之间；到西部地区就业的比例约为40%。到祖国最需要的地方去，用技术服务国家和民族，是西电人独有的情怀，它从历史传统中走来，又带着使命前行。

（5）融入党团组织建设。

学校面向学生骨干和入党积极分子，实施“青年马克思主义者培养工程”，建立校、院、班三级“大学生马列自学小组”和“大学生业余党校”教育体系。马列自学小组以研读经典、理论学习为主要内容，以自学为主要形式，每年参与人数近1万人。1985年学校率先建立大学生业余党校，目前已经形成初、中、高三级体系。以高级党校为例，目前已举办58期，累计培养学员近4万人，为党培养了优秀后备力量。每年邀请学校老红军、老干部走进党校作革命传统教育讲座，定期组织入党积极分子和预备党员到八路军办事处、革命圣地延安、重庆渣滓洞等地参观学习；举行枣园、杨家岭齐唱国歌、“四·八”烈士墓扫墓等活动，让学生实地缅怀革命先烈的丰功伟绩，亲身感受辉煌的革命历史，接受革命传统教育和理想信念教育；按照“增强党性、提高素质、发挥作用”的目标面向全体学生党员实施“学生党员先锋工程”，印发《先锋的足迹——学生党员成长手册》《学生党员量化考核办法》等促进学生党员提高党性修养。实施“头雁领航计划”和“党员先锋论坛、党员先锋岗、党员工作坊”等品牌活动，发挥党员模范作用。

积极利用网络开展红色文化教育，在大学生业余党校高级班学员中创办西电学生入党积极分子微信公众平台，向学员推送“空中党校”微杂志，内容包括“党史上的今天”“红色小故事”“热点新闻聚焦”“身边的好榜样”等模块。建立“学生党员先锋E站”主题网站、“红色家园”QQ群开展线上学习，建立各党支部的“网上支部”，定期召开网络民主生活会，针对时事热点进行讨论，打造了党员学习和交流的网络平台。在校园文化艺术节、大学生音乐节、“美丽西电”摄影展、网络“微电影”大赛中融入红色元素，举办红色文化讲坛、红歌会、红色图片展等活动。

（6）融入关键节点教育。

学校利用开学和毕业典礼、校庆日、国庆日、建军节、党的生日等重大时刻，将校史教育、国史教育、军史教育和价值观教育融合起来，在潜移默化中增进学生的知识认知和价值认同。

比如，学校每年的新生入学教育都有红色校史的内容，每年的“开学第一课”都激荡着红色基因的时代旋律。在2018级入学主题教育中，党委书记郑晓静就讲道：“西电的红色脉络就像一根红线，把一颗颗珍珠串起来，大大小小都在为国家做贡献，都在实现自己的人生理想……西电就是你，你们将是西电的名片、西电的希望、西电的未来。”“西电延绵着中国高校最长的红色根脉，拥有光荣的革命传统和独特的红色基因。‘姓党、爱国、为民’是学校始终秉持的生命特质，从中孕育铸就了‘艰苦奋斗、自强不息、求真务实、爱国为民’的西电精神。‘与共和国同行、与民族复兴伟业同心、与国家战略需求同向’是西电坚定不移的道路航标、文化之基和力量源泉。面对长期以来西方国家的技术封锁，西电在‘一穷二白’的基础上独立地创建起了电子信息学科和专业门类体系，开辟了我国独立自主发展IT学科领域和体系性进行人才培养的先河。”

校长杨宗凯在开学典礼上指出：“每个时代都有每个时代特定内涵的复杂问题。在首任校长王诤中将的带领下，西电诞生于十万国民党大军压境的中央苏区，听党指挥、永远跟党走，从未被敌人动摇过、打垮过、走散过，为夺取胜利建立不朽功勋，这是第一代西电人，面对战争时代复杂社会问题的革命担当。开创我国电子与信息学科先河，承担一大批国防重大复杂工程，产生多项全国第一，这是以雷达‘裁判长’保铮院士为代表的老一辈西电人，面对西方技术封锁时代复杂技术问题的历史担当。当前，面对新体制雷达、网络安全、芯片制造等‘卡脖子’工程，对接融入国家创新驱动发展战略、军民融合发展战略，重视颠覆性技术的创新研发，这是新一代西电人，面对新时代新征程复杂工程问题的时代担当。这种解决国家重大战略性复杂问题的大胸怀、大境界、大担当，就是西电人才辈出的根本力量源泉，也是新一代西电人要持续点亮的精神底色。”

讲校史、讲情怀是西电“开学第一课”的优良传统，也是西电人独有的风采。学生刚入学，就在他们心中埋下了信仰的种子，后随着参观校史馆、电子信息博物馆，参加专业教育等活动，他们对学校历史的了解更加深刻，对如何传承西电精神有了更理性的思考，而这成为学生成长成才的宝贵财富。

利用校庆日、国庆日、建军节、党的生日开展校史和价值观教育的事例也很多。值得一提的是，在全国纪念中国人民抗日战争暨世界反法西斯战争胜利70周年的时候，西电主办了一场特殊的主题展览。展览共分为三大部分：第一部分是伟大的胜利，共25块展板，主要是中国抗日战争历史概览，反映中国抗战的历史概况和伟大的抗战精神；第二部分是光辉的历程——西电与抗日战争，共58块展板，主要反映西电在抗战时期的办学历程、历史贡献和革命精神；第三部分是弘扬抗战精神——抗战主题书画展，共展出书画作品88幅，反映西电师生的爱国爱校情怀。该展览在抗战纪念日展出后，受到师生一致好评，新华社、人民网、西部网、《西安日报》等媒体进行了报道。

（四）社会实践

通过打造“目标共同、机制共建、资源共享、责任共担”的红色实践育人共同体，培育主题鲜明、形式多样、行之有效的红色文化主题调研、考察、学习等精品项目，为学生创造了解历史、熟悉民情、知识报国的途径，让他们在亲见亲闻中不断审视自己的价值判断和价值选择并自觉地推进主体间共识、压缩“认同间距”，将理性的政治认同融入自我的生活当中。

1. 体验式社会实践

将实践环节纳入教育教学计划，建立面向学生自我发展需要的社会实践长效机制，推动学生主体参与，学校、社会、企业深度合作，构建协同联动的实践育人共同体。组织学生参加生产劳动、社会调查、创新创业、志愿服务等活动，引导青年学生在服务他人、奉献社会中升华对社会主义核心价值观的体验感受和认知理解。

学校坚持把开展大学生社会实践活动作为践行社会主义核心价值观的重要途径，积极推进社会实践活动的项目化和基地化。建立了西安八路军办事处、烈士陵园、西安卫星测控中心、延安枣园革命旧址等一批红色文化与社会主义核心价值观实践教育基地，组织引导不同层次学生开展交互式、梯度递进式、符合学校学科特色的社会实践活动，提升学生对国情、社情、民情、校情再认识，增强社会责任感。

通过项目制形式开展“重上井冈山”“重走长征路”“延安通校故地游”等实践体验活动。到延安接受教育，让大学生感受延安精神，一直是西电办学历史中的优秀传统。2015 年 4 月，在校长基金专项资助下，学校正式启动“走进梁家河、踏寻红色路、砥砺青春意志、放飞青春梦想”主题教育实践活动，首批实践团成员随即奔赴延安接受教育。

该活动旨在让同学们前往延安参观学习，实地感受老一辈革命家伟大而艰辛的创新创业史，坚定为中华民族伟大复兴而奋斗的人生理想信念；通过重走西电办学路，寻根溯源，感受老一辈西电人用鲜血和汗水、智慧和忠诚孕育出的西电精神；实地参观考察习近平总书记青年时代插队的梁家河村，认真体会如何走青年知识分子成长的正确道路，如何扣好人生的第一粒扣子。三年来累计有 300 余名西电学子代表通过活动受益。

为让全国更多优秀青年到延安去接受心灵的洗礼，获取精神的升华，在策划第三届中国“互联网+”大学生创新创业大赛同期活动时，西电增加了“青年红色筑梦之旅”项目。2017 年 7 月 14 日至 17 日，“青年红色筑梦之旅”活动顺利开展。

2018 年 7 月 29 日至 8 月 5 日，“青年红色筑梦之旅”赴“一带一路”沿线国家海外宣讲团走出国门，赴越南交流、考察和学习。28 名校级“青年马克思主义者培养工程”骨干学生在马克思主义学院、研究生院、团委教师的指导下，以项目为载体，以为“一带一路”倡议注入中国智慧和青春力量为主题，分别从中国互联网科技、不变的青年理想、新时代下的四大发明、改革开放40年交通与通信的变迁等方面向越南高校师生介绍了改革开放以来特别是新时代中国创造的历史性成就，赢得了越南高校师生的一致肯定。其间，宣讲团成员还拜访了中国驻越南大使馆，汇报了在越南高校开展交流和学习的情况。大使馆参赞对宣讲团的做法表示高度认可，认为这是极具意义的学生交流活动，值得其他高校借鉴和推广。

体验式的社会实践活动是传统的大学生社会实践形式，通过它增进了大学生对党史、国史和国情的了解，更加明确我们从哪里来，应该到哪里去；增进了大学生对党的路线、方针和政策的认同，从党领导人民创造的伟大历史成就中树立对道路、理论、制度和文化的自信；增强了大学生运用马克思主义基本立场、观点和方法认识和解决问题的能力，有助于他们理性地看待各种社会现象；有利于大学生明确自己的职业规划、人生目标，更好地走好自己的青春路、求学路和创业路。

2. 服务式社会实践

随着“双创”的提出，服务式社会实践成为大学生社会实践的主要形式。这种大学生社会实践形式与西电技术服务国家和民族的精神是高度一致的，它在西电有着源远流长的历史。今天西电的服务式大学生社会实践是红色精神在新时代的再现，是技术服务国家和人民优良传统的别样传承。学校很早便成立了家电维修服务队、青年志愿者服务队、爱心社、信息技术120、同一首歌文艺广场等100多个大学生社会实践服务队，利用节假日深入城市乡村，开展形式多样的科技文化服务活动。其中，家电维修、社区帮困、乡村支教、信息支农、电脑诊所等活动已形成品牌，产生了广泛的社会影响。

近年来，围绕“阳光助残行动计划”和“弱势群体关爱计划”组织学生志愿者赴长安区特殊教育（残疾）学校开展送温暖“圆梦”活动，开展了保护母亲河、保护秦岭等一系列公益环保主题活动，坚持开展“实践归来话感受”等总结活动，使大学生在社会实践中思想情感得到熏陶、精神生活得到充实、道德境界得到升华。学校组建了“与祖国共奋进”延安榆林经济发展博士实践团、“瑞金之星”大学生骨干实践团、“重建新家园”西部地震灾区实践队等暑期社会实践小分队，参与学生万余人。

尤其值得一提的是，第三届中国“互联网+”大学生创新创业大赛由教育部、中央网信办、国家发展改革委、工信部、人社部、知识产权局、中国科学院、中国工程院、共青团中央和陕西省人民政府共同主办，西安电子科技大学承办，于 2017 年 9 月召开。“青年红色筑梦之旅”是第三届中国“互联网+”大学生创新创业大赛创新增设的两项同期活动之一。它旨在贯彻落实全国思政工作会议精神，将创新创业教育与社会主义核心价值观教育相结合，让更多的青年学子在助力延安精准脱贫、服务当地经济建设中体悟核心价值观的真谛。

这次大赛最大的亮点是，依托陕西丰富的红色教育资源，将创新创业与思想政治教育、国家乡村振兴战略，以及精准扶贫工作相结合，从而探索性地将学校已举办过 5 年的“走进梁家河、踏寻红色路”主题教育实践转化为“青年红色筑梦之旅”活动，开启大学生创新创业项目助力精准扶贫的“红色筑梦”实践育人新探索。

实践团围绕“青春之歌”“红色记忆”“筑梦踏实”三个主题，通过寻访梁家河、重走长征路、参观纪念馆、走访敬老院，实地感受了老一辈革命家伟大而艰辛的创新创业史。活动期间，大赛组委会还安排了部分重点项目深入延安市富县、洛川县进行对接考察，组织了大赛评委、投盟专家培训及专题辅导报告，举办了“互联网+”青年乡村创客论坛。17 个大赛项目与 19 个延安当地政府部门、学校、合作社、企业签订了 43 项落地合作协议，一批项目达成落地意向，至少帮助了 200 个建档贫困户。同时，大赛还推出了“百万青年点亮中国”线上平台，共计 129 万名青年学子通过网络，对接老区需求、献计扶贫开发。

作为活动的组织者，西电始终与延安市委、市政府以及参与项目团队保持沟通，并持续追踪签订协议情况。17 个大赛项目均已正式签约并完成落地。其中，蒜泥乐博创客教育向 5 所签约学校赠送了百余套 3D 打印笔套装，自 2017 年 9 月起已定期派专人前往 5 所签约学校开展创客教育帮扶合作。此外，蒜泥乐博还面向洛川县全县中小学校长及计算机、科学、信息技术等科目的教师开展了创客教育课程培训，并与洛川县石头镇小学签订了合作意向书。蒜泥乐博计划将红色创客科普行活动以每年定期帮扶 5 所学校的速度开展下去。“小满良仓”团队建设电商扶贫平台，着手开发以苹果、小米、绿豆为主，进行二次包装的延安特色农产品。

西电校友、“小满良仓”团队创始人张旺等实践团成员将“青年红色筑梦之旅”实践成果向习近平总书记做了汇报。2017 年 8 月 15 日，习近平总书记给第三届中国“互联网+”大学生创新创业大赛“青年红色筑梦之旅”的大学生回信，全文如下：

第三届中国“互联网+”大学生创新创业大赛“青年红色筑梦之旅”的同学们：

来信收悉。得知全国 150 万大学生参加本届大赛，其中上百支大学生创新创业团队参加了走进延安、服务革命老区的“青年红色筑梦之旅”活动，帮助老区人民脱贫致富奔小康，既取得了积极成效，又受到了思想洗礼，我感到十分高兴。

延安是革命圣地，你们奔赴延安，追寻革命前辈伟大而艰辛的历史足迹，学习延安精神，坚定理想信念，锤炼意志品质，把激昂的青春梦融入伟大的中国梦，体现了当代中国青年奋发有为的精神风貌。

实现全面建成小康社会奋斗目标，实现社会主义现代化，实现中华民族伟大复兴，需要一批又一批德才兼备的有为人才为之奋斗。艰难困苦，玉汝于成。今天，我们比历史上任何时期都更接近实现中华民族伟大复兴的光辉目标。祖国的青年一代有理想、有追求、有担当，实现中华民族伟大复兴就有源源不断的青春力量。希望你们扎根中国大地了解国情民情，在创新创业中增长智慧才干，在艰苦奋斗中锤炼意志品质，在亿万人民为实现中国梦而进行的伟大奋斗中实现人生价值，用青春书写无愧于时代、无愧于历史的华彩篇章。

这既是对第三届中国“互联网+”大学生创新创业大赛“青年红色筑梦之旅”的大学生的肯定和期望，也是对西电几十年如一日传承红色基因、技术服务国家和民族的做法的肯定和期望。

习近平总书记回信后，2017 年 12 月，由陕西省教育厅主办、西电承办的“服务乡村振兴战略助力精准扶贫——陕西青年红色筑梦之旅项目落地研讨会”召开。会议旨在推动“青年红色筑梦之旅”常态化，促进“青年红色筑梦之旅”项目落地转化、助力精准扶贫、促进老区经济转型升级。2018 年，教育部以“红色筑梦点亮人生，青春领航振兴中华”为主题，在全国组织开展“青年红色筑梦之旅”活动，在更大范围、更高层次、更深程度上推动创新创业教育与思想政治教育相融通，创新创业实践与乡村振兴战略、精准扶贫脱贫相结合，着力打造全国最大的高校思政课。

2018 年，西电开启了红色社会实践育人新篇章。①

（1）“青年红色筑梦之旅”在陕西。

暑期，学校团委启动了“红色筑梦”国内专项，引导广大青年带着创新创业项目、调研课题走进革命老区、贫困地区，2000 余名师生在助力脱贫攻坚中学思践悟。

为了帮助延安人民改善生活，西电创业团队“小满良仓”对接电商平台，打通线上销售渠道，开发出当地的特色农产品。累计为乡村培训两万余

---

① 参见孙海华：《“红色筑梦”实践育人　西电学子：出国门进老区入基层》，《中国青年报》2018 年 11 月 12 日。

名青年电商人才，帮助贫困地区销售农产品3500余万元。在延安市委市政府支持下，“小满良仓”还在当地建立“延安青年红色筑梦联盟”，为全国高校创客项目提供长期稳定的联络对接体系，以发挥辐射带动作用，帮扶推出一批品牌项目。他们在延安双创小镇建设起8000平方米的延安红色筑梦基地，作为联盟项目在延安的实践基地，吸引青年创客前往老区学习延安精神。

截至2018年，西电已在对口扶贫地区——蒲城县建立了22个“红色筑梦”社会实践基地，每年有20支实践队伍、200余名学子围绕社会调研、产业扶贫、教育扶贫、乡镇政府见习等主题，开展为期两周的实践活动。目前，共形成可行性调研报告10余篇、开展电商培训20余次，建立“红色筑梦”科技小屋4个。同时，首创“红色筑梦”“云支教”公益联盟试点，依托“互联网+”教育实践基地，为贫困地区开设“好名师”双师课堂、素拓双师课堂和“一对一”课外线上辅导等活动。可以说，红色筑梦、价值引领成为西电红色社会实践育人的品牌正逐渐走向深入，社会辐射作用越来越大。

（2）“青年红色筑梦之旅”在其他地区。

2018年7月，第四届中国“互联网+”大学生创新创业大赛“青年红色筑梦之旅”全国对接活动（江西）青年乡村创客集市签约仪式在江西省瑞金市举行。西电校长助理王泉与瑞金市副市长谢江溪签订了“西安电子科技大学—瑞金中等专业学校”对口帮扶意向协议，学校将通过互访交流、专业指导、资源开放等方式，从队伍建设、专业建设、信息化建设和职业学院筹建四个方面进行具体帮扶。西电“薇盾智能农业助手”学生创业团队与瑞金市农粮局签订合作意向协议，团队将利用“互联网+”的农业生产智能辅助系统，帮助瑞金市检测、调节农作物生长环境，提高农作物产量。

学校先后派出小满良仓、薇盾科技、享骑公益、驿学、童心公益、乐构、韶行教育科技等学生团队参加了“青年红色筑梦之旅”启动仪式（古田）、全国对接活动（江西、山东）、陕西“青年红色筑梦之旅”活动及

"科技小屋"农村科普教育帮扶结对活动等，预期落地签约项目 13 个。西电将大学承担的社会服务功能与人才培养结合起来，向社会展现了一所大学的使命担当。

二、"四个结合"方法

（一）学术研究和教育教学相结合

西电红色文化涵育社会主义核心价值观的工作是具有综合性和整体性的，并非就教育教学谈教育教学，简单而线性。学术研究是教育教学的持久动力，红色校史文化资源转化为教育资源的前提是挖掘、整理和研究出可资利用的资源。学校自 20 世纪 80 年代开始便提出传承红色校史故事，加强大学生思想政治教育，并着手校史资料的整理挖掘工作。与此同时，学校及时将校史资源转化为教育资源，修建校史馆、红色雕塑，开展红色主题教育活动，引导学生坚定理想信念，树立正确的价值观。党的十八大以来，学校深刻认识到以红色文化为载体开展社会主义核心价值观教育的重要性和紧迫性，开始自觉地谋划、部署，形成了红色文化涵育社会主义核心价值观的一揽子方案，涉及教育教学、文化建设、社会实践等各个环节，积极推动校史资源挖掘和研究与校史育人协同推进。同时，校史资源挖掘改变了过去专家和教师唱独角戏的情况，鼓励大学生参与进来，发挥学生的主体性，让学生在参与中体悟。学校档案馆、机关党委、马克思主义学院、党委宣传部等部门联合成立了"西电往事工作组"，由各部门派出人员率领学生对学校的老革命、老专家进行访谈，借以留住历史。

这样，一方面用学术研究滋养教育教学，提高红色文化涵育社会主义核心价值观的深度和水平，增强学生深层次的获得感；另一方面用教育教学牵引学术研究，在实践中落实和检验理论，提高红色文化涵育社会主义核心价值观研究的层次和水平。科学研究和教育教学双轮驱动、齐头并进、相得益彰，使得红色校史文化精神薪火相承，既具有历史价值，也具有时代魅力。

（二）学校引导和学生主导相结合

“思想政治工作从根本上说是做人的工作，必须围绕学生、关照学生、服务学生，不断提高学生思想水平、政治觉悟、道德品质、文化素养，让学生成为德才兼备、全面发展的人才。”① “围绕学生、关照学生、服务学生”也即是以学生为中心，尊重学生在教育教学活动中的主体性和创造性，形成激励学生自我教育的人才培养机制。

西电在利用红色校史文化开展大学生社会主义核心价值观教育的过程中，一方面强化了学校的引导，表现在：通过顶层设计，制定出红色校史文化涵育社会主义核心价值观的方案；通过整体部署，将方案转化为可以操作的任务布置给学工、教务、宣传部、马克思主义学院、档案馆等部门；通过出台政策及经费扶持等，保障方案的落实。另一方面，突出学生的主导地位，体现在：学生根据学校的要求自己制定活动方案，自己演绎或者讲述红色校史故事；学生自己采访革命前辈或者搜集资料，撰写红色校史故事或社会主义核心价值观教育相关文章；学生自己组建团队赴红色遗址考察，撰写心得体会；学生自己到革命老区做志愿者或开展创新创业活动。

可以说，西电利用红色校史文化开展社会主义核心价值观教育的最大特色就是尊重学生在教育教学中的主体性。学生通过参与相关活动收获颇多。2015 年春，经过多次讨论、论证，马克思主义学院确定了“红色文化与价值引领”社会实践教学主题，并在 2014 级全体本科生中实施。调研内容围绕红色遗址与社会主义核心价值观、英雄人物与社会主义核心价值观、红色精神与社会主义核心价值观、红色故事与社会主义核心价值观、红色校史与社会主义核心价值观、大学生红色文化认同状况调查与分析等。学生参与此

---

① 《习近平在全国高校思想政治工作会议上强调　把思想政治工作贯穿教育教学全过程　开创我国高等教育事业发展新局面》，《人民日报》2016 年 12 月 9 日。

项活动后纷纷感言：

“纸上得来终觉浅，绝知此事要躬行”。任何事情只有我们亲身经历去做了，才会真正体会到其中的价值。在调研过程中，我们遇到了很多困难，也产生了很多分歧，而这些在团队合作中都在所难免。最主要的是，我们深刻体会到了团队合作的重要性，形成了正确思考问题的方法，懂得了取人之长补己之短，增强了交流沟通能力，扩展了视野，也更让我们明白什么是坚持不懈的精神。红色文化是中国文化中重要的组成部分，学习经典与传承红色文化、践行社会主义核心价值观，不仅停留在课堂理论阶段，更应该注重实践。某种意义上说，我们在调研活动中坚持不懈、持之以恒，并不断克服困难奋勇前进，也是对红色精神的一种继承和发扬。而从这个意义上说，我们所做的这一切是多么的有意义。①

这段时间比较细致地了解了一下红色童谣的有关内容，我们感触颇深，童谣在语言上给人一种童稚的感觉，同时又富于音律，朗朗上口，将一个个的红色片段包含在这一个个的童谣中，这种爱国的满腔热血潜移默化地影响着一代又一代的中国人民。虽然在我们看来，语言并不是很优美，也没有流行歌曲那么绚烂，但流露出的情感却是最真挚，蕴含的力量最强大。抗日战争已经过去了很长时间，但红色的精神却永远地流传了下来，影响着无数人，激励着一代又一代人努力拼搏。我们作为肩负历史使命的大学生，愿为祖国发光发热。

经过这一次社会实践，明白了两件事：第一，要认认真真做好一件事情非常难。尤其是从策划、准备、讨论再到实行的过程，感觉很煎熬。在这段时间里疯狂地查找文献，写论文，还有发放问卷过程中遭遇

① 陈鹏联等编著：《红色文化与价值引领——优秀大学生社会实践报告集》，西安电子科技大学出版社 2017 年版，第 18 页。

的拒绝都相当令人疲惫。不过当中也收获了快乐，尤其是看到共同努力下出炉的成品，真的很快乐。第二，本次实践对我自己也是一次身心的洗礼。在童谣赏析和小组讨论的过程中，明白到当时的人们生活有多么不容易，但人们不仅挺过来了，而且是乐观、坚强地挺过来了，那么现在，衣食无忧的我们还有什么困难不能克服？有什么资格怨天怨地？我们还要懂得，身边的一切，当真来之不易。①

通过这些影视剧的调查和赏析，我们可以更直观地感受老一辈革命家的优良作风和优秀品质，通过回顾历史、接受红色文化的洗礼、学习革命精神、缅怀先烈，内化为践行社会主义核心价值观的强大动力。作为祖国未来的建设者，我们需要广泛传播社会主义核心价值观，营造良好的舆论环境，使其形成一种散发正能量的良好氛围，只有内化于心，才能外化于行。此外，需加快社会主义核心价值观的日常化，转化到人们的日常行为准则中，渗透到生活的各个方面，让人们随时随地感受社会主义核心价值观，不断深化对社会主义核心价值观的理解和认同，从而更好地践行社会主义核心价值观。②

著名教育家陶行知说："我们要活的书，不要死的书；要真的书，不要假的书；要动的书，不要静的书；要用的书，不要读的书。总起来说，我们要以生活为中心的教学做指导，不要以文字为中心的教科书。"通过参与社会实践，教会学生既能读有字书，也能读无字书，既能读静的书，也能读动的书，并能体悟做人做事的道理，进而涵养德性、净化心灵、提升自我。

（三）"思政课程"和"课程思政"相结合

习近平在全国高校思想政治工作会议上指出："要用好课堂教学这个主

① 陈鹏联等编著：《红色文化与价值引领——优秀大学生社会实践报告集》，西安电子科技大学出版社 2017 年版，第 44 页。

② 陈鹏联等编著：《红色文化与价值引领——优秀大学生社会实践报告集》，西安电子科技大学出版社 2017 年版，第 155 页。

渠道，思想政治理论课要坚持在改进中加强，提升思想政治教育亲和力和针对性，满足学生成长发展需求和期待，其他各门课都要守好一段渠、种好责任田，使各类课程与思想政治理论课同向同行，形成协同效应。”① 学术界一般将这段话解读为“思政课程”和“课程思政”相结合，合力推动立德树人。实际上，“思政课程”和“课程思政”相结合的教育思想早已有之，因为我们办的是社会主义大学，培养的是社会主义接班人，任何课程都具有立德树人的任务，只不过功能和形式不同而已。但是不容回避的是，专业课程、选修课程等在立德树人方面的功能被弱化了，一些任课老师受自由主义、历史虚无主义、民主社会主义等思潮的影响，在课堂上发表违反四项基本原则的言论，大大影响了党的形象，在学生中造成了不良影响。

西电红色校史的重要特点是，校史与党史、革命史、通信史紧密相连。学校是国内最早建立信息论、信息系统工程、雷达、微波天线、电子机械、电子对抗等专业的高校之一，开辟了我国 IT 学科的先河，形成了鲜明的电子与信息学科特色与优势。现有 2 个国家“双一流”重点建设学科，2 个国家一级重点学科（覆盖 6 个二级学科），1 个国家二级重点学科，34 个省部级重点学科，14 个博士学位授权一级学科，大都属于电子与信息学科。在全国第四轮一级学科评估结果中，3 个学科获评 A 类：电子科学与技术学科评估结果为 A+档，并列全国第一；信息与通信工程学科位于 A 档；计算机科学与技术学科评估结果为 A-档。学校电子信息类学科继续保持国内领先水平。

基于学校独特的校情、校史，“思政课程”和“课程思政”相结合，合力推动社会主义核心价值观教育就具有了优势。过去教师在讲《通信原理》时，一般会结合长征时期红军和国民党电台密码设置区别，以及首任校长王诤指导发明的“单项通信法”“插入通信法”“网络分割法”“盲收工作法”

① 《习近平在全国高校思想政治工作会议上强调 把思想政治工作贯穿教育教学全过程 开创我国高等教育事业发展新局面》，《人民日报》2016 年 12 月 9 日。

等通信联络法，阐释毛主席如何借助280余封电报，创造四渡赤水那样的战争奇迹；讲《天线原理》时，介绍在抗美援朝战场上，志愿军战士如何偶然发现天线埋在地下能够实现通信联络，以及军委工校教员接到上级命令，查资料、搞演算，对坑道天线的辐射机理、基本形式结构及如何架设等进行分析，最终给出理论解释的故事；讲授《雷达信号处理》时，将周总理当年如何亲自批准调动大连工学院（现大连理工大学）电讯系毕德显教授与211名师生加入军委工校（西电前身），创办新中国第一个雷达工程专业的故事融入其中；讲授《模拟电子技术》时，将校友罗霈霖院士在20世纪中期如何借助民主德国援华力量，建设华北无线电器材厂，实现新中国无线电元器件自主生产，最终助力原子弹爆炸和人造卫星上天的故事融入课堂。① 这是西安电子科技大学课程教学的优良传统。

另外，将红色校史中的通信故事与大学生自己的专业学习、职业规划和职业素养培育结合起来。红色文化融入社会主义核心价值观的教育最忌一味宏大叙事，不接地气，无比正确的道理到了学生那里，犹如铁锤砸在棉花上悄无声息。西电的校史和通信学科发展史、通信教育史是紧密结合的，红色校史上的教育故事既是学科史、教育史研究的重大课题，也是学生专业教育、职业规划教育的重要素材。在这样一所具有鲜明电子与信息学科特色与优势的学校，将校史教育与学生专业素养塑造结合起来无疑是正确的选择。教师或管理者在本科生中开展专业教育并帮助学生制定职业规划时，一般会将校史上的红色通信故事引入其中，阐释学员或校友是如何用技术服务国家和民族、谱写“永不消逝的电波”传奇的。这容易在学生中引起共鸣，也有助于学生正确选择自己的职业并规划好职业生涯。

这样，在西电红色校史文化涵育社会主义核心价值观的过程中实际上就形成了两条主线：一是作为主阵地、主渠道的思想政治理论课教学；一是作为重要阵地和渠道的专业课（包括选修课等）教学。在西电，独特的学科、

---

① 以上事例来自西安电子科技大学党委宣传部秦明老师的归纳和概括。

独特的校史使得这两条线的脉络非常清晰，历史悠久而特色鲜明。

（四）“面对面”和“键对键”相结合

作为电子与信息学科为特色的行业类学校，在大学生社会主义核心价值观教育方面的重要优势就是创新“互联网+社会主义核心价值观教育”模式，既发挥电子信息学科的技术优势，又体现西电红色校史的历史优势，并用互联网技术激活红色校史基因使之时代化，让大学生更乐于接受。早在网络思政提出之时，西电就按照“做好网络环境下的‘信息对称’，确保校园网正确舆论导向”的思路，持续跟踪网络新媒体发展动态，先后利用 QQ 群、SNS 社交网站和微博客等开展大学生思想疏导，取得了积极成效。教育部 2011 年第 51 期加强和改进大学生思想政治教育工作简报，以《西安电子科技大学多措并举，积极探索网络思政新方法》为题，专题报道了学校网络思想政治教育工作开展情况。

2015 年，教育部思想政治工作司下发了《教育部思想政治工作司关于开展第二批高校网络文化建设专项试点工作的通知》（教思政司函〔2015〕44 号），公布了第二批高校网络文化建设试点单位（全国共计 15 家），西电名列其中。2017 年，教育部思想政治工作司、中央网信办网络社会工作局联合主办第二届“全国高校网络宣传思想教育优秀作品推选展示”活动，西电获优秀案例一等奖 1 项、二等奖 1 项，优秀网络文章三等奖 1 项，微作品优秀奖 1 项。官方微信平台多次跻身《中国青年报》全国高校微信公众号排行榜十强；团委负责的“西电青年”微信公众号在人民网舆情监测室、中国青年报、中国教育报联合新媒体指数发布的“全国政务微信影响力排行榜”中多次位居全国首位。

网络文化产品数量和质量显著提升。以“西电往事”为主的红色故事系列报道，截至 2018 年元月，已由前期的“西电往事”和“西电校友”两个序列，扩展至 10 个序列，累计刊发报道 450 余篇，通过学校的新闻网、微信、微博等各类媒体平台进行立体传播，仅校内点击量就超过了 150 万人次。系列报道自推出以来，多篇报道被《中国教育报》《中国科学报》《中国青年报》《西安日报》等选用，“挖掘红色资源，加强核心价值观教育”入选教育部社会主义核心价值观教育典型案例，“写好校园暖新闻传播道德正能量——通过有温度的文字和故事弘扬核心价值观”获陕西省委高教工委“培育和践行社会主义核心价值观”优秀案例一等奖。

纪念长征胜利八十周年时，马克思主义学院与校团委旗下的西电青年微信公众号、西电学生报社、西电之声广播站、西电 POD 影音工作室、GEEKWork 创意工作室、西电 Myouth 工作站等相互合作，开展微宣讲、微推送活动。据统计，Myouth 平台 2016 级新生入驻率达到 80%，西电青年微信公众号平台粉丝数达到 2.8 万人，覆盖 90%的共青团员。同学们亲身参与采集、制作、传播长征故事，通过鲜活生动的网络图文、H5、视频、漫画等“好玩法”，让更多西电青年认识了 80 年前和他们一样热血青春的同龄人，进而感染和吸引更多青年用指尖“触摸热血青春、传递长征火种”。

西电作为具有鲜明电子与信息学科特色和优势的行业类大学，适应“微时代”大学生成长成才和学习教育规律，在红色校史文化融入社会主义核心价值观教育方面开创了一条新路。

三、“四大保障”体系

（一）体制保障

学校成立了由校党委书记任组长、校党委副书记具体负责，党政办公室、组织部、宣传部、学生工作处、研究生工作部、教务处、财务处、校团委、武装部等部门组成的大学生思想政治工作领导小组，将利用红色校史资源开展社会主义核心价值观教育纳入大学生思想政治教育整体规划。领导小组统筹规划，做到目标明确、思路清晰、任务具体、措施到位，各部门相互配合形成合力。

为了贯彻落实习近平总书记全国高校思想政治工作会议讲话精神，学校整合各类资源于 2017 年成立了文化与价值研究院，旨在梳理西电蕴藏的红色文化资源，并将之转化为马克思主义理论研究资源和思想政治教育教学资源，打造马克思主义理论学科特色研究方向，创新思想政治理论课教学模式；整合校内红色文化研究、教育、宣传力量，形成红色文化涵育社会主义核心价值观教育的合力；建设富有特色的高水平智库，提高西电服务经济社会发展的能力。

文化与价值研究院的结构设置：传统文化与中国人的信仰研究所，旨在研究优秀传统文化蕴含的智慧及创造性融入时代精神的塑造理路、方式；红色文化与价值引领研究所，旨在研究红色文化涵育社会主义核心价值观的学理基础和长效机制；数字文化与马克思主义大众化研究所，旨在研究大数据时代马克思主义大众化传播的规律和方式。文化与价值研究院承担四项任务。其一，构建红色文化资源数据库。整理西电蕴含的红色文化资源，建立西电红色文化资源数据库；与陕西省党史办、西安市党史办合办，建立陕西红色文化资源数据库。其二，深化马克思主义理论学科特色研究。具体方向包括：红色文化涵育社会主义核心价值观研究；红色文化与中国文化软实力提升；红色文化与中国文化自信心的构建；红色文化与中国特色社会主义话语体系的构建等。其三，以红色文化传承作为特色创新思政课教学模式，形成红色文化全方位、全过程融入思想政治理论课的方案和机制。其四，推进红色文化普及。与陕西省社科联联合，创建红色文化传承与普及基地。

同时，为了发挥陕西省作为红色历史文化资源富集区的优势，整合陕西省红色文化教育资源，西电与相关机构建立协作研究机制，合力推进红色文化育人工作。2015 年 10 月，西电与陕西省文物局协商共同推动西电校史文化研究、红色校史遗迹保护、校史馆、电子信息博物馆建设等工作。2016 年 7 月，西电同延安大学、陕西学前师范学院签订战略合作协议，联合构建红色文化与社会主义核心价值观代际传承教育体系的战略合作框架和平台。通过战略合作和平台建设，旨在实现平台共建、资源共享、协同创新、合作共赢，提高红色文化传承与大学生社会主义核心价值观教育的成效，开创红色文化“铸魂工程”的新模式、新经验和新成果。另外，马克思主义学院还和陇东学院、南梁红色景区建设管理局、南梁干部学院等建立合作机制，共同开展红色历史文化、红色文化育人方面的研究。

（二）制度保障

构建一套系统完备而行之有效的制度体系，明确红色校史文化涵育社会主义核心价值观的原则、要求以及管理部门、教师、学生等的职责，构建红色校史文化涵育社会主义核心价值观的长效机制。将红色校史文化涵育社会主义核心价值观的理念写入学校章程、进入本科人才培养方案。为落实《中共中央办公厅关于培育和践行社会主义核心价值观的意见》（中办发〔2013〕24号）和《中共教育部党组 共青团中央关于在各级各类学校推动培育和践行社会主义核心价值观长效机制建设的意见》（教党〔2014〕40号），学校出台了《西安电子科技大学培育和践行社会主义核心价值观长效机制建设的意见》，对于红色文化如何融入学校社会主义核心价值观教育进行了具体部署。

在思想政治理论课建设方面，提出：充分发挥思想政治理论课、形势政策课的主渠道作用，推进“西电红色文化传承与当代育人模式”研究，建设红色教育资源库；出版《西电红色校史进思政课案例库》等具有西电特色、时代特征的思想政治理论课教材，制作以“西电精神和西电故事”为主题的微视频、微课程并纳入教学体系，增强说理性和说服力。

在校园文化建设方面，提出：与核心价值观教育相结合，挖掘西电红色文化资源及师生、校友和校园生活中的真善美，突出典型引路，保存好学校历史，增强西电人的凝聚力和自豪感；成立“西电往事”工作组，做好红色历史资源的收集、抢救工作，面向离退休老同志推出征文、访谈活动；成立“西电校友”工作组，走出校园积极赴各地拜访、采访知名校友，分享校友的成长经历、母校情怀、励志故事等，形成专访稿件，以专栏形式在校内媒体上予以刊载；建设西电红色文化资源库和数字校史馆；深入挖掘校训、校歌传递的价值内涵和文化底蕴，开展“铭记校训、传唱校歌”主题活动。

另外，学生工作部门还下发了《“践行核心价值观、聚力实现中国梦、争做栋梁人才”主题教育活动实施方案》和《本科生诚信教育实施方案》。对照培育和践行社会主义核心价值观要求，制定了《本科生考试纪律与学术规范》《大学生诚信公约》《学生宿舍文明行为公约》《学生诚信档案管理办法》等规范制度。将开展核心价值观教育活动纳入学院党委年度综合考核内容，制定考核实施细则，建立健全工作检查、督促和考核机制。同时将“三爱三节”及诚信状况纳入学生综合素质模块化测评体系，并作为评奖评优的重要依据。

实现社会主义核心价值观教育长效化的根本保证是制度，因为制度是管长远的。通过将红色校史文化涵养社会主义核心价值观教育制度化，能够更加聚焦红色文化涵育社会主义核心价值观的关键问题，更加明确教师、管理者、学生各自的责任和要求，更能保证各项活动落地生根。

（三）队伍保障

形成了涵盖思想政治理论课八支队伍的支持体系，保证红色文化涵养社会主义核心价值观教育入脑入心。

其一，主体队伍。主要是指马克思主义学院教师、研究生以及学工系统管理者、辅导员等，它们是红色校史文化研究、宣传的主力军。马克思主义学院将红色文化与社会主义核心价值观列为马克思主义理论一级学科下思想政治教育二级学科特色研究方向，并组织教师和研究生开展持续性研究。另外，马克思主义学院将红色校史文化融入思想政治理论课教学创新教学模式，所有教师均参与了此项工作。学工系统的管理干部以及辅导员积极开展红色校史文化融入思想政治教育、党的建设和社会主义核心价值观教育的研究，组织红色文化融入思想政治教育、党的建设和社会主义核心价值观教育等活动，他们也是稳定可靠的依靠力量。

其二，辅助队伍。主要是指档案馆、宣传部人员以及其他职能部门人员，特别是离退休老革命、老专家和老工人。近年来，随着党和国家对革命文化、文化自信、文化软实力等的重视，红色校史文化育人的时代化成为学校共同的责任和使命，各单位认真思考红色校史文化在当代的育人价值，或开展红色校史文化育人研究，或开展红色文化主题教育和党建活动，丰富了校史文化育人的形式。他们是不可或缺的力量。

另外，学校还通过名人名家讲座、泮镐论坛等形式，邀请国内外知名专家、学者到学校做红色文化传承和社会主义核心价值观教育方面的讲座，他们也形成了一支队伍。

（四）经费保障

红色校史文化涵育社会主义核心价值观教育是本科教育质量提升工程的重要课题，是学校教育教学改革的重要内容，学校专门划拨经费予以扶持。2012 年以来，学校总共投入 2000 多万元经费开展红色校史育人相关工作，包括修建红色雕塑、开展学生红色主题社会实践活动、支持教师开展红色校史文化“三进”研究与教学改革以及采访校史人物等。充足的经费保障了西电红色校史文化融入社会主义核心价值观教育的全面性。

第四节　基本经验

红色文化融入学校社会主义核心价值观教育的案例并不鲜见，但是西电将红色文化融入学校社会主义核心价值观教育则具有自身的优势。政治学家维尔曾经指出：“对某一地区或某个社会集团的认同感，向来是人们忠于自己的政治理想、采取政治行动的一种最强大的动力。”① 西电与红色历史资源富集区或者其他地区的学校不一样，它自身就是丰富的红色历史资源宝藏。西电校史是中国共产党波澜壮阔的革命史、艰苦卓绝的奋斗史的缩影，西电精神是苏区精神、长征精神和延安精神的浓缩。对于大学生而言，听着校长、教员、学员书写的青春故事、革命故事，能够在油然而生的自豪感中增进情感认同，在自觉产生的赞叹敬佩中形成价值认同。在长期的实践中，形成的基本经验如下。

一、革命传统和时代精神相结合

习近平总书记强调要激活红色基因。所谓“激活红色基因”至少蕴含几层意思：其一，红色基因是与生俱有的，但存在状态可能是留于历史中的，或者写在纸上的；其二，红色基因要焕发生命力，必须注入外力，使红色基因与时代、实践相结合，转化为外显的力量；其三，激活红色基因的目的是传承和发扬红色文化和红色精神，延续红色血脉；其四，激活红色基因有方法论要求，如何激活是个技术问题，需要方法、手段、方式的创新。

红色校史文化涵养大学生社会主义核心价值观教育是激活红色基因的集中体现。红色校史文化是传统的东西，是围绕“革命”主题的集体记忆，是过去时的；社会主义核心价值观是党的十八大提出的，是围绕“建设”主题的战略思想，是现在时和未来时的。红色校史文化涵养社会主义核心价值观就是把革命传统和时代要求结合起来，将过去与现代、历史与未来联结起来，用历史启迪未来，并赋予历史新内涵。西电利用红色校史文化开展大学生社会主义核心价值观教育的重要特点是将红色校史文化的传承和立德树人结合起来，在新的时代背景下赋予红色校史文化生命力，孕育新时代的红

① ［英］维尔：《美国政治》，王合、陈国清、杨铁钧译，商务印书馆1981年版，第27页。

色故事。

比如，西电精神传承方面。西电精神的表述为艰苦奋斗、自强不息、求真务实、爱国为民。从文字的表述可以看出，西电精神的根脉是红色的、革命的，是红色校史精神的凝练和升华，是西电人精神气质和品格的高度概括。它产生于战争年代，一直延续至今。今天的西电在西部大地上用自己的行动赋予了西电精神以时代内涵。1958 年，学校响应国家西部开发和新时期国防建设的需要，从塞北重镇张家口迁驻西安，开启了扎根西部育人育才的办学征程。迁校西安 60 年来，学校秉承“全心全意为人民服务”的办学宗旨，坚持“立足西部、育人育才、强军拓民、服务引领、团结实干”的发展思路，传承红色基因、发扬优良传统，艰苦奋斗、自强不息，走出了一条技术服务国家和民族、助力中国梦实现的道路。

60 年矢志不渝，60 年薪火相传，贯穿始终的是一代代西电人“全心全意为人民服务”、始终与国家民族同呼吸共命运的使命担当。从创造第一台气象雷达、第一套流星余迹通信系统、第一台可编程雷达信号处理机、第一台毫米波通信机、第一套三坐标相控阵雷达等全国多个第一，到牵头承担“973”、“863”等多个重大项目，再到参与反隐身雷达、预警机、航母雷达、中国“天眼”FAST、嫦娥探月、第三代宽禁带半导体材料研制等多项重大工程，都闪烁着西电人的智慧光芒，展现着西电人深厚的家国情怀。

西电人用行动诠释了人民立场、家国情怀，书写了扎根艰苦地方办大学的辉煌篇章。60 年来在陕招生总数 4.15 万人，占 60 年招生总数 16.6 万人的 1/4，而留陕学子达到 6.8 万人，超过在陕招生人数的 1.5 倍。陕西省委书记、省人大常委会主任胡和平在西电纪念迁校 60 周年时说：“陕西的发展，西安电子科技大学贡献卓著，功不可没。”这是对西电秉承艰苦奋斗、爱国奉献精神扎根西部办大学的最好肯定。

再如，实践教学方面。革命战争时期，学校的专业设置、教学内容、教学方法都围绕着培养战争所需实用性技术人才目标展开，规定全部教学时间的一半用于实习，要求学员实习合格才能毕业，以保证走上工作岗位后就能独立工作，这是革命战争年代理论与实践相结合的传统。今天，“知行合一、学以致用”已经成为学校教师与学生的共识。学校除了在教学方面推行教学相长、学研互动外，还狠抓课外科技活动和社会实践两个平台建设，为培养学生的创新精神和实践能力提供了广阔的空间。经常化、基地化、规范化的大学生课外科技活动成为学校的特色工作。

西电制定了《西安电子科技大学关于深化创新创业教育改革的实施方案》，在国内率先开展了电子信息类大学生“技术创新者”的创业教育理论研究，首创了“六要素三结合一循环”① 的创新创业教育新模式，构建了“四进四出”② 的人才培养体系，形成了“三级三引”③ 的管理机制，实现了创新创业教育对大学生学业生涯的全融入、全覆盖。

学校面向学生开放了 37 个国家和省部级实验室、研发中心，在校内集中建设了 1000 平方米的创客工作坊、创业苗圃，促进创意产生、产品落地，帮助项目获得政府和社会资金支持。现在学校每年有 1.3 万余名大学生参与 3500 多个创新创业项目。此外，学校还面向学生开设了近百门与创新创业相关的课程，聘请柳传志、杨少毅等 110 余位优秀企业家担任创新创业导师，确保创新创业教育覆盖全体学生。针对自主创业的学生，实行“弹性学习年限制度”，休学创业时间最长 2 年；设立“创新创业校长基金”1000 万元，扶持处于种子期和初创期的创业团队。

据初步统计，在 2013—2016 年间，西电学子共获得省级以上奖 1984 项，其中国际奖 165 项、国家级奖 284 项、优秀组织奖 25 项，已孵化出蒜泥科技、小满良仓、慕声科技、鲲鹏易飞无人机等 70 余支学生创业团队，

---

① “六要素”是重课程、建教材、强师资、设项目、筑基地、促保障；“三结合”是课内与课外、校内与校外、创新与创业结合；“一循环”是指创业实践团队、高校、企业之间围绕项目需求而进行的技术创新创业实现良性互动。

② “四进四出”是指进方案、进课堂、进教材、进头脑，出创意、出创新、出发明、出人才。

③ “三级三引”是指学校、学院、班级三级众创空间，“第二张成绩单”、学分认定和转换办法、“弹性学习年限制度”三项引导措施。

累计获得风险投资超过 3 亿元。于 2017 年入选教育部首批“全国深化创新创业教育改革示范高校”，同年入选第二批国家双创示范基地，是电子信息领域唯一入选高校，同时也是西北地区唯一入选高校。

春华秋实，硕果累累。经过多年的努力，西电在各类学科竞赛中表现优异。2019 年 2 月，中国高等教育学会在杭州正式发布 2014—2018 年中国高校创新人才培养暨学科竞赛评估结果，西电排第 26 位。单以“互联网+”大学生创新创业大赛来看：首届中国“互联网+”大学生创新创业大赛西电获两金一铜，金奖数量并列全国高校第二；第二届中国“互联网+”大学生创新创业大赛西电获一金两银一铜，获得高校先进集体奖；第三届中国“互联网+”大学生创新创业大赛西电获三金一银，金奖数量位列全国高校第一；第四届中国“互联网+”大学生创新创业大赛西电获三金，金奖数量并列全国高校第三。各类学科竞赛获奖从某种程度上反映了西电延续重视实践育人的传统，在新时代创造的留下历史印记的新成绩。

二、典型示范和全面推进相结合

西电红色校史文化涵养社会主义核心价值观教育是通过典型示范和全面推进相结合的方式，由点及面、循序渐进展开的。

（一）典型示范引领

1. 终南文化书院

学校于 2010 年组建了终南文化书院，旨在培养理想信念坚定、德性修养高尚、人文素养深厚、人格健全完善的民族精英和行业领袖。学校高度重视书院的发展，校长郑晓静院士担任首任院长，校党委书记陈治亚教授担任首任理事长，建立了理事会和院务会的组织运行机制，并配套设有专门教学设施和活动场所。书院聘请 50 余位国内外知名专家学者与杰出校友担任文化导师，面向全校创办人文研修班，开展中华文化价值教育工程，开设红色经典课程，举办专题讲座，培养红色传人。

（1）构建以经典教育为核心的红色文化传承体系。包括开设《红色文化经典导读》课程，系统讲读红色文化的精义并阐发其现代价值，提高大学生的理论素养；创建“名人名家报告会”“华山学者论坛”“博雅讲坛”等报告体系，从红色文化传承、社会主义核心价值观培育、德性养成等角度阐发红色文化的当代价值，增加大学生的价值自信；举办“读书沙龙”，师生共同研读红色经典，激发学生自主探索的精神；开展“艺术传唱”传播经典，以学生喜闻乐见的方式将红色经典以诵唱、器乐、舞蹈、书法等形式展现出来，打造了《红旗颂》《瑞金之星》《黄河大合唱》等一批具有西电特色的高雅文化品牌，提升学生的审美情趣。

（2）构建以对话形式为特色的精神价值引领体系。举办“信仰对话”活动，通过邀请老战士、老教授以亲历者的身份与学生展开互动式交流，或者党史、校史研究者就现实生活中与网络媒体上大学生普遍关注的热点难点问题展开明辨式对话，使学生在互动交流中增进对红色精神的理解、认同；举办“道德对话”，结合红色故事、红色人物，就“爱国”“敬业”“诚信”“友善”等社会主义核心价值观的个人层面要求展开情境式对话，就“慎独”“自省”“成己”“成物”等中华传统美德展开切己式对话。通过系列对话活动使学生明辨是非、坚定理想信念、崇德向上，增强道路自信、理论自信和价值自信。书院学生创办《信仰》电子杂志，定期发行，提升了学生的正知正念与正能量，涵养了社会主义核心价值观。

（3）构建以培育工程为载体的红色文化教育体系。以弘扬中华优秀传统文化为主线、以培育社会主义核心价值观为导向、以红色教育为特色，实施了“中华优秀文化传承工程”“社会主义核心价值引领工程”“学生党员先锋工程”“青年马克思主义者培养工程”等系列“铸魂工程”，通过课堂讲授、自主学习、网络教育、社会实践等多种形式，以专题化、模块化、分众化的方式，有针对性地培养红色文化传人。

以终南文化书院为载体的红色传人实验班的创建，探索和总结以红色文化涵养高校社会主义核心价值观教育的一般性做法并上升为规律，为在更大范围科学化、精准化、规范化推进红色校史文化涵育核心价值观工作创造了条件。

2. 红色朝阳班

“红色朝阳班”是由微电子学院 2017 级学生创立的先进学生班。该班打破了原有班级的界限，广泛吸纳学院内部追求思想进步的同学，以中级党校培训为载体，以朝阳之光、朝阳之声、朝阳行动、朝阳先锋为主题，通过开设红色主题教育、理想信念教育、社会主义核心价值观教育等方面的课程和讲座，创建出国交流、社会考察、社团锻炼、实践调研等实践形式，锻炼学生、提升学生，培养一批具有担当意识、领袖气质、人文底蕴、创新精神的优秀青年学子和社会主义事业接班人。该班以学员入学后递交第一份入党申请书为入班资格，以新生入学后的第一次新生入党启蒙课为开班第一课，从入学一开始就帮学生系好第一粒扣子。

红色朝阳班现有学员 171 人，其中预备党员 1 人，党员发展对象 17 人，共青团员 161 人。红色朝阳班建立了以班委服务团队为核心的自我教育和管理体系，倡导“以人为本、以班为纲、服务同学、共同进步”，确立了“红色朝阳，引领方向；心中有党，勇往直前”的班训，提出了四大行动方向，包括：朝阳之光——学习政治理论，坚定正确政治方向；朝阳之声——引导学生关注时事政治，并学会发声、敢于发声；朝阳行动——理论联系实际，将所学理论转化为实际行动；朝阳先锋——实施“亮身份、立标杆、树形象”党员先锋工程，发挥党员先锋模范作用。

所开展的部分工作有：举办习近平新时代中国特色社会主义思想学习和研究会（每周一次）、“我与十九大，新梦想，新发展”主题演讲比赛、“学回信，做‘三有’西电人”主题研讨会；开展“我与十九大”手抄报制作、参观杨虎城烈士陵园、大居安支教等活动；创建“微院 2017 不一 young”公众号，设立“微歌声”（用歌声表达爱国主义情怀）、“微党课”（讲好党的故事，传递党中央的精神）、“微讲述”（铭记社会使命，增强爱国情怀）

等板块；等等。

红色朝阳班以学生自我组织、自我教育为主，是红色文化涵养高校社会主义核心价值观教育的“微载体”。经过一年多的探索，效果明显：学员学业及格率为100%，“四个自信”明显增强（思想状况滚动调查结果显示），学生的综合素质明显提高。

（二）榜样引领

西电延伸着中国高校最长的红色血脉，涌现出王诤、刘寅、涂作潮、李白、张露萍等英雄模范和杰出人物。西电也是中国电子信息领域科学研究和人才培养的核心基地，培养出了20余万名IT领域的高级人才、17位院士、行业领军人物和政府领导者，以及一大批杰出企业家。他们中的杰出代表有中国航天运载器总体及控制系统领域学术带头人包为民、神舟飞船通信系统总设计师杨孟飞、天宫一号总设计师杨宏、中国探月与航天工程中心总工程师和火星探测任务工程总设计师张荣桥、国际顶尖纳米科学家王中林院士、中国“创业之父”柳传志等，他们是艰苦奋斗、自强不息的西电故事的书写者，是西电青年学生学习的楷模。

学校注重优秀人物的示范引领，点亮青年学生践行社会主义核心价值观的导航灯。通过座谈会、报告会、研讨会、事迹短片等多种形式使先进典型人物的形象更加饱满，发挥典型引路、榜样育人的示范作用。学校曾经邀请王铭慈、蒋炳煌、井连庚等革命前辈讲自己亲历的革命故事，以及西电自己书写的红色通信故事，增强学生的道路认同、政治认同和价值认同；邀请刘嘉相、董建中、李文朴等校史编研者讲述校史编写过程中的故事，增进学生对校史文化的认同；邀请柳传志、包为民、杨宏等知名校友回学校做讲座、报告，讲述新时代的中国故事、航天故事，增进学生的职业认同、价值认同。

另外，还注重用朋辈书写的故事教育学生。一是实施“学生党员先锋工程”。选拔高年级优秀学生党员组成“我与西电共成长”优秀党员巡回报告团，推动学生党员以身作则、带头践行社会主义核心价值观。二是加强典型选树。开展“基础文明标兵、学风建设模范、服务同学先锋”“身边好同学”“践行核心价值观青春楷模”等选树先进典型活动。三是发挥引领作用。通过校内各类媒体大力宣传道德模范和先进典型，激励广大学生崇德向善、见贤思齐，努力形成积善成德、明德惟馨的良好风尚。

（三）全面推进

经过多年的探索，西电红色校史文化涵养社会主义核心价值观教育工作形成了一套成熟完备、系统规范、行之有效的做法、制度。无论是在烽火战争年代，还是在和平建设时期，加强以理想信念教育为核心的红色传统教育，一直是学校思想政治工作的重点。建校伊始，学校便将共产主义战士培养与专业技术人才培养紧密结合起来，专门开设以理想信念教育、革命教育为主的政治课程，毛泽东、朱德等老一辈革命家亲自授课。多年来，学校在发展壮大的过程中，始终不忘肩上的历史使命，始终不丢革命优良传统，将红色资源中蕴含的理想信念、民族精神、道德风尚贯穿于教育教学内容中，使学生直观、形象、生动地接受红色文化的感染和熏陶。这里有中国大学最长的红色根脉，生命的 DNA 浓缩着燎原星火。征程上高举着镰刀斧头的旗帜，校史中传递着永不消逝的电波。经过几十年的积淀，学校已经形成了红色校史引领学生价值观教育的一套系统做法。

进入新时代，在校长基金的支持下，学校启动了“西电红色文化与社会主义核心价值观育人模式研究”，依托马克思主义学院开展相关学术研究并将研究成果融入教育教学。另外，还启动了“西电往事”和“西电校友”系列报道，后又延及“西电教师”“西军电文库”等 10 个序列。可以说，红色校史文化与社会主义核心价值观的相关研究在学校中蔚然成风，无论是思想政治理论课教师、马克思主义理论专业的研究生还是管理者都有相关成果产生；红色校史文化涵育大学生社会主义核心价值观的实践随处可见，涌现出的榜样人物层出不穷；红色校史文化涵育大学生社会主义核心价值观成为西电立德树人的品牌，越来越被关注。根植红色基因的西电文化的这一抹“天然红”浸入到西电校园的每一个角落，影响着每一位西电人，散发出无比的生机活力。正如中国科学院院士包为民校友所说：纵使环境再改变，依然不变的是“艰苦奋斗、自强不息、求真务实、爱国为民”的西电精神。

三、立足学校和服务社会相结合

我国高等教育发展方向要同我国发展的现实目标和未来方向紧密联系在一起，为人民服务，为中国共产党治国理政服务，为巩固和发展中国特色社会主义制度服务，为改革开放和社会主义现代化建设服务。我国高等教育本身承担着人才培养、科学研究、社会服务、文化传承创新、国家交流与合作等基本职能。所以，无论是从我国高等教育发展的目标，还是从我国高等教育承担的职能看，社会服务都是大学的重要职责和使命。

西电利用红色校史文化开展的社会主义核心价值观教育是具有开放性的，它将立足本校育人和服务社会文化建设结合起来，既承担起人才培养的崇高使命，也承担起服务社会的重要职责，并且在人才培养中体现社会服务要求，在社会服务中体现人才培养要求。具体而言，体现在两种形式上：

一是发挥学术优势，研究成果辐射社会。发挥学校红色文化与社会主义核心价值观研究的优势，实现研究成果辐射社会的功能。2017 年 7 月，马克思主义学院立足西电文化优势，以文化与价值研究院为载体，以传统文化、红色文化和数字文化涵养社会主义核心价值观教育为主要方向，申报了第三批陕西省社会科学普及基地。2018 年 3 月，文化与价值研究院获批陕西社科普及基地。该基地的宗旨是以习近平新时代中国特色社会主义思想为指引，牢牢把握正确的政治方向，结合各自特点，发挥优势，紧密结合陕西经济社会文化发展实际，开展形式多样的科普活动，积极传播社会科学知识，充分发挥“示范、带动、辐射”作用，为践行社会主义核心价值观、提高公众思想道德和科学文化素质，实现陕西追赶超越和“五新”战略任务提供智力支持。

基地的主要职能有：

其一，发挥西电信息学科优势，探索“互联网+红色文化普及”的模式，完善红色文化与价值引领主题教育网站，建设“信仰的力量”微信公众号平台，提高红色文化宣传教育的受众面和广泛性。

其二，以红色文化传承为特色创新高校思想政治理论课教学模式，创建在全国具有影响力的思想政治理论课教学品牌，并通过网上课堂的方式，将红色文化融入课堂教学的方式传播开来，为其他高校以红色文化为载体提高思政课教学实效性提供参考，进而影响更多的青年学子。

其三，发挥高校学术研究的优势，以红色文化研究教育中心为依托，深化红色文化与社会主义核心价值观、文化软实力和文化自信等的研究，并将研究成果通俗化表达，在相关媒体发表。另外，定期出版红色文化研究和教育方面的书籍，扩大学术影响和宣传效果。

其四，发挥自身资源优势，通过宣传挂图、展板、录像片、宣传册、网站（专栏）和讲座、培训、竞赛、表演、咨询等多种形式和方式，积极推动社科普及活动经常化、制度化。

其五，大力配合、支持当地社科联工作，积极参加全省和本地区的社科普及活动，在每年全省性“社会科学普及周”等活动期间至少组织开展 2 项以上大型社科普及活动。

其六，加强与当地社区、乡村、学校、机关、企事业单位、社会团体、新闻媒体等的联系与合作，更好地发挥示范基地的带动和辐射作用，共同推进社科普及工作。

最终，推动红色文化融入社会主义核心价值观的教育走出校园，辐射更多的人，在整个社会传递正能量。

二是传承红色传统，技术服务社会。前面已经提过，包括“阳光助残行动计划”“弱势群体关爱计划”“青年红色筑梦之旅”等活动，通过发挥学生智力和技术优势，发扬技术服务国家和民族的优良传统，续写红色青年故事。

第五节 取得成效

经过持续多年的努力，西电形成了红色校史文化涵育大学生社会主义核心价值观的普遍做法，积累了红色校史文化涵育大学生社会主义核心价值观的诸多经验，走出了一条具有自身特色的人才培养之路。

一、各界评价

通过设计问卷对必修过思想政治理论课的五届共6000名学生进行调查，发现96.23%的学生对将红色校史引入思想政治理论课教学表示认同，89.16%的学生认为将红色校史引入思想政治理论课教学确实提高了教学的针对性和说服力，91.48%的学生认为将红色校史引入社会主义核心价值观教育能够增加对核心价值观的认同，94.12%的学生在阅读红色文化传承主题网站后表示受到教育，86.84%的学生认为红色文化主题社会实践活动能够增进价值自信。

新华社记者对学生的访谈，从侧面说明了将红色校史引入社会主义核心价值观教育的效果。原文为：数学与统计学院2014级研究生刘加会认为，老师把校史穿插于课堂教学中，让自己觉得教学案例离自己特别近，有亲近感，更容易接受，也更容易有共鸣。通信工程学院2013级学生张宏杰在观看完《走近王诤》纪录片后，说："老校长的奋斗历程让自己明白了校歌中的那句话'与共和国同行'，觉得中国梦、西电梦和个人梦是一致的，对自己震撼很大。"终南文化书院2013级学生邢志伟在参与社会实践调研后，感慨良多："只有亲身实践才能更深刻地理解核心价值的内涵和意义，才觉得要跳出自己狭隘的认识站在国家和民族的角度看待核心价值观。”①

2016 年华中科技大学院校发展研究中心发布《西安电子科技大学本科生学习与发展调查问卷》的数据显示，西电学生对“学校注重学生爱国进取精神的培养”认同度高达 98%，反映出学生明显感受到西电红色传统对自身发展的影响，同时对注重“创新能力”“学科知识”“实践能力”培养认同度也分别达到 93%、96%、94%。2018 年华中科技大学院校发展研究中心发布《西安电子科技大学本科生学习与发展调查问卷》的数据显示，西电学生在校期间受教育的获得感排序为爱国进取精神 > 创新思辨能力 > 学科知识 > 实践能力，爱国进取精神位居第一，且数据比 2016 年有明显提高。这一组数据充分显示学校在学生“育德育心育行”方面卓有成效。

二、相关成果

表 6-5　获得荣誉

时　间	名　称	说　明
2014 年 10 月	《挖掘红色资源，加强核心价值观教育》	入选教育部社会主义核心价值观教育典型案例
2015 年 10 月	《红色文化传承主题实践团》	团中央 2015 年全国大中专学生“三下乡”社会实践活动优秀团队
2015 年 11 月	《写好校园暖新闻传播道德正能量——通过有温度的文字和故事弘扬核心价值观》	陕西省委高教工委“培育和践行社会主义核心价值观”优秀案例一等奖
2015 年 12 月	《以红色文化传承为特色创新高校思想政治理论课教学模式》	陕西省优秀教学成果一等奖
2015 年 12 月	《红色文化与高校社会主义核心价值观教育的契合性及其改善措施》	中国电子教育学会思想政治教育分会思想政治教育研究优秀成果特等奖

① 许祖华：《西安电子科大：传承红色文化，创新育人模式》，新华社西安 2015 年 1 月 7 日电。

续表

时　间	名　称	说　明
2015 年 12 月	《运用红色文化资源开展社会主义核心价值观教育的探索与实践》	中国电子教育学会思想政治教育分会思想政治教育研究优秀成果二等奖
2016 年 12 月	《弘扬长征精神，坚定理想信念》	陕西省首届高校“形势与政策”课微课大赛二等奖
2017 年 6 月	《弘扬长征精神，坚定理想信念》	陕西省第二届高校教师微课教学大赛三等奖
2016 年、2017 年	《长征组歌》	被教育部、文化部、财政部列为“高雅艺术进校园”活动剧目之一，同时被省委宣传部列为陕西省大学生艺术精品展演剧目
2017 年 12 月	《传承红色基因，弘扬西电精神》	陕西省高校校园文化建设优秀成果一等奖
2018 年 12 月	《渗透家国情怀的工科专业育人模式研究与实践》	国家教学成果二等奖

表 6–6　媒体部分报道

时　间	名　称	媒　体
2010 年 6 月 30 日	《西安电子科技大学以红色资源为载体加强和改进大学生思想政治教育》	教育部网站
2011 年 4 月 12 日	《我军历史上第一所通信学校》	《科学时报》
2014 年 12 月 10 日	《西安电子科技大学开展红色文化传承与核心价值观教育工程》	陕西省教育厅网站
2014 年 12 月 19 日	《把红色文化融入大学生核心价值观教育中》	中国社会科学网
2015 年 1 月 15 日	《西安电子科大把红色文化基因融入核心价值观教育》	《中国科学报》
2015 年 1 月 16 日	《西安电子科技大学〈长征组歌〉大型交响合唱音乐会将向社会演出》	中国社会科学网
2015 年 1 月 17 日	《西安电子科大传承红色文化，创新育人模式》	新华社
2015 年 4 月 22 日	《西安电子科技大学“走进梁家河、踏寻红色路”实践团赴延安参观学习》	陕西传媒网
2015 年 10 月 23 日	《西电深挖红色资源提升育人实效》	《陕西日报》
2017 年 1 月 3 日	《延安的一堂课》	《光明日报》

续表

时间	名称	媒体
2017年7月20日	《“青年红色筑梦之旅”走进延安，四十三个项目落地助力精准扶贫》	《中国教育报》
2017年8月15日	《习近平回信勉励“青年红色筑梦之旅”的大学生》	中央电视台《新闻联播》
2017年8月17日	《习总书记回信在红色筑梦之旅团队中引发热烈反响》	《人民日报》
2017年8月17日	《参加“青年红色筑梦之旅”的创新创业团队畅谈学习总书记回信感悟》	《中国教育报》
2017年8月18日	《习近平总书记给“青年红色筑梦之旅”大学生回信在陕高校引起强烈反响》	《陕西日报》
2017年9月21日	《西安电子科技大学突出育人特色——延续高校的红色根系》	《人民日报》
2017年9月25日	《西安电子科大：扎根中国走红色双创育人之路》	《中国教育报》
2017年12月28日	《西电张旺：电商扶贫，红色筑梦》	中央电视台《新闻直播间》
2018年1月12日	《西安电子科技大学深挖红色教育资源推进文化育人》	陕西省教育厅网站
2018年1月25日	《西安电子科技大学探索思政课新方法，为理想信念教育注入鲜活动力》	《人民日报》
2018年3月28日	《西安电子科技大学深入推进红色文化育人》	教育部网站
2018年9月20日	《西安电子科技大学：打造海内外联动的“红色筑梦”实践育人新模式》	中国青年网
2018年10月12日	《“青年红色筑梦之旅”在中华大地蓬勃开展——把激昂的青春梦融入伟大的中国梦》	《人民日报》
2018年11月12日	《“红色筑梦”实践育人 西电学子：出国门进老区入基层》	《中国青年报》

表6–7 基层组织的部分红色教育活动

时间	主题	单位
2010年6月19—20日	“在延安精神感召下前行”主题革命传统教育活动	产业集团
2010年10月	“学习经典著作，提高党性修养”红色经典学习月活动	党政办、校友办

续表

时　间	主　题	单　位
2010 年 11 月 15 日	红色寻根之旅	西安电子科技大学、井冈山大学
2011 年 4 月 5 日	“追寻革命红色足迹，继承革命先烈业绩”教育活动	经济管理学院
2011 年 4 月 8 日	“我的红色记忆”征文活动	宣传部
2011 年 4 月 21 日	赴延安革命传统参观学习活动	软件学院
2011 年 5 月 9 日	“诵读诗词展情怀，歌唱红歌颂党恩”主题文艺演出	通信工程学院
2011 年 6 月	迎接建党 90 周年红色经典电影展播	宣传部
2011 年暑假	“踏红色足迹、奔美好未来”暑期社会实践活动	电子工程学院
2011 年 8 月 16—20 日	赴延安暑期大学生社会实践活动	经济管理学院
2011 年 11 月 4—8 日	赴井冈山革命根据地开展“学党史、强党性、树信念”参观学习主题教育活动	机关党委
2012 年 5 月 12 日	赴陕甘边照金革命根据地参观学习	机关党委
2012 年 5 月 20 日	赴陕甘边照金革命根据地参观学习	软件学院
2012 年 12 月 23 日	“先锋论坛”之重温红色路线	技术物理学院
2013 年 6 月 3 日	赴延安“踏寻红色革命路，青春共筑中国梦”主题教育活动	软件学院
2013 年 6 月 14 日	赴旬邑县马栏革命旧址和马栏革命纪念馆参观学习	微电子学院
2014 年 6 月 7 日	赴汉中市川陕革命根据地纪念馆参观学习	微电子学院
2014 年 9 月 28 日	“忆红色历程，扬革命精神”主题考察活动	青年志愿者总队
2014 年 10 月 18 日	“参观红色照金，传承革命精神”主题考察活动	机关党委
2014 年 11 月 8 日	“参观红色照金，传承革命精神”主题考察活动	物理与光电工程学院
2015 年 3 月 22 日	“瞻仰红色照金，缅怀革命先烈”主题考察活动	先进材料与纳米科技学院
2015 年 4 月 17—19 日	“走进梁家河、踏寻红色路、砥砺青春意志、放飞青春梦想”主题教育实践活动	学生工作处
2015 年 4 月 23 日	五四红旗团支部答辩暨红色诗歌朗诵会	先进材料与纳米科技学院

续表

时　间	主　题	单　位
2015 年 4 月 25 日	民主党派成员、无党派代表人士赴旬邑马栏革命旧址学习参观活动	统战部
2015 年 6 月 13 日	爱国主义教育主题调研活动	马克思主义学院
2015 年 7 月 31 日至 8 月 2 日	“传承红色精神，重走办学路”主题暑期社会实践调研活动	马克思主义学院
2015 年 10 月 31 日	赴旬邑马栏革命根据地参观学习	机关党委
2015 年 11 月 7 日	观西电校史感红色情怀活动	外国语学院
2016 年 5 月 14 日	各民主党派、党外知识分子联谊会、侨联等洛川会议旧址考察学习活动	统战部
2016 年 6 月 12 日	“讲述长征故事，传承西电精神”演讲比赛	物理与光电工程学院
2016 年 11 月 27 日	“‘芯’火传承，‘长征’永远在路上”主题调研活动	微电子学院
2017 年 4 月 4 日	赴西安烈士陵园开展“祭奠革命先烈，学习先烈精神，深化家国情怀”主题教育活动	电子工程学院
2017 年 4 月 23 日	赴马栏革命旧址参观学习	宣传部
2017 年 6 月 30 日	赴西安烈士陵园开展“两学一做”主题教育活动	机关党委
2017 年 7 月 15 日	第三届中国“互联网+”大学生创新创业大赛“青年红色筑梦之旅”主题活动	校团委
2017 年 7 月 15—17 日	“重温党的历史，学习革命传统精神”主题考察活动	综合服务中心
2017 年 10 月 14 日	“踏寻红色足迹，传承革命精神”主题考察活动	后勤服务集团南校区物业服务中心
2017 年 10 月 18—24 日	“喜迎十九大，共赴新征程”主题考察活动	微电子学院
2017 年 10 月 21—22 日	“重温习近平总书记知青岁月，续写‘青年红色筑梦之旅’故事”主题调研活动	马克思主义学院
2017 年 12 月 2 日	弘扬优秀传统文化　传承不朽红色基因——“晒家训、讲家风”暨红色革命教育实践活动	学生工作处
2018 年 3 月 22 日	赴杨虎城将军陵园开展“缅怀革命先烈，铸就爱国精魂，共建美好明天”主题教育活动	电子工程学院
2018 年 4 月 20 日	“走进梁家河，踏寻红色路”研究生支部书记实践活动	空间科学与技术学院

续表

时　间	主　题	单　位
2018 年 5 月 5 日	赴陕甘边照金革命根据地开展主题为“铭记历史・不忘初心”的主题党日活动	国际合作与交流处
2018 年 5 月 5 日	赴马栏革命纪念馆和马家堡关中特区革命旧址参观学习	人文学院
2018 年 7 月 2—22 日	“走进梁家河，踏寻红色路”主题教育实践活动	本科生院
2018 年 7 月 24 日至 8 月 1 日	赴贵州考察革命遗址、爱国主义教育基地	马克思主义学院
2018 年 8 月 23—24 日	赴甘肃南梁红色基地学习考察	马克思主义学院
2018 年 9 月 14—15 日	各民主党派、统战团体赴延安开展“不忘合作初心，继续携手前进”主题教育培训活动	党委统战部、党校
2018 年 10 月 13 日	“参观红色照金，传承革命精神”红色主题教育活动	生命科学技术学院
2018 年 11 月 3—4 日	“从历史文化中汲取力量，谱写建功立业时代篇章”赴渭南、韩城主题实践教育活动	马克思主义学院
2019 年 3 月 10 日	赴富平习仲勋故居、习仲勋陵园和纪念馆、八路军 120 师抗日誓师纪念地开展红色教育学习实践活动	发展规划部/一流建设办公室
2019 年 3 月 16 日	举行“与共和国同行”主题红色经典诵读会活动	马克思主义学院

“雄关漫道真如铁，而今迈步从头越。”红色文化融入高校社会主义核心价值观教育永远在路上。未来西电将对基于获得感的红色文化融入学生社会主义核心价值观教育的效果进行全方位测评，并在此基础上镜鉴其他学校的成功做法和经验，查找“短板”、固化优势，全面提升红色文化融入学校社会主义核心价值观教育的水平和质量，形成红色文化融入高校社会主义核心价值观教育的西电做法、西电经验和西电模式。

后　记

一

社会主义核心价值观是社会主义核心价值体系最深层的精神内核，是全体中国人凝神聚气、团结前进的最持久最深沉的力量。它是中华民族赖以维系的精神纽带，是当代中国人共同的思想道德基础。中国改革开放四十年的实践反复证明，社会主义核心价值观是广大人民群众根本利益和需要的集中表达，是中国特色社会主义的道德底线，是指引中国特色社会主义道路沿着正确方向前进的内在支撑。世界各国学者认可的中国模式、中国道路、中国特色的灵魂是中国价值。

大学生是国家和民族的希望，是未来建设中国特色社会主义的中坚力量，他们身上寄托着决胜全面建成小康社会、实现中华民族伟大复兴的中国梦的希望，他们的价值取向是整个社会价值取向的“晴雨表”“风向标”，决定了未来整个社会的价值状况。他们能否认同并自觉践行社会主义核心价值观，对于我们能否坚定“四个自信”，并凝神聚气、奋发进取、攻坚克难，顺利实现“两个一百年”奋斗目标和中华民族伟大复兴的中国梦至关重要。

党的十八大以来，党中央高度重视立德树人工作，围绕“培养什么人、怎样培养人、为谁培养人”这一根本问题，对高校大学生的社会主义核心价值观教育工作进行了顶层设计和整体部署。《中共教育部党组 共青团中央关于在各级各类学校推动培育和践行社会主义核心价值观长效机制建设的意见》，为高校开展社会主义核心价值观教育提供了基本遵循；中共中央办公厅、国务院办公厅印发《关于进一步加强和改进新形势下高校宣传思想工作的意见》，提出：“大力加强社会主义核心价值观教育，把培育和弘扬社会主义核心价值观作为凝魂聚气、强基固本的基础工程”，“将社会主义核心价值观融入高等教育全过程”，对高校开展社会主义核心价值观教育提出了具体要求。

习近平总书记高度重视学生的社会主义核心价值观教育问题。在中央政治局第十三次集体学习会上，他强调：“要切实把社会主义核心价值观贯穿于社会生活方方面面。……要从娃娃抓起、从学校抓起，做到进教材、进课堂、进头脑”；在全国高校思想政治工作会议上，他要求：“要坚持不懈培育和弘扬社会主义核心价值观，引导广大师生做社会主义核心价值观的坚定信仰者、积极传播者、模范践行者”；在全国教育大会上，他希望：“要在加强品德修养上下功夫，教育引导学生培育和践行社会主义核心价值观，踏踏实实修好品德，成为有大爱大德大情怀的人”。这为高校更好地做好社会主义核心价值观培育和践行工作指明了方向。

可以说，立德树人、价值塑造是新时代学校教育的灵魂。党和国家如此重视学校社会主义核心价值观教育，那么各级各类学校如何更好地开展社会主义核心价值观教育，使之入脑入心呢？《中共教育部党组 共青团中央关于在各级各类学校推动培育和践行社会主义核心价值观长效机制建设的意见》提出：“结合学校地缘优势和历史、文化、革命传统，开展形式多样的教育实践活动”，“激发师生自主创作能力，打造一批以爱国将领、革命英雄、科学先驱、道德模范、敬业典型、志愿服务标兵等为原型的歌舞剧、话剧，组织推动校内、校外巡演。”这为我们开拓了思路，明晰了路径，将红色文化涵育社会主义核心价值观成为很多学校的选择。

百舸争流千帆竞。自社会主义核心价值观提出以来，各高校特别是处于红色资源富集区的高校在总结红色文化融入学校思想政治教育工作基础上进一步精准发力，谱写了红色文化涵育社会主义核心价值观的新篇章。全国革命老区高校联席会、大别山革命老区高校联盟等的成立，《红色文化学刊》的创立，《高校红色文化资源育人发展报告》等的出版，以及系列红色革命遗址被开辟为社会主义核心价值观教育基地等，都是红色文化涵养社会主义核心价值观教育的重要成果。在这种情况下，如何从学理上深入思考红色文化与社会主义核心价值观的内在逻辑关系并总结高校红色文化涵育社会主义核心价值观的经验成为学术界应该重视的问题。

本书所做的工作是，针对目前开展红色文化融入高校社会主义核心价值观教育研究的学者，或者红色文化融入高校社会主义核心价值观教育实践活动的组织者，大都注重“如何做”的思考，缺乏对“为什么做”“现在做到什么程度”的审视的现状，沿着“原理性阐释—现状性描述—成因性分析—对策性建议”的基本逻辑，将“为什么做”“现在做到什么程度”“如何做”三者有机统一起来，系统阐述红色文化涵育高校社会主义核心价值观的基本原理、现实状况和推进机制，以期为理论研究者和实践组织者提供参考。

二

本书是我参与主持的西安电子科技大学校长基金项目“西电红色文化与社会主义核心价值观育人模式研究”的阶段性成果。

2012 年 6 月，郑晓静院士被任命为西安电子科技大学校长。郑校长初掌学校时，便富有前瞻性地提出了“向教育本质回归、向办学本质回归、向科研本质回归”的理念。在她的主导下，学校开展了为期一年的“本科教育教学思想大讨论”，出台了《全面提高本科教育教学质量改革研讨活动实施方案》《关于进一步提升本科教育质量的若干意见》《本科教育质量提升计划项目管理办法》等文件，启动实施了“本科教育质量提升计划”，连续三年投入共1个亿的经费支持本科生教学改革。一时间，寂静的校园犹如平静的水面投进了一粒石头，掀起了很大的涟漪，教学改革成为学校的主题词和热频词，“人才培养是学校的根本任务”“本科教学是学校经常性的中心工作”成为西电人的共识，“自我发展”“自主发展”“全面发展”成为西电人才培养的特色。

在滚滚浪潮推动下，各个学院也纷纷出台政策、划拨经费，支持一线教师开展教学研究。我所在的人文学院（后部分重组成立马克思主义学院）也不例外。当时，为了保证教学经费使用的规范性和有效性，学院按照学校要求采用了项目制管理方式，鼓励教师根据个人情况申报教学改革项目。出于对西电这所红色学校历史的好奇，并因为偶尔在查阅的资料中发现了西电书写的革命故事别有情趣而震人魂魄，我便申报了“西电红色校史资源创造性转化为思想政治理论课教学资源研究”的题目。我当时的想法很简单：西电校史与中国革命史、人民军队发展史、通信学科发展史是紧密联系的，西电故事是中国故事和中国共产党故事的重要组成部分，并集中反映中国故事和中国共产党的故事；西电故事那么精彩，离我们学生那么近，我们为何不用之教育学生呢?

时任人文学院院长的漆思教授（现为西北政法大学副校长）、主管教学的副院长夏永林教授（现为西电马克思主义学院党委书记）对我申报的项目表示肯定，列为学院重点项目支持，并在主管教学的李建东副校长到学院调研时提了出来，说学院要开展特色教学改革，依据学校红色校史创新思想政治理论课教学模式。没有想到，李校长也很感兴趣，表示要把这个事情做起来。

郑晓静校长后来得知此事，要求学院专门向她汇报一次。2014年1月26日下午，由校综合改革领导小组组长、校长郑晓静院士召集，人文学院牵头负责的深化思想政治课程改革重点建设项目启动会议在学校南校区602

会议室召开。会议由李建东副校长主持，人文学院领导和教师代表参加。会上，漆思院长介绍了学院思想政治理论课程改革总体情况，我介绍了项目的总体设计和规划，夏永林副院长提出了将项目成果融入思想政治理论课教学的设想和举措。郑校长听后，对学院的部署表示认可，并当即表示“西电红色文化与社会主义核心价值观育人模式研究”列入本科教育教学改革校长基金项目予以重点支持，希望“在解决思想政治课程教育的实效性问题上闯出一条新路”。

项目确立以后，后续随着学院的重组、人事的调整、财务制度的变化及其他方面的原因，进展并没有预期的那么顺利，也没有预期的效果那么好。早期的一些设想和安排也没有实现。不过，不管怎么样，我认为项目的选题是对的，针对的问题是现实的，解决的路径也具有可行性，于是就自己“内部调整”，在专业之外拿出一些时间继续沿着当时的规划向前推进。瓜熟蒂落，水到渠成。本书就是项目推进过程中的一项成果。

三

书稿完成之际，要感谢很多人。

感谢郑晓静院士。感谢她对项目的支持和鼓励。这种支持和鼓励也彰显了她尊重西电传统的真挚情怀、立德树人的责任担当以及作为科学家办大学的敏锐思考。项目汇报完之后，我走出会议室又有事折回来，刚好碰到她。她勉励我说“汇报得很好，你还年轻，好好干。”也就是她的这句话支撑我继续把项目按着当时的设想做下去。尤为感动的是，我邀请她为本书写序，她慨然应允。序言言简意赅而内涵深远，非有大境界、大胸怀、大智慧者不能作。对后辈晚学的关爱，显示了一代学术大家的崇高风范和人格魅力。

感谢李业平少将。我和李老相识于军队系统的一次评审会上，当时他是评审组长，我是委员。评审会上点评环节的犀利观点、严密逻辑和连珠妙语，显示了一位政治理论工作者“懂哲学、用哲学”的深厚学养，而言语背后渗透的坚定信仰、真挚情怀和宏阔视野则显示了一名军队老兵的使命担当。听李老的高见、与李老交往，受益良多。李老是新中国成立60年来感动西北和感动军营英雄模范人物，全国和全军优秀教师，军队系统稀有的文职将军，是我学习的榜样。感谢李老为本书作序，并将带着他的期望砥砺前行。

感谢给予项目支持的师长和领导。从项目培育到立项并开展工作，得到了学院各位领导的支持，包括院长漆思、书记吴建新、副院长夏永林、副院长宋宝萍、副主任陈鹏联、院长助理常新等。他们是忠厚长者、学界前辈，也是谦谦君子、良师益友，当我遇到困难时，首先想到的是从他们那里寻求帮助，而每次向他们请益后都能拨云见日、豁然开朗。他们是为人为学的楷模，不遗余力提携后学的精神总让我莫名感动，感慨不已。

感谢协同参与项目的师长和朋友。包括：宣传部部长周燕来，统战部部长吴秀霞，机关党委书记季庆阳，离退休处处长车纯、科长宋军，档案馆馆长王庆毅、副馆长杨舒丹，团委书记朱文凯、副书记刘金龙和傅超。之所以罗列这么一长串的名字，不是因为客套，而是因为他们的包容、真诚、敬业确实感染到了我，让我感受到与他们交往如入幽兰之室，愈久弥香。

感谢参与书稿写作工作的学生。胡忠慧协助我写了第一章、第三章、第四章、第六章部分内容的初稿，秦瑞写了第四章第一节的初稿，张静写了第五章第一节的初稿，终南书院的学生吴晨、邢志伟、李瑞等对第三章第二节的初稿亦有贡献。胡忠慧、秦瑞、张静是我的研究生，他们都很勤奋，毕业后都有了很好的工作，祝愿他们越来越好。吴晨、邢志伟、李瑞是我带的终南书院的本科生，现均已就读名校研究生，他们都很优秀，祝福他们前程似锦。

尤其要感谢的是红色校史的亲历者王铭慈老人，校史研究方面有专长并且长期关注校史教育的刘嘉相、董建中、李文朴、蒋炳煌、秦获辉诸先生，以及我参与采访的井连庚、丁鹭飞、戴树荪、刘国梁等前辈。勉励之情，终生难忘。

贝聿铭是一个大建筑家，人家问他：“你觉得中国的建筑，如北京城，怎么把它恢复起来？你的看法是怎么样的。”贝聿铭先生说：“三个字：太晚了。”再问他：“你觉得中国传统同现代的建筑结合起来的可能性怎么样。”贝聿铭先生说：“两码事。”贝先生说的是建筑，观点或非完全正确，但从中大抵可以看出，传统和现代结合是很难的。同样的道理，将传统的红色文化融入今天的社会主义核心价值观教育也非易事。尽管本书做了探索，但是疏漏或者谬误之处在所难免，敬请专家和读者批评指正。

记得路遥先生写完《平凡的世界》之后，将笔扔到了窗外，陈忠实先生写完《白鹿原》，在灞河岸边抽烟，烧了河草一片。陈忠实先生在交大做讲座的时候说了自己的故事，也说了路遥的故事，我至今印象深刻。后来，自己做了教师，从事文字工作，更深切地理解了其中甘苦。写完这本书，已经是岁末，适逢改革开放40周年，作为改革开放政策的同龄人，以此献给自己的不惑岁月。

责任编辑：郭彦辰
封面设计：林芝玉
版式设计：王欢欢

图书在版编目(CIP)数据

红色文化涵育高校社会主义核心价值观研究/刘建伟 著. —北京：人民出版社，2020.12
(高校思想政治工作研究文库)
ISBN 978-7-01-021033-9

Ⅰ.①红… Ⅱ.①刘… Ⅲ.①大学生-革命传统教育-研究-中国 Ⅳ.①G641.2

中国版本图书馆 CIP 数据核字(2019)第 138422 号

红色文化涵育高校社会主义核心价值观研究

HONGSE WENHUA HANYU GAOXIAO SHEHUIZHUYI HEXIN JIAZHIGUAN YANJIU

刘建伟 著

人民出版社 出版发行
(100706 北京市东城区隆福寺街 99 号)

中煤(北京)印务有限公司印刷 新华书店经销

2020 年 12 月第 1 版 2020 年 12 月北京第 1 次印刷
开本:710 毫米×1000 毫米 1/16 印张:21
字数:300 千字

ISBN 978-7-01-021033-9 定价:55.00 元

邮购地址 100706 北京市东城区隆福寺街 99 号
人民东方图书销售中心 电话 (010)65250042 65289539

版权所有·侵权必究
凡购买本社图书，如有印制质量问题，我社负责调换。
服务电话:(010)65250042